智能化融媒体新形态教材
岗课赛证融通式精品教材

U0806991

管理信息系统

主　编　罗志平　王凤军　李津泽

上海交通大學出版社
SHANGHAI JIAO TONG UNIVERSITY PRESS

内容提要

本书在介绍管理信息系统的基本概念、企业实施管理信息系统的意义、主要任务及常用的信息系统的基础上，系统阐述了管理信息系统的技术基础和新技术、常用的管理信息系统，企业信息管理基础，以及企业管理信息系统的建设和管理信息系统的安全与道德等内容。本书每章附有案例以启发学习者思考，实现课程与思想政治理论课的协同育人。

本书可作为高等学校信息管理与信息系统专业的教材，也可作为企事业单位管理人员及计算机应用软件开发人员的参考用书。

图书在版编目(CIP)数据

管理信息系统/罗志平，王凤军，李津泽主编．—上海：上海交通大学出版社，2024.3
ISBN 978-7-313-28781-6

Ⅰ.①管… Ⅱ.①罗… ②王… ③李… Ⅲ.①管理信息系统—教材 Ⅳ.①C931.6

中国国家版本馆CIP数据核字(2023)第102698号

管理信息系统
GUANLI XINXI XITONG

主　　编：罗志平　王凤军　李津泽
出版发行：上海交通大学出版社　　地　　址：上海市番禺路951号
邮政编码：200030　　电　　话：021-64071208
印　　刷：杭州钱江彩色印务有限公司　　经　　销：全国新华书店
开　　本：787mm×1092mm　1/16　　印　　张：13.25
字　　数：295千字
版　　次：2024年3月第1版　　印　　次：2024年3月第1次印刷
书　　号：ISBN 978-7-313-28781-6
定　　价：46.00元

编委会名单

前言 PREFACE

管理信息系统是一门涵盖管理学、经济学、系统科学、计算机科学等多学科知识的交叉学科，是计算机信息管理类和经济管理类专业的必修课程。本书根据教育部高等学校教学指导委员会制定的《普通高等学校本科专业类教学质量国家标准》要求，参照国家企业信息管理师的职业标准要求，结合多年的教学经验编写而成。

本书主要内容如下：第 1 章介绍管理信息系统概述，包括基本概念、管理信息系统的定义及特点、管理信息系统的结构、企业信息化的意义。第 2 章介绍管理信息系统技术基础，包括计算机系统、数据库技术、计算机网络和通信技术、信息安全技术、云计算技术、物联网技术、大数据和元宇宙技术。第 3 章介绍管理信息系统应用，包括 OA、ERP、PDM、CRM、SCM、BPM、PLM、KM 和 DS 等的基本原理和企业应用的相关内容。第 4 章介绍企业信息管理，包括企业信息管理概述、企业知识管理、企业信息战略规划与业务流程重组、企业信息部门的组织、企业信息系统建设管理。第 5 章介绍企业管理信息系统建设，包括建设方法、建设实施、系统更新。第 6 章介绍管理信息系统安全与道德，包括信息系统的安全问题、信息系统的安全管理、信息系统的道德问题。

本书除了介绍管理信息系统的基本概念、结构等知识外，每章均附有案例以启发学生思考，实现课程与思想政治理论课的同向同行，进而实现协同育人。本书强调项目管理、咨询、监理、评估等流程在企业管理信息系统实施过程中的作用，培养学生在解决实际问题时应具备的科学、规范、系统的方法意识，这有利于提升学生解决实际问题的能力，也是本书的特点之一。每章章末均附有习题和小论文撰写版块，通过完成小论文，学生可以提高应用信息技术获取知识和培养科学素养的能力。

本书是编者在总结多年的讲义和教学实践的基础上编写而成的，在编写过程中得到了马永涛教授的耐心指导和帮助，在此表示感谢。同时，本书参考了大量的文献和网络资料，对相关作者表示由衷的感谢。

由于编者水平有限，书中难免存在疏漏之处，希望得到各位读者的指正。本书配备教学资源，请拨打电话 010－82967726 免费获取。

编者

目录 CONTENTS

第 1 章 管理信息系统概述

知识目标

理解数据、信息、知识之间的关系，正确理解管理信息系统（Management Information System，MIS）的概念，熟悉管理信息系统的结构，掌握企业信息化的意义。

能力目标

培养学生的数字思维能力、管理信息系统应用能力和数字管理创新能力。

素质目标

提高学生的信息素养，培养民族自豪感与历史使命感，结合课程思政，激发学生的爱国热情，鼓励技术创新。

随着全球经济一体化步伐的加快，企业信息化水平已成为衡量一个国家和地区的国际竞争力、现代化程度、综合国力和经济成长能力的重要标志，是促进社会生产力发展的重要因素。世界各国给予了信息化的发展前所未有的关注。管理信息系统在管理现代化中起着举足轻重的作用，它不仅是实现管理现代化的有效途径，同时，也加速了企业管理走向现代化的进程。

管理信息系统综合了管理科学、信息科学、系统科学、行为科学、计算机科学和通信技术等许多学科的概念和方法，形成了独特的体系和领域，主要研究企业内部信息系统的组成、开发和管理。管理信息系统是一门新兴的边缘学科，是进行有效管理、正确决策和实现管理现代化的重要手段。管理信息系统是一个由人和计算机组成的能进行信息收集、传输、加工、存储、维护和使用的系统，它越来越受到人们的关注。

在经历了经济全球化、信息时代、企业信息化三次时代变革后，当前的发展趋势预示着未来将是科学、智能与信息的时代，因此，与信息相关的学科也有着广阔的发展前景。

1.1 基本概念

在讨论有关企业管理信息系统的问题时，经常会涉及许多基本概念，如信息、数据、系统、模型、模块等，虽然它们经常被提及，但大多数人对其具体含义可能并不十分了解，而这些概念又是理解企业管理信息系统相关问题的基础，因此我们首先要介绍数据、信息、系统、模型、模块等基本概念。

1.1.1 信息概述

信息（Information）是企业管理工作中最基本的概念，也是企业管理信息化的基本概念和管理信息系统要处理的基本对象之一。本节要讨论的是信息的定义和信息的基本特点等内容。

1. 信息的定义

信息已经深入社会生活的各个方面和领域。因为人们从不同的角度接触信息，所以会从不同的角度出发对信息进行各种各样的描述和定义，目前尚无统一的定义。信息论的奠基者香农（C.E.Shannon）在 1948 年提出：“信息是用来消除随机不确定性的东西。”控制论的创始人维纳（N.Wiener）则指出：“信息就是人与外界互相作用的过程中互相交换的内容的名称。”一般学者则认为：信息反映客观世界中各种事物的特征和变化，是可以通信的知识。

从不同的角度理解信息，可以得出以下定义。

（1）信息是数据加工的结果。

（2）信息是系统有序的度量。

（3）信息表现物质和能量在时间、空间上的不均匀分布。

（4）信息是数据的含义，数据是信息的载体。

（5）信息是表现事物特征的一种普遍形式。

（6）信息是帮助人们做出决策的知识。

2. 信息的分类

人们为方便对信息进行研究，从不同的角度对信息进行了分类。

（1）按信息源划分，可分为宇宙信息、自然信息、社会信息、思维信息等。

（2）按信息载体的特征划分，可分为语音信息、图像信息、文字信息、数字信息等。

（3）按信息在社会应用领域划分，可分为政治信息、军事信息、经济信息、管理信息、科技信息、文化信息、体育信息等。

对信息的分类不是绝对的，因为各应用领域是相互关联的，各类信息在内容上会出现交叉与重叠，如管理信息就涉及政治、经济、科技、文化等领域。

3. 数据、信息与知识

数据（Data）是记录的可以鉴别的符号和数字，是指客观实体属性的值。例如，“5”这个数字，作为数据它只是一个抽象的概念、一个符号，而不具备具体含义，而在一种具体的场合则可以表示为 5 本书或 5 个人等，即当人们为数据赋予一定的含义时，就构成了信息。因此，数据经过加工处理，消除了不确定性后便形成了信息（图 1-1）。数据是信息的载体，信息则是数据加工处理的结果，是对数据的具体解释。

图 1-1　信息与数据的关系

知识是对人类社会实践经验的总结，是人的主观世界对于客观世界的概括和反映。因此，知识 = 事实 + 规则 + 概念。

数据、信息与知识的关系如图 1-2 所示。

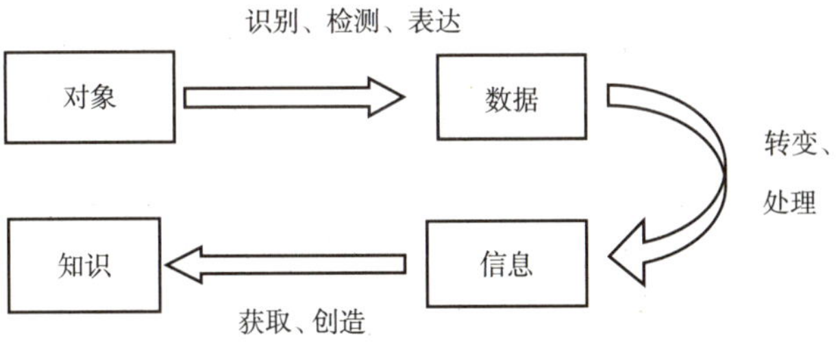

图 1-2　数据、信息与知识的关系

国际标准化组织（International Organization for Standardization，ISO）对数据、信息和知识的定义如下。

（1）数据是对事实、概念或指令的一种特殊表达形式，是原始资料，由符号与数字、字符等组成，它可以用人工或自动化装置进行通信、翻译或处理。

（2）信息是加工后的数据，对决策者或人们的行为有潜在的或现实的价值，并能影响人们行为的数据。

(3)知识是信息的融合，是经过分析与综合的信息，用于决策支持系统。

数据与信息的转换过程如图 1-3 所示，计算机的处理器处理、存储和管理大量的数据，并将数据存储到存储器中，经过处理器加工的数据最终形成信息。因此，信息从数据处理的角度而言，是一种被加工成特定形式的数据。

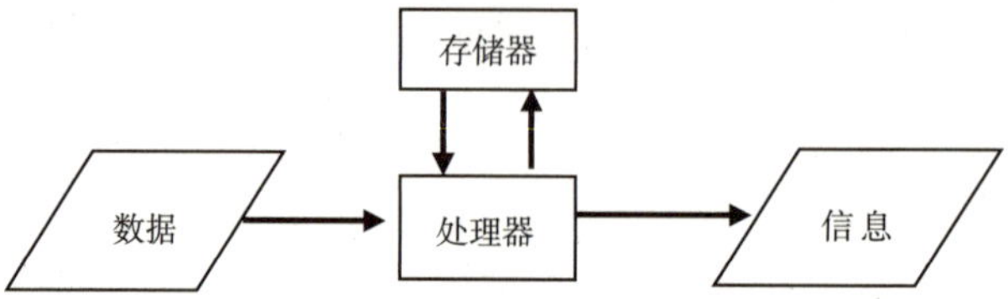

图 1-3　数据与信息的转换过程

数据、信息和知识可以被看作对客观事物感知的三个不同阶段(图 1-4)。数据直接来自感应的仪器，反映了变量的测定值，然后根据某种测度给出事实；信息是经过组织的有结构的数据，从而使数据具有了意义；知识则进了一步，它能够预测并给出因果关系，对下一步要做什么进行决策。

数据、信息和知识三者都是社会生产活动中的基础性资源，都可以采用数字、文字、符号、图形、声音等媒体表示。而且，它们同时具有客观性、真实性、正确性、价值性、共享性、结构性等特点。

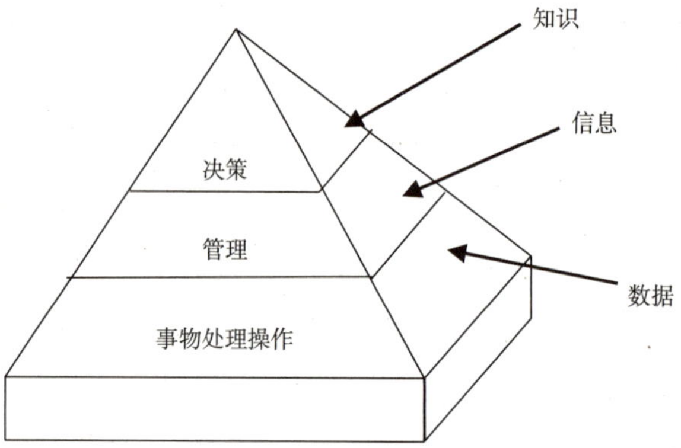

图 1-4　管理信息系统中数据、信息与知识的关系

4. 信息的基本特点

信息和物质以及能源构成当今世界的三大资源，三者都具有自己的特点。维纳曾经对信息进行高度概括："信息就是信息，不是质量也不是能量。"信息具有以下特点。

(1)信息没有质量。世界上的一切物质都有质量，而信息是由数据(字符、文字、语言、图形、数字等)表现出来的，因而它没有质量。

(2)信息具有共享性。信息是可以供多人同时使用的，而且可以多次重复使用。例如，在企业管理工作中收集的所有与企业管理有关的信息，都是可以提供给所有与企业管理有关人员共同使用和重复使用的。

（3）信息具有可加工性。可通过一定的手段对信息进行加工，如对信息进行扩充、压缩、分解、综合、抽取和排序等。加工的方法和目的反映信息接收者获取和利用信息的特定需求；加工后的信息反映了信息源和接收者之间的相互联系、相互作用。应当注意的是，信息的内容是语法、语义和语用三者的统一体，信息的加工过程中要注意保证这三者的统一且不受到损害，以免造成信息的失真，即原始信息（未加工过的信息）内容的丢失或被歪曲。

信息的可加工性为人类利用信息认识世界和改造世界开辟了广阔的前景。在企业所获取的企业管理信息涉及面广、数量大，若不对这些信息进行加工，企业管理人员和企业决策者则很难充分利用这些信息对企业进行有效的管理和决策。以往靠人工完成这些数据的处理工作，存在着工作量大、时效性差、准确性低等问题，而在实现企业管理信息化后，这些问题将得到有效的解决。

（4）信息具有时效性。人们获取信息的目的在于利用信息，信息的效用和可利用的时间之间有密切关系。只有适时使用所获取的信息才能产生最大化的价值，错过时机就会降低信息的效果或对工作造成损害。例如，在企业管理工作中，管理人员获取某一市场信息时，若能及时抓住并加以利用，就能为企业的发展带来商机；若未能及时地利用，就将失去一次商机。

信息具有时效性的原因在于两个方面：一方面，就信息本身而言，它是描述客观事物和人类活动、人类知识的。事物在不断发展变化，人类的知识也在发展变化，随着时间的推移，现行信息与事物的状况就会出现某种程度的不符合，从而使信息逐步过时、老化。另一方面，就信息的使用者来说，他们是在特定条件下完成特定任务时提出的信息需求，所以其所获取的信息应与所完成的任务及环境相关，超越该时间段情况发生了变化，现行的信息就没有价值了。信息的时效性要求在信息的收集、加工、提供和利用时都要及时。信息的时效性决定着信息的经济价值、社会价值和学术价值的大小和有无。

（5）信息必须借助载体与载体的可转移性。信息必须借助某种载体实现记载和传递，没有载体信息就不可能存在和被传递。同一信息可以转换使用不同的载体，可以用不同的数据符号表示，而不会影响其性质和功能。这也充分说明信息是独立于载体之外的。

5. 有价值信息的特征

对企业管理者和企业决策者有用的信息具有如下基本特征。

（1）精确性是指信息没有错误的内容。在管理信息系统中，不精确的信息是由于不精确的数据输入系统后造成的（这在信息系统中称为“输入垃圾、输出垃圾”）。

（2）完整性是指信息应包括所有的重要事实。

（3）经济性是指信息的产生应具有相对的“经济性”，如企业要注意保证信息的价值不低于其产生的成本。

（4）灵活性是指信息应具有多种用途，如企业管理信息系统所产生的信息应能被多部门或多岗位的人员使用。

（5）可靠性是指信息所反映的事实是可信和可依赖的，如企业管理信息系统提供的信息的可靠性依赖于数据收集方法和技术的可靠性，同时也依赖于信息来源的可靠性。

（6）相关性是指相关信息对决策者是有意义的。如企业管理信息系统要提供的就是相关信息，无关信息对决策者来说是没有意义的。

（7）简单性是指信息的表达等要简单化，而不应该过于复杂。如在企业管理过程中，复杂而详细的信息通常是不需要的，因为过多的信息会导致信息超载，对于决策者来说，过多的信息也会让其无法分辨哪些信息是最重要的。

（8）及时性是指当决策者或管理者需要相关信息时，管理信息系统能及时提供所需信息。

（9）可验证性是指信息可以通过验证确认其正确性，通常也可以通过检查同一信息的多个信息源验证其信息的正确性。

（10）可访问性是指授权的用户可以通过正确的访问方式在正确的时间内十分容易地访问到有关信息，以满足自身的需要。

（11）完全性是指所有的信息都应具有防范未被授权的人员访问该信息的措施。

1.1.2 信息描述和数据表示

计算机信息管理的对象是现实生活中的客观事物，人们在对客观事物实施管理的过程中，首先要对其熟悉和了解，从观测中得到大量的描述具体事物的信息，但是这些信息是无法直接被送入计算机的，必须进一步地整理和归类，进行规范化，然后才能将信息进行数据化并送入计算机的数据库中保存。这一过程经历了三个领域——现实世界、信息世界和数据世界。现实世界是指客观事物及客观事物间的相互联系，即所有的客观事物及其之间的相互联系构成了现实世界；信息世界是现实世界中的事物在人们头脑中的反映，人们用文字和符号把它们记载下来；数据世界也称机器世界，它是以数据形式存储信息的世界。

1.信息世界的信息描述

由于信息世界是现实世界在人们头脑中的反映，因此人们需要对其进行描述，需要有一定的描述语言。信息描述的术语有以下几种。

（1）实体（Entity）：客观事物在信息世界被称为实体。实体可以是具体的，如一名学生、一本书；也可以是抽象的事件，如一次足球比赛。实体的概念有类型（Type）和值（Value）之分，如学生是一个实体类型，而具体的张三、李四等是实体值。

（2）实体集（Entity Set）：性质相同的同类实体的集合被称为实体集。如一班学生、一批书籍等。

（3）实体模型（Entity Model）：反映实体与实体之间联系的模型。

（4）属性（Attribute）：实体具有许多特性，每一种特性在信息世界中都被称为属性。每种属性都有一个值域，值域的类型可以是整数、实数或字符串型，如学生的姓名、年龄都是这个实体的属性，姓名的类型是字符串型，年龄的类型是整数型等。

属性的概念也有类型和值之分，如学号、姓名、年龄等是属性的类型，而具体的数值如99302945、李某、19等是属性值。

2. 数据世界的数据表示

数据表示的术语有以下几种。

(1) 字段(Field)：对应信息世界中的属性，也称数据项。字段的命名往往与属性名相同，如学生的学号、姓名、年龄和性别均为字段。与属性一样，字段也有类型和值之分。

(2) 记录(Record)：字段的有序集合称为记录，用来描述一个实体，是对应这一实体的数据。例如，组成一个学生记录的字段(数据项)有学号、姓名、年龄和性别，是记录的类型，而99013001、张某、19、男是记录的值。

(3) 文件(File)：对应信息世界的实体集，是同一类相关记录的汇集，如所有的学生记录的汇集就是一个学生文件。

(4) 数据模型(Data Model)：对应信息世界的实体模型，是实体模型的数据化。

(5) 关键字(Key)：能唯一标识文件中每个记录的一个或多个字段被称为关键字。例如，在学生文件中，学号可以唯一地标识每个学生的记录，所以学号是关键字。关键字的概念同样有类型和值之分，如学号是关键字，具体的99013001就是关键字的值。

数据的描述有两种形式：物理数据和逻辑数据。物理数据是实际存放在存储设备上的数据，可以用物理联系、物理结构、物理记录等术语描述数据在存储设备上的存放方式；逻辑数据是抽象的概念化的数据，可以用逻辑联系、逻辑结构、逻辑记录等术语描述用户所看到的数据形式。

1.1.3 数据管理

在一个不断变化的市场中，为适应变化和自身发展的需要，任何一家企业在日常管理工作和企业决策中对数据和信息的需求都是不断变化的。对所有处于发展或成长阶段的企业来说，管理工作中所需管理的数据都会变得更加复杂，数据量都会大量增加。因此，如何更好地管理这些数据是企业的一项重要工作。

1. 传统数据管理方法

早期对数据的管理是以文件的形式完成的。正如前文所述，文件是同一类相关记录的汇集，也就是说，早期对数据管理的方法是将与某一类特定应用相关的所有记录收集在一个特定的应用文件中，并通过对该应用文件加以管理达到对数据管理的目的。大多数企业都有不同应用目的的数据文件，如针对客户管理的有关客户信息的数据文件，针对仓库管理的记录原材料相关信息的库存管理文件等。每个文件与企业要处理的某个具体问题有关，也就是说，企业为某一特定的具体任务或工作要创建一个或多个相关的数据文件。这种为每个应用程序分别创建和存储数据文件的数据管理方法被称为传统数据管理方法。该方法的最大特点就是整个数据管理工作是面向文件的管理，通过为每一个特定的应用程序创建一个或多个数据文件达到方便、快捷使用数据的目的。

在传统的企业管理工作中，都会用文件柜存放记载相关记录的各种文件，这些文件被分别放在不同的文件夹中。企业的管理人员和业务人员的工作，就是在不断查找文件中的记录、更改和不断添加新的记录。管理人员和业务人员从这些文件中获取信息并完成管理及经营工作。若一家企业的数据管理工作较为规范，而且具有严格的管理制度并能得到贯彻执行，就会认为该企业管理较好。从表面上看，该企业的管理工作井井有条，但是随着时间的推移，由于工作不断发展，企业所面临的问题越来越复杂，企业的管理数据也会越来越多，这种基于文件的数据管理方式所存在的缺陷就会越来越明显。首先，由于对数据的管理是基于文件的，因此不可避免地会出现数据的冗余（指分散在不同文件中的数据重复）。这种数据的冗余所带来的问题是在某个文件中的数据已发生变化，而在另一个文件中相同的数据却未发生变化，因而数据的冗余与数据的完整性（指在任意一个文件中的数据正确性）发生冲突。数据的完整性是企业能正常运转的基本要求，其只有通过控制和消除数据冗余才能达到。例如，企业对客户订货的管理工作中，订单管理部门接受客户的订单后就会将客户的相关信息存放在订单文件中，发货部门也要将客户的相关信息存放在发货文件中。同一客户的相关信息被同时存放在不同的文件中，就造成数据冗余。当客户的地址或其他相关信息发生变化时，订单文件中该客户的相关记录会发生变化，而发货文件中的相同记录可能并未发生变化，就造成数据的不完整性。

由于各类数据被存放在不同的文件中，数据不能共享，就会给企业的管理工作带来困难。传统数据管理方法忽视了两个或多个看似无关的相互独立的数据文件之间的内在联系。例如，在企业的经营活动中，客户订货后还要付货款，一般情况下只有当客户付款后企业发货部门才能发货。而在传统数据管理中，还存在一个账单文件用于管理客户是否交付货款的数据记录，实际上账单文件与订单文件及发货文件是有联系的。若某个客户由于某种原因未付款，企业就不应该发货给客户，客户的订货数据、发货数据、付款数据分别被存放在不同的数据文件中，并保管在不同的部门，要解决客户未付清余款不能发货的问题，只有将三方联系起来，互通信息才能解决（图 1-5）。显然，这样的工作效率十分低下并且容易出错。

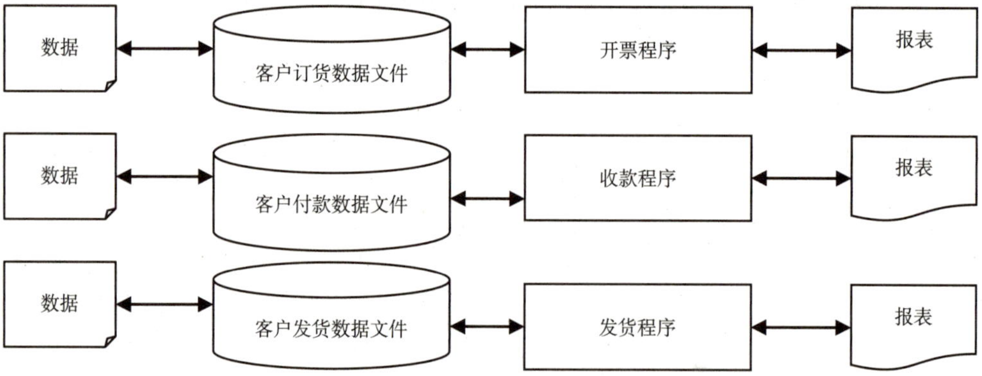

图 1-5　传统数据管理方法中的数据不能共享

从图 1-5 中能看出，由于每一个数据文件只针对一个应用处理程序，因而这种数据管理方法不存在数据的共享性。在传统数据管理方法中同一客户的许多相同信息被同时存放在至少三个互相独立的数据文件中，因而造成数据的冗余，从而也造成数据的不完整性。这会增加管理人员的工作量，对信息资源的共享是十分不利的。

从前述可看出，如果将许多文件中都有的数据存放在一个共用的文件中，并使企业管理中的所有数据文件都能共享，这样不仅解决了数据的冗余问题，还解决了部门之间信息不通畅的问题，下面介绍的数据库方法就是很好的解决办法。

2. 数据库方法

通常所指的数据库是一些相关的数据文件的有机集合。数据库方法是指将所有相关的数据集合，该集合体可供多个应用程序共享。其主导思想是相关数据集合可由多个应用程序共享，而不是将数据分别存放在为满足某一特殊要求建立的数据文件中，每个应用程序都可使用数据库中相关的数据集合。

（1）数据库的特点。为说明数据库方法与传统方法的区别，首先要介绍数据库的基本特点。

①采用复杂的结构化的数据模型。数据库不仅要描述数据本身，而且要描述数据间的联系，这种联系是通过存取路径实现的。通过存取路径表示自然的数据联系是数据库与传统数据管理文件的根本区别。这样数据库中的数据不再是面向特定的某几个应用程序，而是共用的、综合的，能以最优的方式适应多个应用程序的要求。

②最低的冗余度。数据库具有最低的数据冗余度，尽量减少系统中不必要的重复数据，可以在有效的存储空间存储尽量多的数据，并提高了数据的正确度和完整性。

③有较高的数据独立性。用户所面对的是简单的逻辑结构，操作数据时不涉及具体的物理存储结构，数据的存储和使用程序彼此独立。数据存储结构的变化不会影响用户的程序使用，用户的程序修改也不会影响数据的存储。

④数据的安全性。通过设置用户的使用权限防止数据被非法操作，能防止数据的丢失。

⑤数据的完整性。能保证数据库中的数据保持完整和统一。

（2）数据库管理系统的功能。应用数据库方法管理数据需通过使用数据库管理系统完成。数据库管理系统是指在数据库系统中被用于管理、控制、操作数据库的软件系统，它能提供数据库与用户或数据库与应用程序之间的接口。用数据库方法完成数据管理工作还需要软硬件的支持。创建和实施合适的数据库管理系统可以确保数据库能支持企业的各项管理工作和经营活动，以实现企业要达到的目标。

通常数据库管理系统的功能如下。

①定义功能。用户可通过数据库管理系统完成满足用户需要的数据库建立工作，包括全局逻辑数据结构定义、局部逻辑数据结构定义、存储结构定义、保密定义以及信息格式定义等。

②管理功能。它包括系统控制、数据存取及更新管理、数据完整性及完全性控制、并发控制等。允许用户修改其已设定的数据库结构。

③建立和维护功能。它包括数据库的建立、更新、再组织，数据库结构维护，数据库的恢复以及性能监视等。

④提供对数据的操作功能。它能完成对数据的存取、检索、排序、删除、添加、复制、移动等具体的操作。

⑤提供用户视图。它能提供满足用户使用的用户视图，使用户可直接访问数据库，而且这种用户视图应做到使用方便和具有人性化。

⑥生成报表。它能按照用户的要求生成报表，能为用户提供很方便的生成报表的操作命令，即用户只要简单地输入命令就能生成所需的数据报表。

⑦提供通信功能。它能与其他软件系统之间进行通信，如Access能与其他Office组件进行数据交换。

数据管理的数据库方法如图 1-6 所示。将该图与图 1-5 比较后可知，在数据库方法中已将企业的所有数据统一存放在数据库中，通过数据库管理系统对数据库中的数据加以管理和调用，并且可通过数据库管理系统建立各数据文件间的关系，因此可最大限度地减少数据的冗余并保证数据的完整性。所有的应用程序均通过数据库管理系统调用数据库中的数据，使其达到所有数据共享的目的。

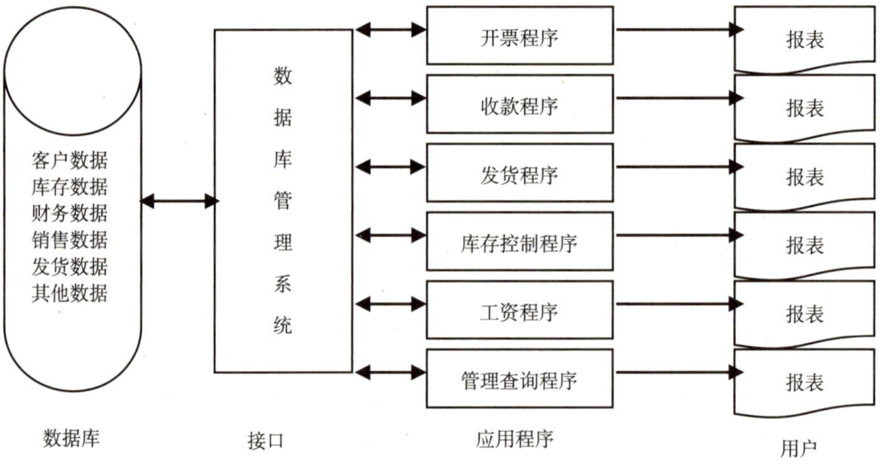

图 1-6　数据库方法

（3）数据库方法的优点。数据库方法与传统数据管理方法相比有许多优点，具体可归纳为以下几方面。

①改善了企业数据的战略使用。数据库管理系统可随时随地为企业管理者和企业决策者提供其所需的准确、完备、及时的数据。

②能减少数据的冗余。数据库方法可减少或消除数据冗余，所有的数据均由数据库管理系统组织和管理，并存放在统一的地方。减少数据冗余可有效地利用存储空间，并且减少企业对数据的重复收集和整理的工作量，能极大改善数据的正确率。

③可提高数据的完整性。在传统数据管理方式下，数据的某些变化不可能反映在所有包含该数据的文件中。而在数据库方法中，由于数据的冗余性降低，且可通过数据库管理系统极为方便地建立数据文件之间的关系，因此提高了数据的完整性。

④易于对数据进行修改和更新。在数据库方法中，数据库管理系统具有强大的数据修改和更新的功能，因此完成对数据库中的数据的修改和更新就显得十分简单和易操作。

⑤程序和数据的独立性。在传统的数据管理方式下，一个文件与一个应用程序相对应，而在数据库方法中，数据库管理系统能独立于应用程序组织和管理数据，应用程序也不受数据的位置和类型的影响和限制。当要引入与特定应用程序无关的新数据类型时，不必为维护数据文件的兼容性而重新编写应用程序。也就是说，在数据库管理数据的方法中，应用程序与数据文件是相互独立的，这为程序的开发和数据的管理和组织带来极大的方便。

⑥用户能更好地存取数据和信息。数据库管理系统具备方便快捷的数据记录存取和检索功能，并且应用程序之间更加容易组合，方便用户根据自己的需求完成数据的存取及检索。

⑦数据存取的标准化。数据库方法的一个主要标志是数据存取的标准化和统一化，这意味着所有的应用程序都能用相同的过程检索数据和信息。

⑧程序开发的简便性。由于数据库管理系统具有标准化的数据库存取特性，标准的存取过程意味着程序开发的标准化，并且每个应用程序要存取数据时只需将其递交给数据库管理系统，无须对实际数据文件存取，这就减少了程序的开发难度和开发时间。

⑨比较容易保护数据。使用和存取集中存放的数据便于监视和控制。数据库管理系统可提供系统的安全码、口令设置及管理功能，通过对口令和安全码的管理可确保只有被授权人员才能存取数据和信息，这样能更有效地对数据加以保护。

⑩可实现对数据和信息的共享。数据被集中存放在数据库中，数据库管理系统又能提供强大的数据库管理功能，因此应用数据库方法可实现人们数据和信息共享的目的。

（4）数据库方法的缺点。数据库方法是一种比较理想的数据管理方法，是目前企业管理中进行数据管理所采用的基本方法。但数据库方法也存在一些不足之处，主要体现在以下几点。

①企业投资加大。在大型计算机运行环境中，购买和操作数据库管理系统的成本相对较高，有些大型数据库管理系统需耗资近百万元人民币来维护和使用，所以对企业来说是加大投资成本。

②增加了专门人才需求，也加大了企业的投资和运作成本。由于应用数据库管理系统及建立数据库都需要专门人才操作和维护，而雇用这些人的费用也较高，因此加大了企业对系统运行的成本。

③脆弱性增加。由于所有的安全手段都集中在一个系统中，尽管数据库管理系统提供了一定的安全保障功能，但只要安全保障被破坏，入侵者就能轻易地访问到数据。此外，由于某些原因，如果数据库管理系统出现故障，则会影响到多个应用程序和数据库的使用。

1.1.4 数据的处理

1. 数据处理的概念

（1）数据处理的定义。数据处理是指将来自科学研究、生产实践和社会活动等领域中的原始数据，用一定的设备和手段，按一定的使用要求加工成另一种形式数据的环节。

在企业管理工作中就是要将企业收集到的内部和外部以及市场需求等方面的数据，按照企业管理的具体要求加工成有用的数据。

（2）数据处理的目的。从数据处理的定义中可以看出，数据的处理具有很强的目的性。数据处理的目的有以下三方面。

①将数据转换成便于观察分析、传递或被进一步处理的形式。

②将数据加工成对正确决策和实施管理有用的数据。

③将数据按具体要求编辑后存储起来，供用户使用。

（3）数据处理的基本内容。数据处理的基本内容主要包括以下几方面。

①数据的收集，即按系统对数据的具体要求和用户对数据的需要收集必要的数据。

②数据的转换，即将所收集的数据转换成计算机能处理的形式，即在计算机处理数据时将信息代码化。代码设计是科学管理的基本问题，代码就是以数或字符代表各种客观实体，其目的是实现对客观实体描述的唯一性、管理数据的规范化、对客观实体的可识别化、系统代码设计的标准化等。

③数据的筛选、分组、排序等，是指对数据进行筛选、分组、排序等处理，是有效利用其为企业管理服务的基础性工作。在企业管理工作中，一般会收集到大量种类繁多的数据，如生产经营的、市场状况的、各类政策法规的、企业自身管理的、来自企业生产第一线的等，只有对这些数据进行了分类、筛选、排序等基础性的加工工作，企业管理人员才可能有效使用。

④数据的组织，是指整理数据或用某些方法安排数据，按照给定的数据结构在外存储器上进行配置。其目的是使计算机在处理数据时能够满足速度快、占用存储空间小、成本低等方面的要求。

⑤数据运算，是指根据具体要求对数据进行数学和逻辑运算。

⑥数据存储，即数据的存储方式。

⑦数据的检索，即数据的调用方式。

⑧数据的输出，即数据的输出方式和输出格式。

2. 数据的收集和输入

（1）数据的收集。在企业管理工作中，为了获得可靠的信息，并且由于管理信息具有事实性、时效性、不完全性等特点，因而对信息的载体数据的收集就显得十分重要。在企业管理工作中，要获取有价值的信息，首先要从数据的收集开始，由于信息具有多种特征，因而在数据收集时应注意以下两方面。

①数据本身的正确性。管理信息系统的工作是对大量的数据进行处理，以提供给管理人员决策时所需要的信息，因此为保证所提供信息的可靠性和正确性，要求所收集的数据也必须具有可靠性和正确性。

②数据收集的及时性。要使管理信息系统能为管理人员提供及时性强的信息，就要做到所收集的数据具有及时有效性。

（2）数据的收集方法。数据收集的方式取决于数据的来源。数据按照来源一般分为以下两种：一种是来源性数据，这类数据来源于已建立的资料源，如已有的档案资料、账册、票据、各类文档资料等；另一种是根源性数据，主要是从实际系统中获取的数据，如从生产自动控制系统采集到的生产过程中的相关数据等。

对来源不同的数据收集的方法也不同，因而数据的收集方法可分为来源性收集数据和根源性收集数据。

①来源性收集数据。收集此类数据时要对数据来源的正确性、数据的可信度进行充分的了解，以确保所收集数据的正确性。还要根据计算机处理数据的需要，对原手工系统记录的数据进行整理，制定标准信息流程，统一信息的格式，加强校验工作。

②根源性收集数据。用仪器直接从实际系统中收集数据，在收集过程中不经过人为的测量、记载、整理，而是直接输入计算机系统处理。由于此类数据的收集有自身的特点，因而对此类数据的收集应注意仪器的精度、使用方法，技术的先进性和时间性等问题。

无论使用哪种方式，在数据的收集工作中都应尽量减少手工操作的过程，以减少差错率。

（3）数据的输入方法。

①传统的输入方法。终端用户根据原始单据汇集数据，将所汇集的数据转换成管理软件要求的数据形式，再输入计算机。可将数据转换成机读形式，如通过一定的设备将数据转换到磁盘或磁带上，然后由输入设备从这些介质中读取数据，并输入计算机中；也可直接从终端键盘输入。

②数据自动化输入方式。使用自动化方法输入数据，如使用光符号识别方法等。

③电子数据交换方式。电子数据交换指按照统一标准，将商业或行政事务处理转换成结构化的事务处理或报文数据格式，并借助计算机网络实现的一种数据电子传输方法。它将标准的经济信息通过通信网络传输，在贸易伙伴的计算机系统之间进行数据交换和自动处理。

3. 数据处理方式

在管理信息系统中，对数据进行处理的方式有成批处理方式和联机实时处理方式。

1）成批处理方式。成批处理方式的特点是将数据在一定时间内收集后，一次性输入计算机进行处理。这种按成批处理方式组织的数据处理系统称为成批处理系统。

成批处理系统可根据文件组织方式的不同分为顺序处理系统和直接存取系统。

（1）顺序处理系统。所有文件都按顺序组织方式组织的数据处理系统就称为顺序处理系统。顺序处理系统的特点是搜索记录需从第一个记录开始。也就是说，要修改某一记录数据，需从第一个记录开始搜索。若要成批修改记录的数据，则每个记录都要从第一个记录开始搜索，这样太浪费时间了。因此，通常采用成批处理的方法，形成一个主处理文件（其中包括全部更新的记录鉴别键和要更新的内容），利用它更新主文件的内容。

该系统的优点有以下几个方面。

①适合定期处理数据的场合，如工资管理系统。

②适合每次处理数据量较大的场合。

③所需的设备费用少，技术简单。

④与传统手工系统方法相似，易掌握。

该系统的缺点有以下几个方面。

①要求立即输出信息的场合不宜使用。

②部分文件不能代替目前的实际情况。

③处理量小、变动量小的地方不宜使用。

④排序工作耗费计算机资源较多。

（2）直接存取系统。凡是一个和多个文件采用某种直接文件组织的数据处理系统都称为直接存取系统。直接存取系统不存在旧文件的概念，其修改数据时采用覆盖的方法直接修改文件记录的数据。

该系统的优点有以下三个方面。

①可以省略掉顺序处理系统中的许多步骤，如排序步骤等。

②用一个简单的程序可更新多个文件。

③当更新的主记录数据较少时，直接存取系统文件的维护程序比顺序系统的要快得多。

2）联机实时处理方式。联机实时处理方式是指数据直接从数据源输入中央处理器进行处理，然后将处理的结果反馈给用户。通常将采用联机实时处理方式组织的数据处理系统称为联机实时处理系统。

联机实时处理方式的优点有以下两个方面。

（1）计算机能很快地响应来自用户终端的请求，并及时回答用户提出的问题，控制作业或改变过程。

（2）联机实时处理适用于需要及时响应的场合，既不需要脱机转换数据，也不需要人工干预，使用方便且服务及时。

联机实时处理方式的缺点有费用较高、技术较复杂等。

1.1.5 管理信息

管理信息是指反映与控制企业管理活动中经过加工的数据。任何企业要实施各种管理工作和达到自身制定的管理目标，都离不开与企业管理工作相关的信息。对于企业来说，管理信息是管理工作中除能源和物质以外的另一重要资源。

在企业的生产经营过程中涉及的管理信息有购买原材料的发票、领取材料的领料单、加工的加工单、产品入库的入库单、提货的提货单、产品生产的生产计划单、企业产品在市场的占有率、市场对企业产品的需求信息、企业生产所需的原材料的采购和供应情况、有关企业竞争者的相关信息，以及政府和相关行业的政策法规等。企业在生产经营过程中会产生和接收大量的各种与企业管理相关的管理信息，并且在整个生产经营过程中随着物流、事务流、人员流和资金流等的发生而产生信息流。企业管理正是依靠这些管理信息对生产过程和企业的各方面工作进行管理和控制。管理信息不仅是对企业的物流、事务流、人员流和资金流等的表现和描述，还是企业用于决策、掌握、指挥和控制生产经营过程重要的信息资源。由于管理信息在企业管理工作中具有十分重要的地位，并且管理信息量较大、信息的种类较多，因此在企业管理工作中如何采集信息、存储信息、对信息进行分类汇总、对信息进行加工处理，如何满足企业不同的管理层对信息的不同需求等问题，将是建立企业管理信息系统时要解决的问题。

1. 管理信息的特征

企业管理信息是指经过加工的、对企业管理活动有影响的信息。这类管理信息在企业管理过程中往往有助于企业设立总体目标和各部门具体目标；有助于企业合理安排所有资源；有助于企业对整体目标和部门目标的实现过程加以控制。企业管理信息具有以下几个特征。

（1）事实性。事实是信息的核心，不符合事实的信息是无用的信息。企业管理信息是对企业的管理或决策有用的信息，因而它具有事实性。

（2）时效性。信息的时效性是指从信息源发送信息，经过接收、加工、传递和利用的时间间隔及其效益。时间间隔越短，使用信息越及时，使用程度越高，时效性越高。在市场经济环境下，企业为最有效地对市场需求作出回应，需要及时了解市场信息和自身信息，对相关信息进行综合分析研究并作出相应决策。为了能准确及时地作出有利于企业生存、发展和满足市场需求的决策，要求决策者所获取的信息是准确及时的，因此企业管理信息的时效性对于决策和管理都是十分重要的，建立企业管理信息系统是提高信息时效性最有效的办法。

（3）不完全性。从认识论的角度看，人们对事物的认识是没有穷尽的；从信息的需求角度看，在企业管理工作中提取的信息是从管理工作的某个方面提取的，也就是说，信息的提取有一定目的性。因此，管理信息不可能面面俱到，必定存在不完全性。

（4）等级性。企业管理系统是分等级的，如企业经理、部门经理、各级管理人员等，处在不同层次的管理人员有不同的管理职责，需要做出的决策类型不同，需要的信息也不同。因此，管理信息也具有等级性。管理层次越高，所需要的信息越为集中，结构化的程度越高。在企业管理信息系统建设过程中或企业管理软件的开发工作中，要充分认识到信息的等级性，并要在管理信息系统或管理软件中体现管理信息的等级性。只有充分体现了管理信息等级性的系统或软件，才能满足企业管理的不同需要，管理信息系统才可能在企业管理工作中发挥作用。

（5）价值性。企业管理信息是经过加工并对生产经营活动产生影响的数据，是劳动创造的，是一种资源，因而是有价值的。管理信息的价值性是指管理信息在企业管理工作和企业决策过程中起到的重要作用，但管理信息具有价值的前提是其必须具有事实性和时效性，因为只有这样的管理信息才是有用的信息，而只有有用的信息对企业管理者来说才具有价值。在一套企业管理软件中设置有信息收集、加工处理（包括筛选、归纳、分析汇总等基本处理工作）信息等功能，主要目的就是为企业管理人员提供有价值的管理信息，因而企业管理软件采用什么样的技术和方法采集数据、对信息进行加工处理以及如何向企业管理人员提供与其管理工作相适应的管理信息等，将直接关系到所提供信息的价值大小。在软件开发过程中，开发人员要树立通过软件向管理人员提供有价值的管理信息观念，只有这样的企业管理软件才可能被企业用户所接受，才是被市场前景看好的软件。因此，开发人员必须要深入企业，对企业的组织结构和企业管理人员，以及企业决策者的信息需求进行了解和分析研究，同时软件的开发工作应由计算机技术人员与企业管理人员或企业管理专家共同完成。

2. 管理信息的分类

1）主要分类。管理信息的内容和形式多种多样，根据其来源大体可分为以下五种类型。

（1）描述型信息。描述型信息主要是指对企业管理工作中的各类状态和变化进行描述。其包括：①现实世界状态的描述，如商品拥有量、货币发行量等；②现实世界资源规划的描述；③现实世界状态变化的描述，如物价上涨指数、企业的商品市场占有率上升或下降幅度、成本发生变化的趋势等。

（2）概率型信息。其包括：①论断型信息，如论证方案、规划设想等；②推论型信息，如推测、推论等；③现实世界各种模型等信息。

（3）解释和估价信息。其包括：①回答“该管理信息是如何发生的”；②各类管理模式和规范要求；③信息值和信息可预见性。

（4）非期待型信息。非期待型信息是指事先完全没有想到或根本没有想而突然到来的信息。

（5）宣传型信息。宣传型信息是指真实性不强，出于某种目的而夸张或歪曲事实的信息。

2）依据结构分类。对于管理信息还可以根据结构进行分类，可分为结构化信息（形态信息）和非结构化信息（非形态信息）两种类型。

（1）结构化信息。结构化信息所表现的事实、数量、状态及其自身的属性都是确定的。例如，在企业管理中有关企业战略目标的规划、企业生产计划、企业生产能力、企业原材料库存、企业产品的市场占有量、市场对企业产品的需求量、企业产品的库存量、企业人力资源，以及企业财务状况等信息都属于结构化信息。

（2）非结构化信息。非结构化信息所表达的事实是模糊的、不确定的，甚至信息自身都不可用某类形式表达。例如，在企业管理工作中，经常会针对某一方面的问题进行讨论和研究，在此过程中，所有参与讨论和研究的人员均会提出不同的意见或新的见解等，这一过程中的信息就是非结构化信息。但是，若对某一问题达成共识，此时的信息就是结构化信息。非结构化信息在传统企业管理系统中未被视为有用信息，传统的管理信息系统主要对结构化信息进行处理；在现代企业管理中，非结构化信息也是一种重要的信息资源，对其进行有效的开发和应用是十分重要的工作，今后可以通过企业管理信息系统实现对所有企业管理信息的开发应用。

3. 管理信息的采集和整理方式

一个成功的企业在管理工作中会很重视与企业管理相关的信息采集工作和基本的信息整理工作，其主要目的就是为企业的管理者和决策者提供与企业管理和决策相关的有价值的信息。由于管理信息的广泛性及其庞大的数量，依靠人工很难做好这项工作。当企业建立了管理信息系统，对信息的采集、分类整理、信息处理实现了企业管理信息化后，便能够对管理信息进行有效的采集和整理，使信息发挥作用。

管理信息的采集和整理的方法如下。

（1）严格基础数据的管理，理顺信息的流通渠道。

（2）自上向下收集企业内部所有报表、记录、数据、图表、文件等信息载体，以保证信息比较全面准确。

（3）对已收集的数据进行分析整理，剔除无用的和多余的信息；确定有用信息的数据特征，如数据精度类型、长度、保密度、保留时间、用途等；建立数据词典，为数据库的建立、大规模调用和共享数据打下基础。

（4）按管理类型和管理要求建立信息指标体系，确定哪些信息应放在一起构成信息集，分析信息集之间的联系等。这是确定数据结构、建立数据库逻辑结构的基础。

1.2 管理信息系统的定义及特点

1.2.1 系统概述

1. 系统的概念及特征

“系统”一词是人们常用的名词，如财务系统、统计系统、教育系统以及计算机系统等。它为人们描述、理解、划分和分析社会活动中的现象提供了框架，这一名词已被广泛地应用。

（1）系统的基本概念。系统是指由事物间相互依赖、相互作用的诸要素组合而成的具有特定功能的有机体。

系统的概念可以是抽象的，也可以是具体的。一个抽象的系统可以是一些相关的概念、思维结构的有序组合，如马克思的共产主义思想体系、邓小平理论体系等。一个具体的系统是为完成某一确定的目标而共同工作的一组元素的有机组合，如企业是一个为实现自身所确定的目标由法人代表（主管人员）、管理人员、生产工人、组织机构、生产工艺、生产技术、管理方法、车间厂房，以及各种设备等构成的一个庞大而复杂的综合系统。

（2）系统的基本特征。系统的概念不仅是实际的组织机构和概念结构，还反映了它们之间的活动、行为以及为达到特定目标而相互产生的作用和制约。系统具有自身的特征，一般地说，一个系统应包括以下六个方面的特征。

①集合性。每一个系统都是由单元（元素）组成的集合体。例如，学校是由各行政管理部门、各系部及后勤服务部门等要素组成的。

②关联性。每一个系统中，单元与单元、单元与系统之间都是有联系的。正是由于这种内在的密切联系，才构成系统。在学校中，系部与行政管理部门、与后勤服务部门以及系部之间都是有密切联系的，从而构成了学校的有机整体，即系统。

③目的性。每一个系统的存在都要达到一定的目的，也就是说，所有的系统都有自己的目

的或目标，如学校的目的就是为社会培养人才。当然这种目的往往不是单一的。

④环境的适应性。每一个系统都存在于一定的环境中，欲达到目的需要对系统随时调整，以便适应环境变化。例如，企业的外部环境是市场，就必须具有对市场的应变能力。又如，高校面临的外部环境是社会，高校为适应社会对人才的需求，需要调整办学专业或进行教学改革。

⑤整体性。系统理论的基本思想就是整体性、综合性。整体性是系统理论最基本、最重要的观点。系统的整体性具有组成部分在孤立状态中所没有的新的特征、功能、目的和行为等，而且系统的整体功能大于各子系统功能之和，这也反映出系统的整体性特质。

⑥层次性。任何复杂的系统都有一定的层次结构。所谓结构，就是指系统内部各要素的排序组合方式。系统内部结构具有多层次的特征，一般可分为大系统、分系统和子系统三级，其中子系统又可分为多个层次。

（3）系统的分类。

①按系统的复杂程度划分，可分为简单系统和复杂系统。复杂或简单主要由系统自身结构中各组成部分之间关系的复杂程度以及系统组成部分的多少等因素决定。

②按系统的起源划分，可分为自然系统和人工系统。自然系统是指客观世界自然形成的、不以人的意志为转移的系统，如血液循环系统、天体系统、生态系统等。人工系统包括人工物理系统、人工抽象系统和人类活动系统三种系统。

③按系统的抽象程度划分，可分为实体系统、概念系统和逻辑系统。实体系统又称物理系统或实在系统，是指完全确定的系统，能完全实现；概念系统是抽象的系统，在各方面均不很完善，有许多地方很含糊，也有可能不能实现，但它表达了系统的主要特征，描绘了系统的大致轮廓；逻辑系统是指在概念系统的基础上构造出的原理上可行的系统，它考虑到了总体的合理性、结构的合理性和实现的可能性，但它没有给出实现的具体元件。所以，逻辑系统是摆脱了具体实现细节的合理的系统。

④按系统与环境的关系划分，可分为封闭系统与开放系统。封闭系统是指与外界分开，不被外界影响系统的主要现象的系统。开放系统是指不可能和外界分开的系统或者虽可以分开，但分开以后内部的重要性质将会发生变化的系统。封闭系统和开放系统有时也能互相转化。企业可以被称为一个开放系统，但如果把全国，甚至全球都当成系统以后，那么总的系统就转化为封闭系统。

⑤从系统产生的结果划分，可分为肯定型系统和非肯定型系统。肯定型系统是指系统的行为是可以预测到的，如自动控制系统等。非肯定型系统是指系统的行为是不可能完全预料的系统。在通常情况下，非肯定型系统是开放系统，如企业管理信息系统就是一个非肯定型开放系统。

（4）系统的基本模型。任何一个系统要实现其功能，从机理上看，都必须包括输入、处理（转换加工）、输出与反馈四个环节，其基本模型如图 1-7 所示。

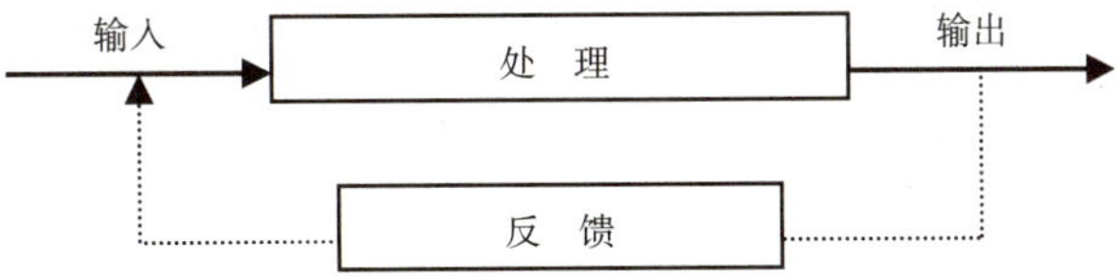

图 1-7 系统的基本模型

在分析研究一个系统时，除了要研究系统内各组成部分之间的相互联系和相互作用外，还要研究系统中的各个组成部分对外界的影响如何反应，而且任何一个系统或多或少都要受到外界的影响，完全孤立的系统不多见，如企业要受到社会和市场的影响。在控制论中，将影响系统的外界称为环境，也就是说，任何一个系统都处于一定的环境之中。系统与环境的关系是通过输入和输出实现的，同样，环境对系统的影响也是通过输入和输出实现的。因而，在对系统进行分析研究时，通过分析输入和输出就可划清系统的界限，有助于更加深入地了解系统。

环境因素虽是不可控制的，而系统内部的运行状况一般来说是可以通过反馈来控制和自动调节的。系统从环境中获取资源，经处理后向环境输出，在这个周而复始的过程中，反馈的作用至关重要。系统中的反馈是对系统的一种控制，它将输出与预定标准相比较，确定这个输出是否符合标准，若存在差异，系统就应采用纠正措施进行控制纠正。企业管理中的库存管理系统就是一个典型的带有反馈的系统，在该系统中预先设置最低库存量，当库存达到或低于所规定的最低库存量时，系统就会发出进货通知。对于企业来讲，环境是社会的需求、客户以及供应商，一个制造企业从原料供应商购进生产所需要的原材料等，经加工处理后为社会和客户提供产品和服务，又通过反馈信息改进企业的生产经营，以最大限度满足客户的要求，同时也使企业得到进一步的发展壮大。

系统的边界由定义和描述一个系统的一些特征形成，即边界之内是系统，边界之外是环境。系统的边界并不需要在系统和环境之间画一条物理边界，而只是对它们之间信息的输入与输出的分割。系统的边界一般在系统分析阶段定义，只有明确了系统边界，才能继续进行系统分析、设计等工作。

2.系统方法论

系统论是研究系统的一般模式、结构和规律的学问，它研究各种系统的共同特征，用数学方法定量地描述其功能，寻求并确立适用于一切系统的原理、原则和数学模型，是具有逻辑和数学性质的一门学科。

系统方法论是研究系统工程时思考问题和处理问题的方法论。系统工程是组织管理系统进行规划、研究、设计、制造、试验和使用的科学方法，是一种对所有系统都具有普遍意义的科学方法，同时也是一门组织管理的技术。

系统方法论的要点是系统的思想、数学的方法、计算机技术。

（1）系统的思想，即把研究对象作为整体考虑，着眼于整体最优运行。

（2）数学的方法就是用定量技术，即数学方法研究系统，通过建立系统的数学模型和运行模型将得到的结果进行分析，再运用到原来的系统中。

（3）计算机技术是求解数学模型的工具，在系统的数学模型上进行模拟，以实现系统的最优化。

3. 信息系统的开发方法

信息系统的开发建设必须遵循系统方法。当进行企业管理信息系统的建设或开发一套企业管理软件时，要对企业、对所要建设的企业管理信息系统以及对所要开发软件的功能和软件的具体目标等进行分析。如何对系统进行分析研究，即对系统的分析设计采取什么样的思路是每一个系统分析人员所面临的首要问题。有关系统的分析设计思路，美国计算机科学教授哈兰·米尔斯在《软件生产力》（*Software Productivity*）一书中写道："在对系统的认识、理解和处理上，可以将系统视为一个'黑盒子'。由此研究其外部特性，即对输入（亦称外部激励）和输出（对每个激励所作出的反应）进行分析；随着人们认识程度的深入，不断展开'黑盒子'，使其逐渐变'灰'变'透明'，以至'完全透明'。"这也是人们对系统进行分析研究的一个基本思路和方法。

通常在分析一个大型复杂的、非肯定型的、开放的系统时，应从如下六个基本点入手。

（1）了解和明确系统的目的，即系统是干什么的或主要完成什么任务，要了解和明确系统的输出是什么。任何一个系统都具有目的性，而且各个系统的目的是不一致的，如同一行业的企业，各企业由于生产能力、对市场的定位等不同，造成企业的目的不一致。因此，当人们要了解这个企业时，首先要了解企业要达到的目的是什么，为对企业的进一步分析研究奠定基础，也是企业建设管理信息系统的第一步。若对企业所要达到的目的一无所知，就不可能为企业制定信息化工作的蓝图，也就无从谈起企业信息系统建设的问题。

（2）分析和了解系统是如何达到目的的，即要了解系统为达到目的是如何运作的和整个运作流程，也就是说，要了解系统从输入到处理，再到输出的整个流程。在建设企业管理信息系统时，要深入了解整个管理机构和生产、经营流程等，只有了解了企业的整个运作流程，才可能为企业规划相适应的管理信息系统结构，进而完成整个系统的建设工作。

虽然说企业要实现信息化就要对企业的管理、经营、生产等流程，以及企业组织结构等进行重组，但这是否就意味着不需要对企业如何达到目的进行了解和分析了呢？是否只需按照一定的模式改造企业，而无须考虑企业的自身情况就能实现企业信息化呢？前面两点，一般被认为是不可能的，特别是针对中国的企业更是如此。由于企业之间的各种条件是不相同的（如企业管理水平不同、企业生产流程合理程度不同、企业的员工素质不同，以及企业所处的地理环境不同等），因而为达到目的所采取的方法也是不相同的，如企业急需解决的问题以及信息化建设的重点等就不一样。也正是由于存在这些问题，所以要对企业为实现目的所采取的方法和方式加以了解和分析，这对真正地认识企业和为企业信息化建设提供方案是至关重要的。

（3）确定系统的边界。系统与环境的关系是通过输入和输出体现的，环境对系统的各种限制也是通过对系统的输入和输出实现的。为确定系统的边界，通常采用分析输入和输出的方法，划清系统与环境的界限，这对管理人员认识和进一步分析系统是极为有利的。通常来讲，环境的因素是不可控制的，而系统内部的运行状态是可控制和可进行调节的，若不能将环境与系统区分开就很难对系统加以分析和研究。环境对系统的作用是一种约束，因而系统要顺应环境的需求尽量进行适当的内部调节，以满足环境对系统的要求。在分析企业管理信息系统或企业管理软件以及企业的组织结构或生产流程时，应特别注意分析和识别系统的边界，以便能充分了解该系统与环境的关系。

（4）分析和划分系统的层次结构。若能将一个系统划分为几个子系统，对进一步分析系统是十分有利的。划分的基本原则是使一个复杂的系统分解为许多较为简单的子系统，同时这些子系统又可组合成一个整体，即构成原系统本身。在对企业的组织结构进行了解和分析或者对企业管理信息系统的结构进行设计时，要特别注意这些系统的层次结构，要认清各层次之间的关系，要对系统的层次关系有清晰的认识和设想。

（5）自上向下地逐层分解、识别和分析系统。对于一个复杂的大型系统，识别和分析是较为困难的。应采用自上向下的顺序将系统逐层分解，直至方便识别和分析为止。这是认识、了解和分析一个大型的复杂系统最有效的方法和途径。在对企业的组织结构进行识别和了解时，应从企业的最高决策层开始，逐层进行分解，并绘制企业的组织结构图，这对识别企业和进行企业管理信息系统的设计是至关重要的。

（6）注重系统的适应性和对应变能力的了解和分析。环境对开放系统的影响是很大的，而且环境是在不断发展变化的，当环境发生变化时系统的应变能力和适应能力如何就显得尤为重要，一个优秀的系统应具有较强的适应能力和应变能力。当进行企业管理信息系统建设或开发企业管理软件时，应对企业的应变能力和适应能力进行具体的分析，这样可在企业实施管理信息化工作的过程中对其进行适当的改造，使其在激烈的市场竞争环境下，具备较强的适应能力和应变能力。特别是在现阶段我国市场经济正在不断完善的时期，整个大环境都在不断地变化之中，这两种能力能充分发挥管理信息系统对企业为适应环境变化而进行一定调整后的管理工作产生的作用和满足企业对管理信息系统的要求。

1.2.2　管理信息系统的定义

管理信息系统是指基于计算机、网络通信技术和各种设备软硬件技术等，完成与企业管理和企业生产运营相关信息的收集、传递、储存、加工处理和维护，融汇现代企业管理理论和管理方法，并结合企业生产经营业务、管理工作业务的分析计划、控制和决策模型、方法模型、知识模型以及数据库管理技术，提供企业生产经营管理、运行管理与辅助决策功能的最终为企业管理服务和企业决策提供信息的人—机企业管理信息处理系统。

管理信息系统通常由对象处理模型、信息处理模型和系统实现的物质基础三部分构成。在管理信息系统中，对象处理模型主要是指企业管理问题领域的专门知识以及分析和处理问题的模型等，这是信息系统开发成败的关键；信息处理模型是指系统对信息进行操作和处理的主要形式，包括基础数据的统计和采集模式、数据的管理和操作模型、程序的处理和模型的实现等，是信息系统实现的技术基础；系统实现的物质基础主要是指从事管理领域信息系统工作的人员

（企业决策人员、管理人员、分析人员、统计人员、数据录入及操作人员、软硬件技术人员、系统分析人员等）和设备（计算机软硬件设备、网络设备和通信设备等）。管理信息系统的概念模型如图1-8所示。

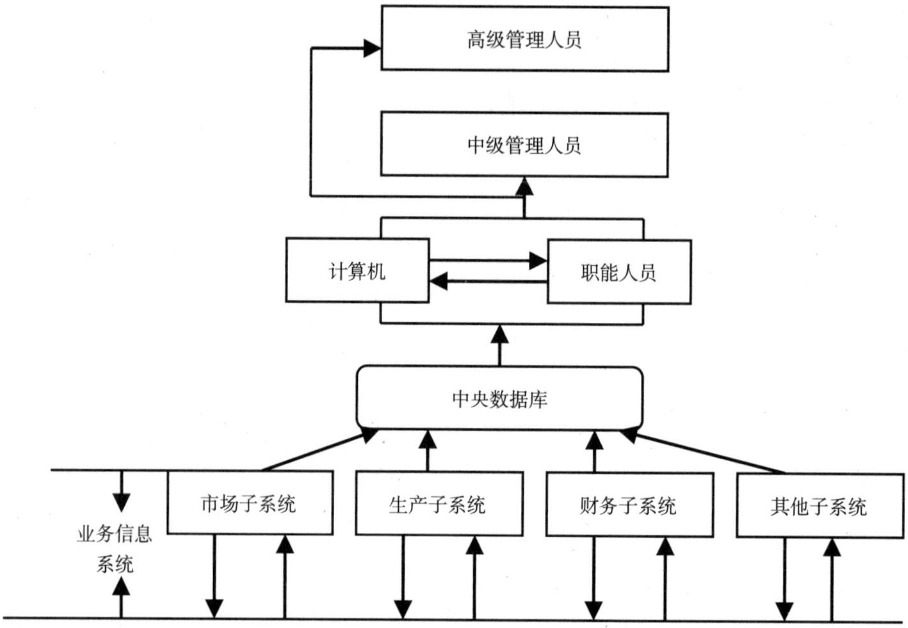

图1-8　管理信息系统的概念模型

在企业内部存在着各种各样的信息流。基于计算机和各类通信技术，集企业内部各类信息流为一个系统，并用于对企业内部的各项业务活动进行管理、调节和控制的信息处理网络，称为企业的信息系统。一个企业的信息系统可以是企业的产、供、销、库存、计划、管理、预测、控制等的综合系统，也可以是机关的事务处理、战略规划、管理决策、信息服务等的综合系统。

从前述可看出，管理信息系统的定义强调如下三个基本观点。

（1）系统资源统一规划和管理。在企业管理信息系统的建设中和建成后的系统管理工作中，所有的资源设备都要统一规划和管理，以确保资源的最大利用率，并且做到系统中各部分之间易协调和达到高效低成本地完成企业日常管理工作中的信息处理和应用工作。

（2）系统是一个人—机系统。系统强调的主体是人，也就是说，在企业管理信息系统中真正起到为企业的发展做出决策，执行管理任务，对企业中的人、财、物、其他所有资源以及企业内部的物流、资金流、事务流等进行管理和控制的仍然是人，即人在企业管理工作中起决定性作用。计算机等系统设施虽仅仅是企业管理工作的辅助工具，但也是在管理工作中至关重要的工具。

（3）系统具有分析、计划、预测和控制功能。企业管理信息系统是现代企业管理理论和现代信息技术的有机结合，因而在管理信息系统中更加强调管理方法的作用，强调对信息做进一步的加工。企业管理信息系统的分析、计划主要体现在以下几个方面：利用所收集的信息进行市场、企业生产经营状况的分析，利用各种建立起来的模型对企业生产经营活动的各个细节进行分析和预测，控制各种影响实现企业目标的因素，在企业的生产经营活动中以科学的方法分配企业的各种资源（如人、设备、任务、资金、原材料和生产中所需的辅助材料等），以及合理地组织生产（如生产计划、生产调度、生产过程和产品质量的监督等）。

1.2.3 管理信息系统的特点

由于现代企业管理理论和信息技术的发展，企业管理信息系统也正处于发展变化之中，到目前为止，还很难对它的特点加以完全的定义。但管理信息系统经过多年的发展，已逐步形成独特的特点，主要归纳为以下几方面。

（1）管理信息系统是一个“人—机系统”。人（主要指企业管理人员、系统维护人员等）在整个系统的建设和管理工作中起主导性作用，而计算机起到辅助管理的重要作用，是提高企业管理水平的重要保证和完成管理工作的有效手段。

（2）管理信息系统主要针对企业管理工作中的结构化管理问题。

（3）管理信息系统主要针对企业例行的信息处理问题。企业一旦建立了企业管理信息系统，该系统就将成为企业的核心和信息交换中心。系统的建成将使企业的所有信息集中统一管理，为企业管理者和企业决策者提供相关信息，这是最有效地使用企业信息、实现企业信息共享的途径和方法。

（4）管理信息系统的使用是以高速度、低成本地完成企业生产经营活动中的数据收集和处理为前提，追求的是系统处理问题的高效益。

（5）管理信息系统的设计要求是要保证相对稳定、协调的工作环境。因为管理信息系统的工作方法、管理模式和处理过程都是确定的并具有相对稳定性，需要确保系统能协调管理人员的工作。

（6）在信息处理模型和处理过程相对确定的基础上，数据成了驱动系统工作的动力。所谓驱动是指在整体上推动企业管理信息系统运行的关键因素。数据驱动方式是针对确定型系统而言的，也就是说，企业管理信息系统中解决问题的方法和基本过程都是相对确定的。因此对信息的收集、加工、整理等过程所需的数据就成为驱动系统并让其成功运行的关键。由此看来，在企业管理信息系统建设和应用过程中，数据是十分重要的，而且要充分发挥系统在管理工作中的作用，数据的需求量是十分大的，只有具有大量的有效、准确、时效性较强的数据，企业管理信息系统才有可能在数据的驱动下有效地发挥作用。

（7）在企业管理信息系统的设计中，一般强调处理方法的科学性、客观性，并要结合国情实际，尽量使系统的设计符合企业的实际情况和发展以及企业为适应社会发展进步而对信息的需求，并力求使系统在处理信息的过程和结果都达到最优化。这也是企业建立管理信息系统的目的之一。

1.2.4 管理信息系统的基本功能

管理信息系统具有数据的采集、输入、传输、存储、加工、维护和使用等基本功能。

1. 数据的采集和输入

(1)识别信息有以下三种方法。

①由决策者识别。

②系统分析员亲自观察识别。

③先由系统分析员观察得到基本信息，再由决策人员调查并加以修正、补充。

(2)采集数据的方法大体上有以下三种。

①自下而上地广泛收集。

②有目的地进行专项调查。

③采用随机积累法。

2. 数据的传输

数据传输包括计算机系统内和系统外的传输，实质是数据通信。

(1)信息源即信息的来源，可以是人、机器、自然界的物体等。

(2)编码是指把信息变成信号。

(3)信道就是信息传递的通道，是传输信息的介质，分为有线、电缆、无线、微波、人工传送等。

(4)噪声是指无论信道质量多么好，都可能有杂音或干扰。

(5)译码是编码的反变换，其过程与编码相反。

(6)信宿即信息的接收者，可以是人、机器或另一个信息系统。

3. 数据的存储

用于数据存储的设备目前主要有三种：纸、胶卷和计算机存储器。对数据存储设备的一般要求是：存储数据量大，价格便宜，在某些情况下还会有特殊要求，如易改性和不易改性。

4. 信息的加工

信息加工的范围很大，从简单的查询、排序、归并到复杂的模型调试及预测。信息加工功能的强弱是信息系统能力的重要考查方面。

5. 信息的维护

保持信息处于合用状态称为信息维护，这是信息资源管理的重要一环。狭义上讲，它包括经常更新存储器中的数据，使数据保持合用状态；广义上讲，它包括系统建成后的全部数据管理工作。信息维护的主要目的在于保证信息的准确、及时、安全和保密。

6. 信息的使用

从技术上讲，信息的使用主要是指高效和高质量地为用户提供信息。信息的使用更深一层的意思是实现信息价值的转化，提高工作效率，利用信息进行管理控制，辅助管理决策。

1.3 管理信息系统的结构

管理信息系统的结构是指组成管理信息系统各部件的构成框架。对部件的不同理解，就产生了管理信息系统的各种结构，其中最重要的有概念结构、功能结构、硬件结构和软件结构。

1.3.1 管理信息系统的概念结构

从概念上看，管理信息系统由信息源、信息处理器、信息用户和信息管理者四大部件组成（图 1–9）。

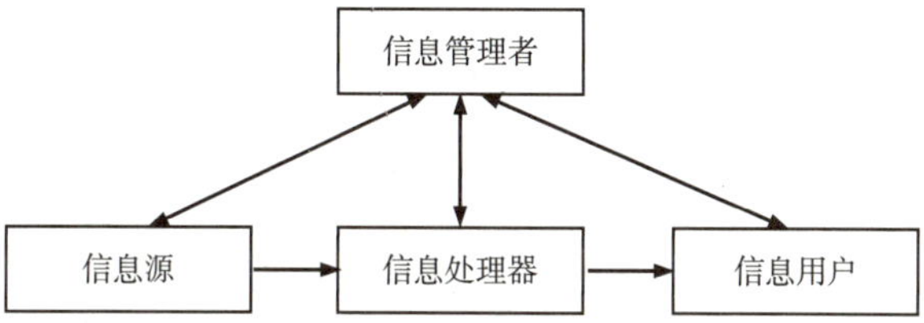

图 1–9 管理信息系统的概念结构

图 1–9 中，信息源是信息产生地；信息处理器担负信息的保存、处理任务；信息用户是信息的使用者，应用信息进行管理和决策工作；信息管理者负责信息系统的设计实现，并在实现以后负责信息系统的运行和协调。

信息系统的概念结构是对信息系统的“全息性”功能抽象，这在人们对管理信息系统的每一个局部组成部分深入了解之后就会有升华性的认识。在后面的章节中可以看到管理信息系统的每一项具体功能都是由概念结构中的主要结构（输入—处理—输出）构成的。

1.3.2 管理信息系统的功能结构

从使用者的角度看，一个管理信息系统是由多种功能组成的，这些功能通过信息的产生和使用形成联系，并构成有机的整体，表现出系统的特征。在这个有机整体中各功能之间的组成方式就称为管理信息系统的功能结构（图 1–10）。

在管理信息系统的功能结构中，标明了管理信息系统中各功能子系统及各功能模块之间的联系方式。图 1–10 中“原材料采购计划制订”的功能模块是参考“主生产计划制订”产生的主生产计划与技术子系统中“技术数据管理”模块提供的产品/原材料消耗指标通过综合平衡完成的。管理信息系统的功能结构是企业各种管理过程的缩影。

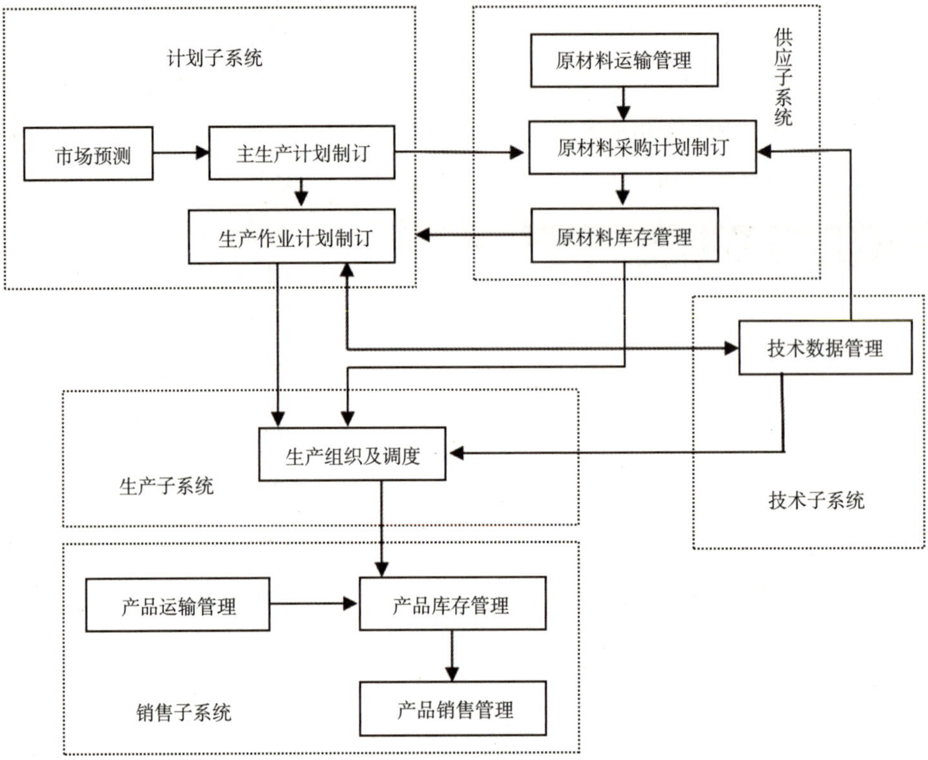

图 1－10　管理信息系统功能结构

在图 1－10 中给出的管理信息系统功能结构中描述的管理过程如下。

（1）计划子系统中的“市场预测”模块通过市场预测完成“主生产计划（有时称为产品产量的总量计划）制订”，并进一步制订生产作业计划。

（2）供应子系统中的“原材料采购计划制订”模块依据计划子系统中的主生产计划及技术子系统的“技术数据管理”模块产生的产品/原材料消耗指标数据（包含生产单位产品所需要的原材料的数量指标）计算，汇总整个企业在计划时间内所需的全部原材料的数量，并以此为参考制订整个企业的原材料采购计划，且据此进行原材料库存管理。

（3）生产子系统依据计划子系统提供的生产作业计划、供应子系统提供的“原材料库存管理”及技术子系统提供的“技术数据管理”（如能源及材料消耗指标、技术标准）进行生产组织及调度。

（4）销售子系统负责“产品库存管理”“产品运输管理”和“产品销售管理”。

由于管理信息系统的功能结构描述了管理信息系统的功能构成及功能联系，因此它是管理信息系统开发过程中的重要关注对象，对现有管理系统的分析及对未来管理系统的设计都离不开其功能结构的描述工作。可以说，管理信息系统的功能结构是其规划、分析和设计的主线。

1.3.3　管理信息系统的硬件结构

管理信息系统的硬件结构描述了其所依托的计算机及其网络系统的硬件设备组成及连接方

式、各硬件设备的功能和技术参数。管理信息系统的硬件结构一般以硬件设备的物理位置安排、拓扑结构等方式给出。

1.3.4　管理信息系统的软件结构

用于构建管理信息系统而在其硬件设备上（主要是计算机上）安装的系统软件及由管理信息系统开发人员开发的应用软件模块所组成的系统结构，称为管理信息系统的软件结构。

管理信息系统的软件结构包括两个方面：一方面是依附于硬件结构的管理信息系统的系统软件结构。在这个结构中描述硬件设备所安装的系统软件分布，如所采用的操作系统、数据库管理系统、各种服务器软件、应用开发工具等。由于系统软件的分布同硬件设备密切相关，管理信息系统的系统软件结构一般和硬件结构一同给出。另一方面是由描述管理信息系统各应用软件功能模块组成的应用软件结构。管理信息系统的应用软件结构一般用树状结构图表示（图 1-11、图 1-12），直到所有模块不可再分解为止。

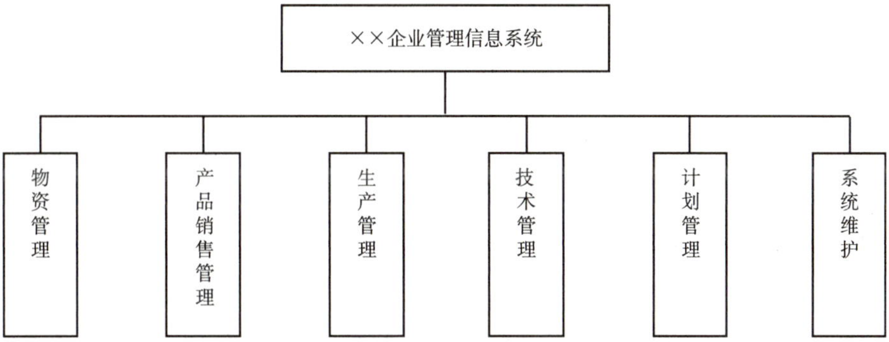

图 1-11　管理信息系统的应用软件结构（一）

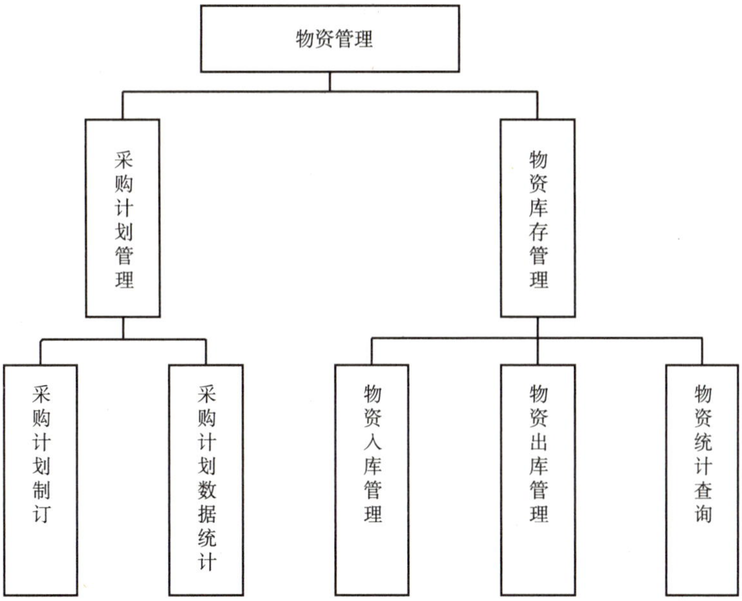

图 1-12　管理信息系统的应用软件结构（二）

管理信息系统的功能结构有时也采用树状图的形式描述，但为了说明各模块间、各子系统间的连接方式，一般会增加文字说明。一般情况下，在描述现有系统（旧系统）时采用功能结构，而在描述目标系统（新系统）时采用软件结构。

1.4 企业信息化的意义

21 世纪是信息经济和知识经济的时代，面对全球范围的信息化浪潮，企业必须及时调控发展战略，抢占战略制高点，全力推进企业的信息化建设。可以说，企业信息化是 21 世纪企业生存、发展之必需，是提高企业竞争力、服务市场经济的重要条件。

1.企业信息化建设是信息时代的客观要求

当今世界已经进入信息时代，信息生产力属于新兴的社会生产力，信息社会代表着社会进步的必然趋势，而使用信息技术改造企业已经成为全球性的趋势，这种趋势具体表现在以下三个方面。

（1）信息和通信基础设施投入不断增加。近年来，许多国家在信息和通信基础设施方面投入大量资金，发达国家在这方面的投资更大。政府或者组织对信息和通信基础设施的巨大投资为企业的信息化创造了良好的硬件环境，也为企业开展电子商务活动拓展了场所和对象。

（2）通过电子商务方式进行的交易活动量不断增长。利用电子商务方式进行采购和销售是企业信息化的主要内容之一。目前，企业利用电子商务方式发生的交易，在其全部交易中所占的比例非常小。在未来，电子商务交易额必将持续增长。近几年，我国政府和社会各界高度重视电子商务形式，从政策、法规、安全、支付、物流等层面大力推进电子商务的发展。

（3）发达国家和发展中国家的信息化差距在不断拉大。发达国家企业的初级信息化过程基本完成，目前已进入高级信息化建设阶段，而很多发展中国家仍然处于初级信息化建设阶段。这种差距已经引起了各国政府的高度重视，无论是亚太经济合作组织（APEC）领导人的非正式会议，还是世界经济论坛，都把消除此种差距作为影响社会经济发展的关键。

2.企业信息化建设可以提高企业的核心竞争力

（1）企业信息化是企业适应千变万化的市场环境的必要手段。信息时代市场瞬息万变，客户需求决定企业生存。以最好的质量、最短的时间、最低的成本、最完善的服务满足客户个性化的需求，是企业赖以生存的前提。了解、分析、转化、开发、引导、实现用户需求已成为企业工作的重点和难点。从某种意义上说，信息资源在战略意义上比物质、能源更加重要，企业的竞争力在很大程度上取决于企业的信息竞争力。信息化建设成为企业获取竞争优势的最佳选择和必由之路。

（2）企业信息化是企业参与国际竞争的要求。当前全球经济一体化的趋势日渐明显，信息技术在经济全球化过程中起到了重要的作用。如果没有计算机网络技术及通信技术等信息技术的发展，公司的经营和管理将面临很大的挑战。随着我国加入世界贸易组织，我国的企业正逐渐融入国际市场中，一方面可以争取参与国际资源的分配，另一方面可以不断迎接国际市场带来的巨大挑战。企业必须意识到信息资源是企业的生命线，谁在收集、处理、加工和传播信息上拥有更强的能力，谁就有条件获得竞争的优势，谁就能抢占市场先机，从而有机会获得最终胜利。

思政案例

拓展技术边界，RTC为泛娱乐注入新动力

近段时间，软件自主创新和国产化替代成了热门话题，数字化过程中需要有相应的软件平台。疫情加速了线下场景向线上转型，而在越发快节奏和忙碌的工作生活中，孤独的年轻人更需要朋友的“陪伴”。

说到短视频，一定绕不开抖音App。据了解，抖音的日活用户已经超过6亿人，这意味着每天国内有将近一半的人在看抖音。几个月前，郑某意外发现竟然可以在抖音上和朋友“一起看视频”，即使和朋友身处两地，也可以通过线上新的娱乐玩法相互陪伴。

而当互联网进入下半场时，“躺赢时代”结束，所有人都在鼓吹“这届网友不够用了”。抖音也不再仅限于视频，还在探索向更加多元的方向发展，尝试着走进用户生活。2022抖音创作者大会在抖音、今日头条、西瓜视频、鲜时光TV等平台上进行线上直播，公布了抖音图文、中长视频、直播、开放平台、生活服务等方面的业务进展和扶持政策。

在过去，“抖音”一词指代一个应用的同时，也代表着一种内容形态，即几十秒的短视频。如今这种探索或许意味着抖音不再是单一的短视频平台，短剧、图文、直播、中长视频等各种内容载体相互关联，构建了抖音多元的内容载体矩阵。

内容和产品的双重创新是抖音在短短4年内爆红的原因，内容创新是核心。抖音先达人、后品牌的发展思路，以及达人做标杆、品牌撑大盘的格局，让其积累了足够丰富的内容，再结合多元的内容载体，构建了“抖音吸引力”的基础。而产品创新，一是指低门槛的看视频方式——点开可见，上滑切换；二是指算法——匹配喜好，精准推荐。

通过技术的连接，无论相隔多远，随时都可以想看就看、想见就见，既不需要下载再发送，也不需要转发再等待，喜怒哀乐无延迟传递，而实时通信（Real-Time Communication，RTC）这种交流技术，正是这种连接的内核。在过去几年，RTC领域的发展日益加快，技术厂商前赴后继。字节跳动旗下的火山引擎也官宣入局，抖音一系列新玩法背后的技术支撑，正是火山引擎RTC。

自2017年起，火山引擎就为抖音的各类实时互动场景提供RTC服务。火山引擎可能并不是RTC“第一个吃螃蟹的人”，但5年时间经历庞大用户群体，以及由此带来的复杂的应用场景、网络环境和不同类型终端的打磨，使它沉淀了丰富的方法论和实践经验。比如，线上互动过程中不可避免会遇到嘈杂的环境和由此产生的背景音，但用户沟通的品质

正取决于App在多大程度上可以消除那些棘手的回声和噪声，只保留下最清晰的用户语音。所以，火山引擎RTC在自研回声消除（AEC）的基础上，结合了深度学习抑制残留回声方法，让AI算法对采集进来的所有声音进行分层，分辨哪些是人声、哪些是环境音，拦截掉影响人声表达的杂质。

技术的进步，将在一定程度上“外卷”用户在体验上的容忍程度，同时也会催生更多新的创意落地。就像几年前，为了视频流畅而牺牲清晰度的观众也难以想象，如今在手机上就能随时与好友一起看高清视频，无延迟地交流。

通过“抖音”这个缩影，人们可以看到过往3年中，在互联网下半场，交流与互动技术让互娱场景涌现出了更多可能，RTC技术在新场景的落地，为新玩法、新业态的涌现提供了技术基础。同时，相信越来越多成熟的RTC能力的输出，使更多企业不再需要自己“造弓箭”，只需要专注业务本身，而成熟的技术将为其每一个想法带来成功。

（资料来源：作者根据相关资料整理）

思考题

如何看待软件自主创新和软件国产化？

练习题

1. 企业管理信息化的定义是什么？

2. 企业管理信息化要达到的具体目的是什么？

3. 请结合本单位或本专业实际论述企业（组织）管理信息化的意义。

4. 实施企业管理信息化的主要任务是什么？你认为什么是其中最主要的任务？

5. 收集企业信息化建设相关资料，对资料进行分析后，总结这些企业实施信息化建设的意义及作用，并就此撰写一篇小论文，字数在3 000字左右。

第 2 章 管理信息系统技术基础

知识目标

熟悉计算机的组成及各部件的功能，了解信息系统涉及的安全问题，了解云计算、物联网、大数据的基本内容，了解元宇宙技术中的支柱技术，理解计算机硬件及软件的发展趋势，理解不同网络的特点，理解数据库管理的相关概念。

能力目标

培养学生运用信息技术的能力、相关技术灵活运用的能力和主动获取信息的能力。

素质目标

结合思政案例，通过将社会责任与信息意识、计算机思维、数字化创新和发展相结合，为学生终身学习和服务社会奠定坚实的思想基础。

目前，信息技术是人类发展最快的技术之一，在当代高科技发展中起着领导作用。它使人类千百年来的梦想变为现实，并在当今信息社会的政治和经济发展过程中发挥了关键的作用。当前，管理信息系统最大限度地利用现代计算机及网络通信技术加强企业的信息管理，通过对企业拥有的人力、物力、财力、设备、技术等资源的调查了解，建立正确的数据库，然后加工处理并编制成各种信息资料及时提供给管理人员，以便其进行正确的决策，不断提高企业的管理水平和经济效益。

随着互联网科技发展速度的不断加快以及大数据时代信息发展的不断深入，新兴信息技术在信息管理与信息系统方面的作用和影响日益明显，主要表现在大数据时代下在不同类型的企业转型与发展过程中，数据信息的管理与分析已经成为企业核心竞争力提高的重要内容，并直接决定了企业的生产绩效和发展活力。

计算机系统、数据库技术、网络与通信、云计算、大数据、物联网、元宇宙等技术能够对市场需求信息等资源进行更加快速、准确的计算和分析，并以平台服务的模式对原有的市场信息进行更为准确的处理，使其更加符合当前市场发展趋势和竞争需要。同时，这些技术对企业发展提出的新要求，为企业未来的信息处理、系统分析与设计等方面的提升创造了更加优秀的环境。

为了理解和掌握管理信息系统的规划、分析与设计，以及管理信息系统的实施与运行管理等的方法和技术，需要具备一定的计算机网络及数据库管理等方面的基础知识。本章从应用的角度介绍管理信息系统的信息技术基础及新兴技术，为管理信息系统的建设提供技术保障。

2.1 计算机系统

计算机系统由硬件系统和软件系统组成，通过运行程序协同工作。计算机硬件是物理装置，计算机软件是程序、数据和相关文档的组合。计算机系统的基本组成如图 2-1 所示。

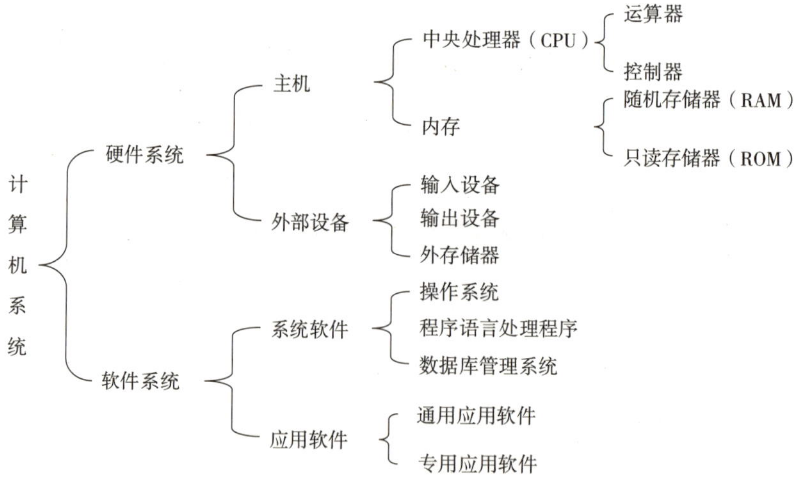

图 2-1　计算机系统的基本组成

1.计算机硬件系统

基本的计算机硬件系统是由运算器、控制器、存储器、输入设备和输出设备五部分组成的。运算器和控制器及其相关部件已被集成在一起，统称为中央处理器（Central Processing Unit，CPU）。CPU是硬件系统的核心，用于数据的处理加工，能够完成各种算术、逻辑运算及控制功能，如图2-2所示。

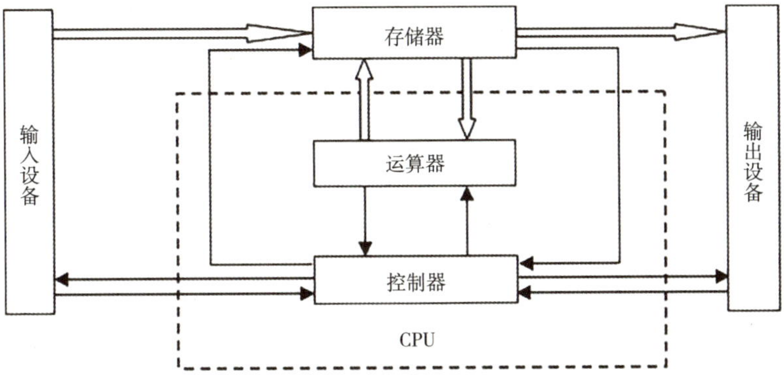

图 2-2　计算机硬件系统结构

2.计算机软件系统

计算机软件系统是指为管理、运行、维护及应用计算机系统所开发的程序、数据和相关文档的集合。软件是计算机系统中的重要组成部分，通常可将其分为系统软件和应用软件，如图2-3所示。

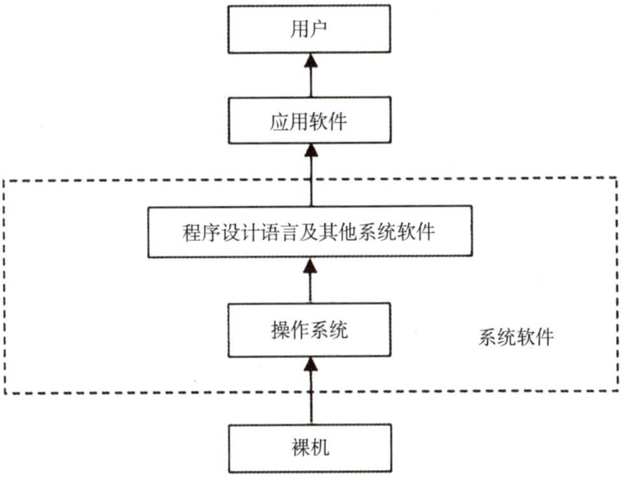

图 2-3　软件系统的结构

3.计算机的分类

计算机可根据其用途分为以下几类。

（1）个人移动设备。个人移动设备指带有多媒体用户界面的无线设备。

（2）桌面计算机。桌面计算机是使用电源插座供电的，计算机、键盘、显示屏都是独立部件，一般通过电缆连接。如一体机和有主机箱的台式机都属于桌面计算机。

（3）服务器。服务器是计算机的一种，比普通计算机运行更快、负载更高、价格更贵。服务器在网络中为其他客户机（如PC机、智能手机、ATM等终端，甚至是火车系统等大型设备）提供计算或者应用服务。服务器具有高速的CPU运算能力、长时间的可靠运行能力、强大的I/O外部数据吞吐能力，以及更好的扩展性。

（4）集群/仓库级计算机。集群系统中的单个计算机通常被称为节点，通过局域网连接（但也有其他的连接方式）。集群/仓库级计算机通常被用来改进单个计算机的计算速度和/或可靠性。一般情况下集群/仓库级计算机比单个计算机，如工作站或超级计算机的性能价格比要高得多。

（5）超级计算机。超级计算机是能够执行一般个人计算机无法处理的巨大资料量与高速运算的计算机。其基本组件与个人计算机的无太大差异，但规格与性能则强大许多，是一种超大型电子计算机。它具有很强的计算和处理数据的能力，主要特点为高速度和大容量，配有多种外部和外围设备及丰富的、多功能的软件系统。现有的超级计算机的运算速度大多可以达到每秒一兆（Trillion，万亿）次以上。超级计算机可以用于以下场景。

①气候预测：借助超级计算机预测气候变化，从而减少气候变化给人类带来的破坏。

②交通业：超级计算机可用来认识和改进汽车、飞机或轮船等交通工具的空气流体动力学、燃料消耗、结构设计、防撞性，并帮助提高乘坐者的舒适度、减少噪声等，这些都具有潜在的经济和安全收益。

③生物信息学和计算生物学：生物学已经显示出巨大的计算需求，超级计算机将帮助其寻找疾病治疗的革命性方法。

④社会健康与安全：可以对影响社会健康和安全的过程和系统进行模拟，如污染、灾难规划以及针对本地区和国家基础设施进行的恐怖主义活动等。

⑤地震：对地震的模拟能帮助人类探索地震预测方法，从而减轻与地震相关的风险。

⑥地球物理探测和地球科学：如石油等的勘探问题，这类问题具有潜在的和巨大的经济效益。

⑦天体物理学：模拟时间进程并加速这种模拟的进程，从而对天体的演变进行建模和理论试验。

⑧材料科学与计算纳米技术：对物质和能量的模拟是计算密集型的。

⑨人类 / 组织系统研究：如对大量人口的行为进行模拟。

⑩模拟核试验：借助超级计算机的强大而且快速的运算能力，在实验室实施的亚临界核试验，与真正核试爆的效果是相同的。

（6）嵌入式计算机。嵌入式计算机是一种“专用”计算机技术，是针对网络、通信、音频、视频等某个特定的应用而存在的，由嵌入式微处理器、外围硬件设备、嵌入式操作系统以及用户的应用程序等四个部分组成。它是软硬件可裁剪，适用于应用系统，对功能、可靠性、成本、体积、功耗有严格要求的“专用”计算机系统。

2.2 数据库技术

数据库技术是信息系统的核心技术，是一种计算机辅助管理数据的方法，它研究如何组织和存储数据，如何高效地获取和处理数据；是通过研究数据库的结构、存储、设计、管理以及应用的基本理论和实践方法，并利用这些理论实现对数据库中的数据进行处理、分析和理解的技术，即数据库技术是一门研究、管理和应用数据库的软件科学。

数据库技术研究和管理的对象是数据，所以数据库技术所涉及的具体内容主要包括：通过对数据的统一组织和管理，按照指定的结构建立相应的数据库和数据仓库；利用数据库管理系统和数据挖掘系统设计出能够实现对数据库中的数据进行添加、修改、删除、处理、分析、理解、生成报表和打印等多种功能的数据管理和数据挖掘应用系统；利用应用管理系统最终实现对数据的处理、分析和理解。

图 2-4 为典型的数据库管理方法的例子，员工资料应用程序通过数据库管理系统（Database Management System，DBMS）管理员工数据，人力资源数据库中包括员工记录、工资单记录、福利记录等数据，员工资料应用程序提供接口供用户访问，如人事部、薪酬部、福利部等。

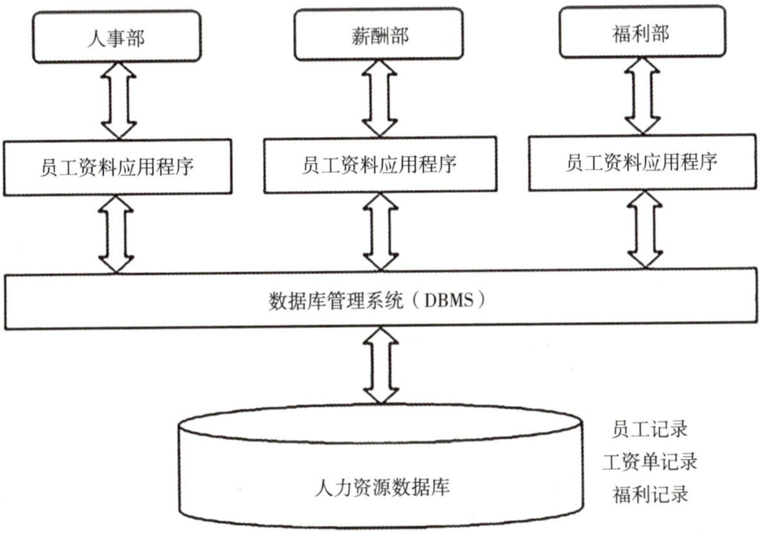

图 2-4　数据库管理方法举例

数据库技术是现代信息科学与技术的重要组成部分，是计算机数据处理与信息管理系统的核心。数据库技术研究和解决了计算机信息处理过程中有效地组织和存储大量数据的问题，在数据库系统中减少数据存储冗余、实现数据共享、保障数据安全，以及高效地检索数据和处理数据。

数据库技术是计算机科学技术的一个重要分支。从 20 世纪 50 年代中期开始，计算机应用从科学研究部门扩展到企业管理及政府行政部门，人们对数据处理的要求也越来越高。1968 年，世界上诞生了第一个商品化的信息管理系统，从此数据库技术得到了迅猛发展。在互联网日益普及的今天，网络又使数据库技术、知识、技能的重要性得到了放大。如今数据库已经成为信息管理、办公自动化、计算机辅助设计等应用的主要软件工具之一，帮助人们处理各种各样的信息数据。

1.数据库技术发展历史

数据模型是数据库技术的核心和基础，因此对数据库系统发展阶段的划分应该以数据模型的发展演变作为主要依据和标志。按照数据模型的发展演变过程，数据库技术从开始至今的60多年中，主要经历了三个发展阶段：第一，网状和层次数据库系统；第二，关系数据库系统；第三，以面向对象数据模型为主要特征的数据库系统。数据库技术与网络通信技术、人工智能技术、面向对象程序设计技术、并行计算技术等相互渗透、有机结合，成为当代数据库技术发展的重要特征。

（1）第一代数据库系统是20世纪70年代研制的层次和网状数据库系统。层次数据库系统的典型代表是1969年IBM公司研制出的层次模型的数据库管理系统IMS。20世纪60年代末至70年代初，美国数据库系统语言协会（Conference on Data System Language，CODASYL）下属的数据库任务组（Data Base Task Group，DBTG）发布了若干报告，被称为DBTG报告。DBTG报告确定并建立了网状数据库系统的许多概念、方法和技术，是网状数据库的典型代表。在DBTG思想和方法的指引下数据库系统的实现技术不断成熟，开发了许多商品化的数据库系统，它们都是基于层次模型（图2-5）和网状模型（图2-6）的。

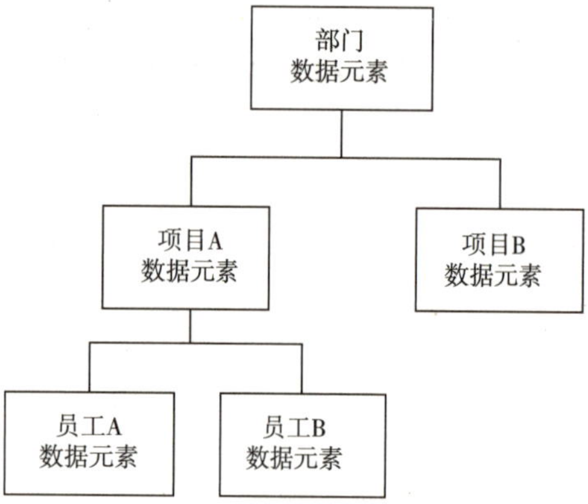

图2-5 层次模型

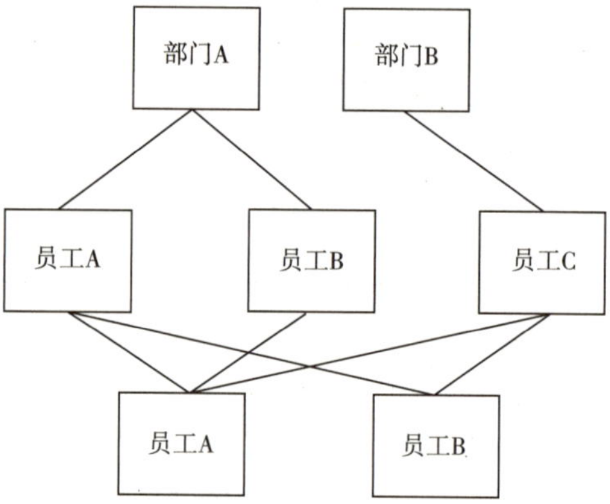

图2-6 网状模型

可以说，层次数据库是数据库系统的先驱，而网状数据库则是数据库概念、方法、技术的奠基者。

（2）第二代数据库系统是关系数据库系统。1970年，IBM公司的San Jose研究试验室的研究员埃德加·弗兰克·科德（Edgar F. Codd）发表了题为《大型共享数据库数据的关系模型》的论文，提出了关系数据模型，开创了关系数据库方法和关系数据库理论，为关系数据库技术奠定了理论基础。关系模型如图2-7所示。

部门表

部门编号	部门姓名	部门位置
部门A		
部门B		
部门C		

雇员表

雇员编号	雇员姓名	所属部门
雇员A		部门A
雇员B		部门B
雇员C		部门C

图2-7 关系模型

20世纪70年代是关系数据库理论研究和原型开发的时代，其中以IBM公司的San Jose研究试验室开发的System R和Berkeley大学研制的Ingres为典型代表。大量的理论成果和实践经验使关系数据库从实验室走向了社会，因此人们把20世纪70年代称为数据库时代。20世纪80年代几乎所有新开发的系统均是基于关系模型的，其中涌现出了许多性能优良的商品化关系数据库管理系统，如DB2、Ingres、Oracle、Informix、Sybase等。这些商用数据库系统的应用使数据库技术被日益广泛地应用到企业管理、情报检索、辅助决策等方面，成为实现和优化信息系统的基本技术。

（3）第三代数据库系统是以面向对象数据模型为主要特征的数据库系统。从20世纪80年代以来，数据库技术在商业上的巨大成功刺激了其他领域对数据库技术需求的迅速增长。这些新的领域为数据库应用开辟了新的天地，并在应用中提出了一些新的数据管理需求，推动了数据库技术的研究与发展。

1990年，高级DBMS功能委员会发表了《第三代数据库系统宣言》，提出了第三代数据库管理系统应具有的三个基本特征：①应支持数据管理、对象管理和知识管理；②必须保持或继承第二代数据库系统的技术；③必须对其他系统开放。

2.数据库规模

企业的总数据量以及实时数据正在以前所未有的速度爆发式增长，数据库规模不断扩大。随着互联网的深入发展，以及云、5G等基础设施的兴起，大规模的应用程序、移动设备、边缘设备的联网导致数据规模激增，大量企业需要处理的数据量将达到PB级，甚至更高。根据互联网数据中心（Internet Data Center，IDC）的数据，到2025年全球数据总量将达到175ZB，其中超过25%为实时数据，这就对数据库技术和数据库规模提出新的挑战。

大数据与数据库分别存在结构化能力差、运算支持能力不足的问题。随着数据技术的发展创新，数据库与大数据技术的边界不断模糊，二者互相延伸。

面对新的数据处理需求，企业原先的数据系统存在诸多限制，因此需要对数据库的功能和规模进行升级，这些需求包括以下几方面。

（1）超大规模结构化数据的查询：满足对百万，甚至千万级表单数据进行查询的高性能。

（2）实时数据处理：满足大规模实时数据处理的需求。

（3）人工智能（AI）/机器学习（ML）应用：提供大规模AI/ML应用开发的数据读取和相关功能支持。

（4）统一存储与分仓隔离：解决数据孤岛问题，并针对不同业务需求进行数仓建设。

随着国内企业数字化转型的加速推进，数据库市场有望迎来重大机遇，这也说明未来将需要更大规模的数据库。目前金融、先进制造、能源、零售等行业领先企业由于数据量大、分析场景更多样、实时性要求高等因素会率先对数据库功能进行更新升级。长远来看，大部分企业将会是高度数字化的，它们的主要业务都由数据驱动，因此需要采用新一代的数据存储与计算引擎，以满足更多样化的需求，并且具备高性能、低成本等特征。

3.数据库技术发展趋势

第一，数据库的多元化。当下，关系数据库仍然是市场主流。在关系数据库中，数据之间的关系一目了然，理解起来轻而易举。由于它的储存性能比较好，所以有易于维护、便于理解、使用方便等优点。但它也存在几个问题：一是数据库的灵活性较差，数据只能以规定的形式填取，一旦一个数据库成型之后，想更改它的形式就非常困难；二是它的数据储存方式非常讲究数据关系，对海量数据的处理非常不友好。随着数据行业的大发展，数据被要求应用的场景越来越多，出现了不以二维结构而是依据其他一些关系储存数据的数据库，这些被统称为非关系型数据库。

第二，云数据库。通常来说，传统的本地数据库就是把数据库以及DBMS的软件都部署在本地的服务器上。云数据库就是把数据库和大部分的DBMS管理软件、总环管理系统放在了云端，主要有两种模式：一种是通过虚拟机映象在云上独立运行，数据库实际上是一种比较常见的私有云形式；另一种是将数据库的硬件系统和DBMS的大部分功能都交由云数据库厂商提供，而用户只需获得访问权限，通过网络访问数据库的服务。随着云计算技术及通信技术的发展，云数据库已经步入了商业化进程。根据统计，本地数据库每年的增长只有4%左右，而云数据库每年的增长平均大概为16%。云数据库最大的特点是服务器硬件和维护服务是云数据库厂商提供的，初始成本投入比较小，而且不需要提供太多的维护。

第三，数据库开源。一是由于开源的授权费没有商业化数据库那么高，成本相对要低一些。二是最重要的一点，它的源代码完全公之于众，客户在使用的时候能够清晰地看到里面数据的情况，对数据的流向、指令了如指掌，不用担心数据库里面是否存在“走后门”的情况，可以满足自主化和信息安全的需求。三是开源数据库不仅可以自行开发，还可以在DBMS代码层面直接进行开发。开源数据库已经成为数据库行业发展的趋势。DB-Engines（全球知名的数据库流行度排行榜网站）在2022年统计过，发现开源数据库的许可证数量在2021年反超过商业化闭源数据库的许可证数量，并在2022年8月呈逐渐扩大态势。

第四，智能运维实现融合智能技术应用下的数据库管理自治。数据库管理平台将机器学习与数据管理在功能上融合统一，利用机器学习增强系统设计开发，以标准化、自动化、智能化的方式提供实时监控、健康巡检、智能诊断、多维分析等数据库管理服务。

4.我国数据库情况

根据2023年2月发布的墨天轮中国数据库流行度排行榜，参与排行的我国数据库产品共有259款，其中关系型数据库和非关系型数据库占比分别为60%和40%，我国非关系型数据库产品的发展势头良好，逐渐受到国际认可。达梦、人大金仓等是老牌的国产数据库厂商，PingCAP 是初创厂商代表，凭借开源数据库TiDB在市场中占据一定的份额，阿里云OceanBase和PolarDB，华为云OpenGauss 和GaussDB则纷纷乘云而上。

国产数据库快速发展，风险与机会并存。新兴厂商的核心团队普遍来自大厂，技术扎实、经验丰富，产品各具特色，性能较佳，并且资金充裕。但另一方面，国内数据库市场的用户则呈现风险点，如互联网用户多采用开源或自研数据库而极少使用新兴的产品，新兴厂商难切入政企类用户，缺乏“互联网+”新“风口”带动市场增量空间，大量中小企业存在不稳定和需求不强烈等问题。

2.3 计算机网络和通信技术

2.3.1 计算机网络技术

计算机网络技术是通信技术与计算机技术相结合的产物。计算机网络是按照网络协议，将地球上分散的、独立的计算机相互连接的集合。连接介质可以是电缆、双绞线、光纤、微波、载波或通信卫星等。计算机网络具有共享硬件、软件和数据资源的功能，具有对共享数据资源集中处理及管理和维护的能力。计算机通信网络是指分布在不同地理位置上的具有独立功能的多个计算机系统，通过通信设备和通信线路相互连接起来，在网络软件的管理下实现数据传输和资源共享的系统。

计算机网络的功能包括以下四个方面：①资源共享；②数据通信；③并行和分布式处理；④提高计算机系统的可靠性。

1.计算机网络的组成

从系统功能的角度看，计算机网络主要由通信子网和资源子网两部分组成，如图2-8所示。

(1)通信子网，包括：①通信控制处理机；②通信线路。

(2)资源子网，包括：①主机；②终端；③网络软件；④应用系统。

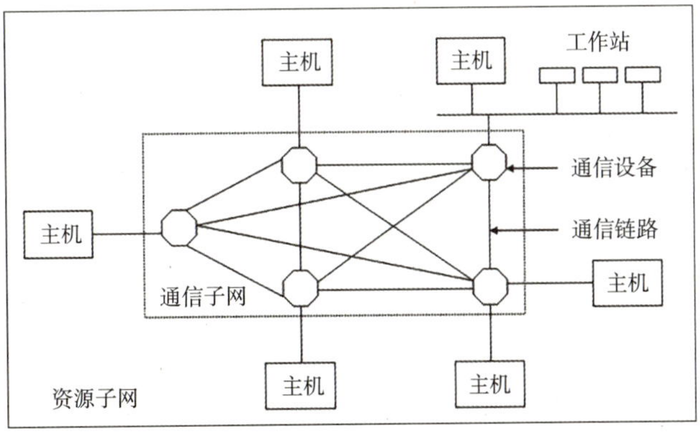

图2-8 计算机网络构成

2.计算机网络的类型

（1）按照网络的覆盖范围分类，可分为：①局域网（Local Area Network，LAN）；②城域网（Metropolitan Area Network，MAN）；③广域网（Wide Area Network，WAN）。

（2）按照网络的传输介质分类，可分为：①有线网；②无线网。

（3）按照网络的拓扑结构分类（图2-9），可分为：①总线型；②星型；③环型；④树型。

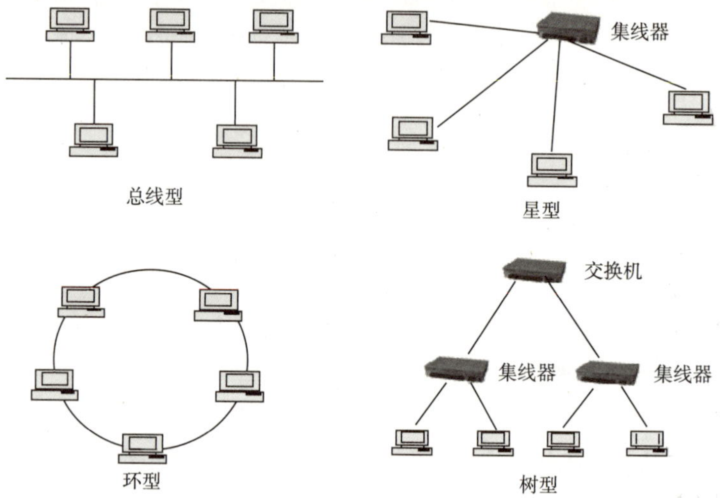

图2-9　按照网络的拓扑结构分类

3.计算机网络传输介质技术

在计算机网络中，信息是通过传输介质从一个节点传输到另一个节点的，常用的介质如下。

（1）双绞线。普遍用于公共电话交换系统，可分为屏蔽双绞线和无屏蔽双绞线。

（2）同轴电缆。具有传输频带宽、话路容量大、抗干扰性能好、传输速率高等优点。

（3）光纤。具有载波频率高、通信容量大、传输损耗小、不受外界电磁场干扰、体积小、重量轻等优点，是计算机网络通信领域中最具竞争性的传输介质。

（4）视线介质通信。发送方和接收方存在一条视线通路，有很强的方向性，沿直线传播的介质称为视线介质。视线介质通信是无线电通信、微波通信、红外线通信等利用空间传输电磁波技术实现的通信。

（5）卫星通信。一个静止轨道的同步卫星最大可以覆盖地球表面积1/3的地区，且只需要经过一次中继。

目前，从各种传输介质和传输系统的特点和应用看，光纤和卫星通信将是今后计算机传输介质技术的应用主流，而新型无屏蔽双绞线在一定范围下仍会得到广泛的应用。

4.计算机网络交换技术

在实现计算机互联通信时，计算机网络按数据交换技术的方式划分共有四种：电路交换网、存储转发交换网、混合交换网和高速交换网。

2.3.2 通信技术

通信技术是指将信息从一个地点传送到另一个地点所采取的方法和措施，是电子技术极其重要的组成部分。按照历史发展的顺序，通信技术先后由人体传递信息通信到简易信号通信，再发展到有线通信和无线通信。

1. 传输信号与网络通信

（1）传输信号分为模拟信号和数字信号两种。模拟信号是指信号因变量完全随自变量的变化而变化的信号。模拟信号一般是指存在于自然界中的信号，如电视图像信号、语音信号等。模拟信号的自变量可以是连续的，也可以是离散的，但其因变量一定是连续的。数字信号是指表示消息的因变量是离散的，且自变量时间的取值也是离散的。二者虽有区别，但是在一定条件下也是可以互相转换的。例如，将模拟信号按一定时间取值，如果取值达到一定程度，取得的信号值集合就是可以代替原信号的。

（2）网络通信。网络通信的任务是把信息从发送方（信源）传送到接收方（信宿）。

2. 模拟通信系统

模拟通信系统由信源、调制器、信道、解调器、信宿和噪声源组成，通过信源产生的模拟信号经过调制器的调制后，通过信道传输到达信宿再通过解调器将信号解调出来。噪声源即在信号的传输过程中产生噪声的源头。例如，传统的电话、广播、电视都属于模拟通信系统。

（1）信源指的是模拟信号，如一些语音信号等。

（2）调制器使信号和信道相匹配。

（3）信道用来传递信号。

（4）解调器把信号恢复成原始的模拟信号。

（5）信宿是通信中接收信息的一端。

（6）噪声源是信息在传输过程中可能受到的外界干扰，如具有平坦的频谱并且在整个频域中均匀分布的白噪声。

3. 单工、半双工、全双工通信方式

（1）单工通信是单向信道，任何时候都不能改变信号传输方向。

（2）半双工通信的信号可双向传输，但不能同时双向传输，如对讲机。

（3）全双工通信在任何时候都可同时双向传输，如电话等。

2.4 信息安全技术

信息安全就是信息本身的安全（与是否应用了计算机作为信息处理的手段无关）。信息安全的基本理论和技术，包含访问控制、密码学、安全审计、隐通道的分析与限制，其中访问控

制和密码学是信息安全的两大支撑技术。访问控制包括传统的自主访问控制、强制访问控制技术、基于角色的访问控制技术。密码学方面传统的对称密码、公钥密码、序列密码、哈希函数、鉴别技术。

信息安全的应用主要在网络安全和数据库安全中。在网络安全方面主要能够防止存储在网络上的信息被恶意删除、更改、泄露；保证信息系统可以连续、可靠、稳定地运行。在数据库安全方面主要能够保障信息的完整性、保密性、不可否认性等。

1.信息系统

信息系统是具有集成性的系统，每一个组织中信息流动的总和构成一个信息系统，是输入、处理、输出的综合体，如图 2-10 所示。

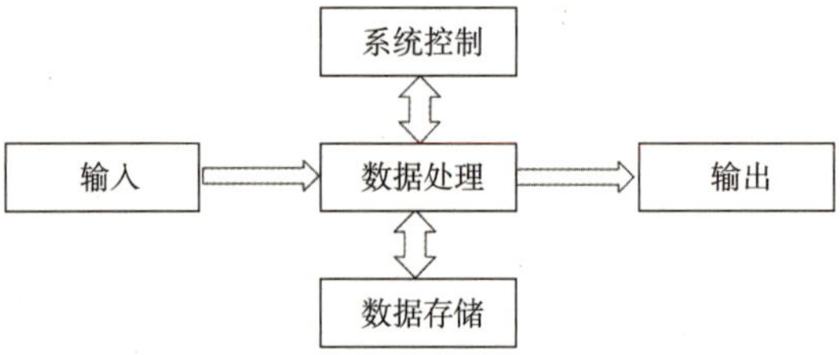

图 2-10　信息系统的构成

信息系统的安全分为设备安全、数据安全、内容安全（符合法律法规）、行为安全（强调的是软硬件工作过程的安全可控）。

2.信息安全的威胁

相对传统的行业和个人，现在的互联网公司大部分是通过有价值的信息来获取利益，这些公司所面临的最大的威胁就是信息的安全问题。

我国的信息安全威胁分为国家威胁（通过网络宣传暴力活动、宗教、价值观、文化渗透、军事情报等）、组织威胁（商业间谍通过信息窃取恶意竞争）、个人威胁（知识产权、邮件系统破坏）。

3.信息安全保障

信息安全保障可分为两个方面：信息安全可通过什么来保障，需要保障什么东西。

（1）通过什么。通过采用技术、管理等综合手段，保护信息和信息系统可以安全地运行。

（2）保障什么。保障信息和信息系统的可用性、完整性、机密性和不可否认性 。

可以将信息安全保障理解为一个有三层圆柱套接在一起的立体图形，最内层是以人为核心的安全，中间一层是以技术为核心的安全，最外层是以运行为核心的安全，如图 2-11 所示。

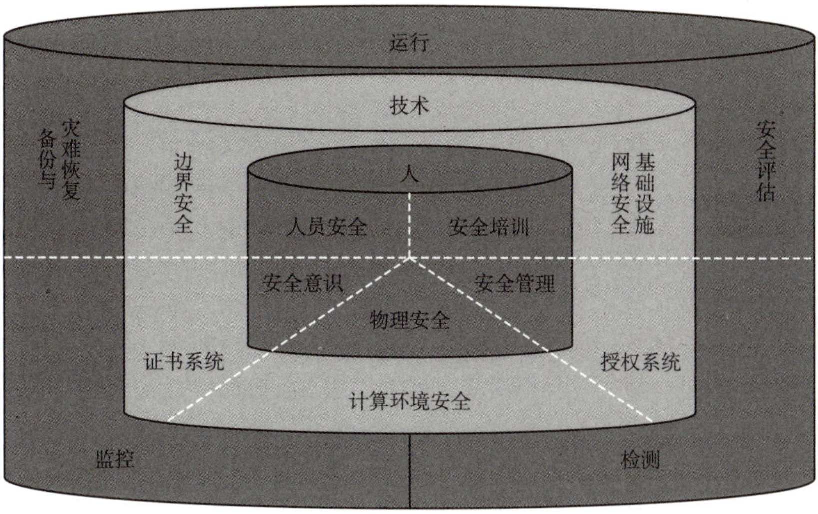

图 2-11 信息安全保障模型

技术安全人员的主要任务是对信息系统的保护和防御。在信息安全管理的过程中，一般可以遵循安全保障的技术框架来对安全问题进行分析和解决。信息安全保障的功能是分析安全和系统的行为、提供对安全需求的理解。计划—执行—检查—改进（Plan-Do-Check-Act，PDCA）模型和信息保障技术框架，是信息安全管理和信息安全保障技术实施过程所遵循的方法和思想。

信息系统安全保障是在信息系统的整个生命周期中，从技术、管理、工程和人员等方面提出安全保障要求，确保信息系统的保密性、完整性和可用性，降低安全风险到可接受的程度，从而保障系统实现组织机构的使命，如图 2-12 所示。

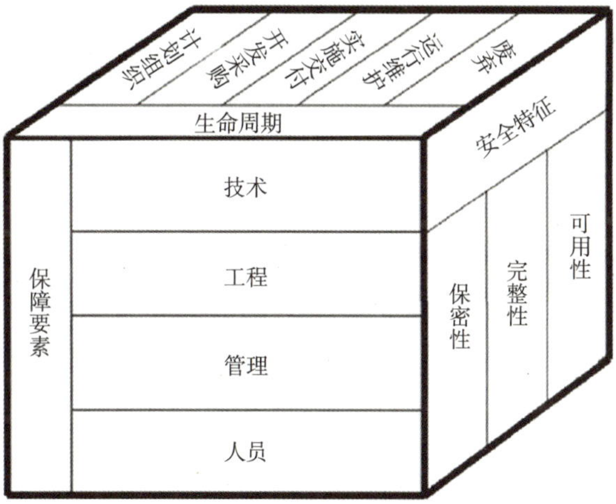

图 2-12 信息系统安全保障系统

2.5 云计算技术

云计算(cloud computing)是分布式计算的一种，指的是首先通过网络“云”将巨大的数据计算处理程序分解成无数个小程序，然后通过多部服务器组成的系统处理和分析这些小程序得到结果并返回给用户。通过这项技术，可以在很短的时间内(几秒钟)完成对数以万计的数据的处理，从而实现强大的网络服务。

通俗来讲，在云计算时代，计算能力是可以被作为商品出售的，因为中小型企业，甚至大型企业对于数据处理都有着相当大的需求。小型企业需要计算能力更强的计算机，中大型企业需要计算能力更强的服务器，而让这些企业拿出充足资金创建自己的数据中心显然是一件成本很大的事情，因此企业可以与网络服务商进行合作，利用大厂商的计算资源处理它们的数据。

云计算的概念涉及一些理念，如软件即服务(SaaS)、硬件即服务(HaaS)、基础设施即服务(IaaS)等，它们是将软件、硬件和外部的技术需求(如网络路由器、通信服务器、防火墙等)作为用户的需求，按使用量付款且无须购买所有软件、硬件和技术设施。

1.分布式计算——云计算的前身

分布式计算是指两个或多个软件共享信息，这些软件既可以在同一台计算机上运行，也可以在网络连接起来的多台计算机上运行。分布式计算比起其他算法具有三个优点：①稀有资源可以共享；②通过分布式计算可以在多台计算机上平衡计算负载；③可以把程序放在最适合运行的计算机上。其中，共享稀有资源和平衡负载是分布式计算的核心思想之一。

对于大型任务如生物蛋白质研究等项目，分布式计算是必不可少的。然而，分布式计算更多的是通过利用多台计算机进行并行运算，加快运算速度，其计算能力仍达不到云计算的体量。

2.云计算的关键技术

(1)虚拟机技术。与分布式计算相同，虚拟化技术也是云计算的重要基础，只有进行了操作系统的隔离才能进一步操作。虚拟化有很多实现技术，如KVM、Xen、VMware、Virtual Box、Hyper-V等。例如，KVM(Kernal-based Virtual Machine)是基于Linux内核的开源虚拟化方案。针对众多的虚拟化实现技术，云计算IaaS平台通常采用兼容并包的策略，为了简化处理而引入了中间适配层libvirt，通过中间层libvirt的API来管理各种虚拟机，如OpenStack云计算平台。

(2)数据存储技术。云计算系统需要同时满足大量用户的需求，并行地为大量用户提供服务。因此，云计算的数据存储技术必须具有分布式、高吞吐率和高传输率的特点。目前的数据存储技术主要有谷歌的非开源(Google File System，GFS)以及开源(Hadoop Distributed File System，HDFS)。

(3)数据管理技术。云计算的特点是对海量的数据存储读取后进行大量的分析，如何提高数据的更新速率以及进一步提高随机读速率是未来的数据管理技术必须解决的问题。云计算的数据管理技术中最著名的是谷歌的BigTable数据管理技术。

3.云计算的应用

（1）存储云是人们最熟知的云计算的一项应用，是一个以数据存储和管理为核心的云计算系统。用户可以将本地的资源上传至云端，然后在任何地方连接互联网即可获取云上的资源。存储云向用户提供了存储容器服务、备份服务、归档服务和记录管理服务等，大大方便了使用者对资源的管理。用户在自身设备容量不足时可以将资源上传至云端，变相地扩充了所拥有的硬件容量。

（2）医疗云、金融云、教育云。这些功能人们听起来虽不熟悉，但它们都有着广泛的用途，如医疗云发展出的在线预约挂号、医疗平台互通，普及金融云所诞生的移动支付，以及发展教育云带来的慕课等大型教育平台。这些应用就是建立在云计算所提供的算力支持和数据存储支持上的。

4.云计算存在的问题

（1）安全问题。安全问题包括访问权限问题及保密问题，因为用户是将自己的数据资料上传到服务商的云端，而服务商可能对数据进行越界访问，从而使信息资料的安全性难以保障。这种事件的确时有发生，甚至是一些权限较低的员工也可以窃取到用户的数据。

（2）数据完整性问题。用户的数据在上传到服务商的云上之后很有可能被存到了不同地区的服务器之中。数据资源的整体性因而受到影响，使其难以发挥有效作用。也有可能是服务商本身对数据的保护措施不够完善，导致数据完整性受影响。

2.6 物联网技术

物联网是一个基于互联网、传统电信网等信息承载体，让所有能够被独立寻址的普通物理对象实现互联互通的网络，是现代信息技术的重要组成部分。近年来物联网发展迅速，具有广泛的应用前景。

物联网产业链可分为识别、感知、信息传输和数据处理四个部分，其核心技术包括传感器技术、射频识别技术、网络和通信技术、数据的挖掘和融合技术、云计算等。

1.传感器技术

信息采集是物联网的基础，目前主要通过传感器、传感节点和电子标签等完成。传感器作为一种检测装置和摄取信息的关键器件，所在的环境通常比较恶劣，因此物联网对传感器技术提出了两个较高的要求：一个是感知信息的能力，另一个是传感器本身的智能化和网络化。传感器技术必须在这两个方面实现开发和创新。

传感器可以收集大量信息，是许多设备和信息系统所需的信息摄取手段。如果没有传感器对最初信息的检测、交替和捕获，所有控制与测试就都不能实现。即使是最先进的计算机，若是没有信息和可靠的数据，就不能有效地发挥传感器本身的作用。传感器技术的突破和发展有三个方面：网络化、感知信息、智能化。

2.射频识别技术

射频识别技术（Radio Frequency Identification，RFID）是一种非接触式自动识别技术，利用射频信号及其空间耦合传输特性，实现对静态或移动待识别物体的自动识别，用于对采集点的信息进行“标准化”标识。一方面，由于射频识别技术可实现无接触的自动识别，还有全天候、识别穿透能力强、无接触磨损，以及可同时实现对多个物品的自动识别等诸多特点，因此将这一技术应用到物联网领域，使其与互联网、通信技术相结合，可实现全球范围内物品的跟踪与信息的共享，在物联网“识别”信息和近程通信的层面中起着很大的作用。另一方面，产品电子代码（EPC）以RFID电子标签技术为载体，极大地推动了物联网的发展和应用。

射频识别技术包括以下几个方面：一是在某一个事物上有标识的对象，即RFID电子标签；二是RFID阅读器，读取或者写入附着在电子标签上的信息，可以是静态的，也可以是动态的；三是RFID天线，用于在读写器和标签之间进行信号的传达。

射频识别技术利用优越的条件，促使人类对事物设施等在静止或者动态等状态下进行管理和自动识别。现如今RFID已在农畜产品安全生产监控、农产品质量安全追溯、企业固定资产管理、无人分拣物流等领域得以应用。

3.网络和通信技术

作为为物联网提供信息传递和服务支撑的基础通道，通过提高现有网络通信技术的专业性和互联能力，以适应物联网低移动性、低数据率的业务需求，实现信息安全且可靠的传送，是当前物联网研究的一个重点。传感器网络通信技术主要包括：广域网络通信和近距离通信。广域方面主要包括IP互联网、2G/3G/4G/5G移动通信、光纤通信、卫星通信、微波通信等技术，而以iPv6为核心的新联网的发展，更为物联网用户提供了高效的传送通道；近距离无线通信方面，目前使用较广泛的近距离无线通信技术是蓝牙（Bluetooth）、802.11无线局域网（Wi-Fi）和红外数据传输（IrDA）。

4.数据的挖掘与融合技术

从物联网的检测层到应用层存在各种信息的类型和数量相乘，待分析的数据量不断增加，并且物联网中还存在各种异构网络或多个系统之间的数据，这些数据的融合以及隐藏在大量数据中的信息需要挖掘，对数据处理构成了重大挑战。因此，如何集成、挖掘和智能地处理大量数据是物联网首先需要解决的问题，人们可以通过组合分布式计算技术（如点对点和云计算）解决数据的挖掘与融合问题。

5.云计算

随着物联网技术的不断变革，产生了海量数据信息，且需要较大规模的数据处理能力和存储能力。随着云计算技术的深入应用，云计算在物联网发展中起到的作用越来越大。

（1）物联网与云计算都是根据互联网的发展衍生出的新时代产物，互联网是二者的连接纽带。物联网是把实物上的信息数据化，目标是将实物进行智能化管理，为了实现对海量数据的管理和分析，需要一个大规模的计算平台作为支撑。作为一种特定的计算模式，云计算能够实现对海量的数据信息进行实时的动态管理和分析。

（2）物联网为了实现规模化和智能化的管理和应用，对数据信息的采集和智能处理提出了较高的要求。基于云计算具有规模大、标准化，较高的安全性等优势，能够满足物联网的发展需求。

（3）云计算采用分布式大规模服务器，能够很好地解决物联网服务器节点不可靠的问题。要实现云计算在物联网系统中的完美应用，目前还面临着很多挑战。第一个挑战是数据安全性问题。既要在技术上、管理上确保数据安全，也需要注意数据的容错性和连续数据保护等问题。第二个挑战是隐私的保护问题。如何加强对隐私和私密信息的保护对云计算来讲是一个重要的问题，也是物联网云模式必然要面对的问题。

2.7 大数据

大数据不是一项专门的技术，而是一系列技术的综合应用，是各类数据库、文件存储、处理平台、操作系统，甚至是硬件的综合。“大数据”这个词广为流传，更像是营销手段的产物，是一种市场用语。大数据所代表的是一种较新的理念，一种对数据处理新的技术组合，一种新的处理数据或企业运营的思路。大数据的概念很早就被提出，而被具体化成“大数据”这个名词则是在1998年。截至今日，大数据市场已经有了一整套合理且可行的解决方案。

1.大数据的范围

大数据的涵盖范围非常广阔，囊括了所有可以具体承载在计算机中的数据，总的来说主要是结构化的数据与非结构化的数据。结构化的数据一般存放在关系型数据库中，如MySQL、Oracle等常见数据库，非结构化数据则多种多样，如文本、图片、语音数据、视频数据等。

从来源上区分，可分为企业内部数据与外部数据。内部数据是企业可以直接获取的数据，是指企业在运营过程中产生的所有数据的综合，如作为一般公司来说，人员管理、资产管理、财务管理、生产管理等过程中产生的记录信息，在与客户沟通过程中产生的录音或视频，由各种终端上报给服务器的各种信息等。外部数据则是企业通过购买、爬取等手段获取的数据，购买的数据一般都是脱敏后的数据，而爬取的数据风险就会加大，很容易产生侵权行为。

2.大数据面临的挑战

大数据面临的挑战中关键性的主要有以下四个方面。

（1）数据获取。例如，面向目标市场的社会数据分析，单靠企业内部产生的数据是不足的，需要以合理的手段获取可以扩展或补充企业缺失的数据，而通过外部获取的数据质量都是不可控的。另外，随着网络安全策略的日益完善，爬虫所能爬取的数据也越来越有局限。

（2）时效性。时间在各种指标分析中，都是一个关键因素。数据处理必然会耗用时间，这个时间的跨度与需求的紧凑性会产生矛盾，因此需要做出一定的取舍。

（3）安全性。在获取数据时，获取的数据是否合法，是否在侵犯用户隐私，这些都是要明确的。

（4）成本。对大数据的处理要耗费大量的计算资源，这对企业运营来说是一定要权衡的成本支出。

2015 年 8 月，国务院印发的《促进大数据发展行动纲要》中指出："大数据是以容量大、类型多、存储速度快、应用价值高为主要特征的数据集合，正快速发展为对数量巨大，来源分散，格式多样的数据进行采集、存储和关联分析，从中发现新知识、创造新价值、提升新能力的新一代信息技术和服务业态。"

3.大数据的特征

目前业界普遍认为大数据存在"4 V"特征：体量大（Volume）、种类多（Variety）、速度快（Velocity）、价值高（Value）。

4.大数据的应用

大数据的相关应用在国内外落地虽不过短短几年时间，其发展速度却非常惊人，而且覆盖了医疗、交通、金融、教育、零售等诸多行业领域。

（1）医疗领域。例如，深圳市儿童医院成功部署 IBM 集成平台与商业智能分析系统。IBM 利用其行业领先的大数据与分析技术，支持深圳市儿童医院搭建信息集成平台，整合原有分散在多系统中的海量数据，实现各部门的信息共享；同时，通过商业智能分析对集成数据进行深入挖掘，为医院各部门人员的科学决策提供全面的辅助，提升医院的服务水平和管理能力。

（2）交通领域。例如，英特尔携杭州诚道科技构建智能交通。面对大数据的挑战，杭州市政府和杭州诚道科技有限公司紧密合作，部署了基于英特尔大数据解决方案的诚道重点车辆动态监管系统，通过集中的数据中心将全市卡口、电子警察、视频监控、流量检测设备、信号机、诱导设备等有效地连接起来，其交通案件侦破能力、交警对机动车辆的监管能力和利用关联车辆的数据分析能力，都得到了极大提升。

（3）金融行业。例如，各类金融期货因一个品种产生的买入卖出量、需求量、成交价格……

每秒钟有 12 个数据，每小时即有 43 200 个数据，加上技术指标和成千上万的品种，这也是一种典型的高频数据。

（4）教育领域。例如，百度大脑 PK 人脑、大数据押高考作文题等。为了帮助考生更好地备考，百度高考作文预测通过对过去 8 年高考作文题及作文范文、海量年度搜索热词、历年新闻热点等原始数据与实时更新的“活数据”进行深度挖掘分析，以“概率主题模型”模拟人脑思考，反向推导出作文主题及关联词汇，为考生预测出高考作文的六大命题方向。

（5）零售领域。例如，著名的沃尔玛“尿布与啤酒”的故事。沃尔玛内部的大数据实验室专门发展出一套追踪系统，结合手机上网，专门管理追踪庞大的社交动态，每天能处理的资讯量超过 10 亿个。

（6）个性化商品推荐。例如，个性化推荐服务是网易云音乐最受用户青睐的产品属性之一。网易云音乐根据用户以往搜索、播放、歌单收藏等记录，对用户喜爱的音乐进行分析，通过人工智能推荐算法推测出用户的音乐喜好，进行精准定位，再通过“每日推荐”、私人 FM 及推荐歌单等方式为用户提供个性化定制服务。

2.8 元宇宙技术

1. 元宇宙的概念

元宇宙（Metaverse），Meta 表示超越，verse 代表宇宙，合在一起表示“超越宇宙”。元宇宙是整合多种新技术产生的新型虚实相融的互联网应用和社会形态，基于扩展现实技术提供沉浸式体验，基于数字孪生技术生成现实世界的镜像，基于区块链技术搭建经济体系，将虚拟世界与现实世界在经济系统、社交系统、身份系统上密切融合，并且允许每个用户进行内容生产和世界编辑。它是一个虚拟与现实高度互通，闭环经济体附着开源平台，平行于现实世界运行的人造空间。

元宇宙是与现实世界高度互通的虚拟世界，具有同步和拟真、开源和创造、永续、闭环经济系统四大核心属性。元宇宙的兴起伴随着 AR/VR、云计算、AI、5G/6G、区块链、大数据、云计算、脑科学等技术的进化，人类对虚拟世界的构建和发展将造就互联网的终极形态——Metaverse。回顾互联网发展历程，从 PC 局域网到移动互联网，互联网使用的沉浸感逐步提升，虚拟与现实的距离也逐渐缩小。在此趋势下，沉浸感、参与度都达到峰值的 Metaverse，或许是互联网的“终极形态”。

元宇宙就是通过技术与工具欺骗人类全身的感官（视觉、听觉、嗅觉、味觉、触觉等），以工业流水线的低成本刺激人体内产生多巴胺与内酚酞等物质，提供现实世界难以提供的高端刺激感受。元宇宙正从概念走向现实，国内对标公司如雨后春笋般出现，其产业链发展值得重视。

2.元宇宙的核心要素

（1）基础设施。如4G/5G网络、传感器、云计算、云储存协议和标准区块链。

（2）从数据到模型。如数据采集、三维建模、数据可视化、动态模拟。

（3）平台底层设定。如化身与虚拟人、虚拟货币、团队与社交开放式协议。

（4）平台创作系统。如跨企业通用平台、共享开发工具、从线性流程到实时协作动态模拟、共同修改UGC创作生态。

（5）全生命周期管理。如数据管理与云服务、空间计算与规划管理、指标审核与三维交互设计、监测预警与施工管理、资产运营与安全服务。

（6）平台经济系统。如数据云服务与人力价值释放、数字化运营与人力价值回馈、态势感知与商业模式转型、产业仿真与社会经济革新。

3.元宇宙产业链的四个层次

元宇宙产业链分为硬件层、软件层、服务层和应用/内容层，这四个层次共同搭建元宇宙脉络。

（1）硬件层。元宇宙的底层由基础设施和终端硬件设备组成，包括但不限于：人机交互、3D引擎、GIS、设计工具、游戏渲染、图片渲染、隐私计算、AI、操作系统、工业互联网、内容分发、应用商店和智能合约。在此基础上，元宇宙还需要大量技术协同，包括但不限于：基础设施端的5G和6G、云计算、区块链节点、边缘计算节点和数据处理器（Data Processing Unit，DPU）、用户端路由器、传感器、芯片、VR头显、显示器及脑机接口等。

（2）软件层。该层包括信息处理和系统平台。

（3）服务层。服务层分发平台在海外发展得更早更快，兼容内容生产和运营。

（4）应用/内容层。该层可分为2B、2C两类，是前景最广阔的产业链环节。

4.元宇宙技术内容

（1）交互与展示的技术：元宇宙的出入口。作为多维共创互信网，在元宇宙庞大的技术产业中，当前最重要的是交互和展示技术。它帮助人们从“在线”到“在场”，感受提升了至少一个维度。表面上交互和展示是为了人机交互（物理人操控化身），但说到底还是为了人和人的交流，代表着物理人和物理人之间更低成本、更便捷、更全面的沟通，尤其是在无法或者不方便面对面交流的情况下。那么什么时候会出现人和物的交流呢？只有当物具备了“我思”的能力，也即拥有一定的自我意识时，其才有价值、才能持续。

为什么交互和展示技术如此重要？从IT发展历史可以看出端倪。

①乔布斯把施乐的GUI（图形用户界面）技术做了商业普及，开启了PC时代。

②万维网之父蒂姆·伯纳斯·李发明了图形化网页浏览器，开启了互联网时代。

③苹果发明了iPhone触摸屏，使手机上网变得非常容易，开启了移动互联网时代。

④VR/AR头显，不仅更加逼真，让人有身临其境的感觉，还能解放双手，如果假以时日，会不会开启一个新时代？

（2）数字孪生与数字原生的技术：虚实融合的桥梁。美国《连线》杂志创始主编凯文·凯利认为，镜像世界将成为互联网历史上第三个具有划时代意义的技术大平台。第一个大型技术平台是互联网，第二个大平台是社交媒体，第三个大平台是镜像世界，其基础技术就是AR和数字孪生。

例如，宝马汽车通过英伟达的Omniverse建设自己的虚拟工厂，以1∶1的比例实时模拟线下工厂。在英伟达的演示视频中，这个虚拟工厂的模拟精度高、实时运算强，可以看见车身上的零部件，工厂里的机械臂组装配件，机器人配送物料。另外，英伟达在建造自己的办公大楼Voyager之前虚拟了这栋大楼，用光线追踪模拟了建筑全貌，平衡照进这栋建筑的光，以此节约能源。

随着数字孪生不断地丰富元宇宙，创作者会构建新的人、物、场，有一些可能是在物理世界没有的，或者是找不到原型的，甚至是脱离了物理世界如重力的束缚之类的，这就是数字原生，如具有创意的三维艺术创作。数字孪生的深入发展是虚实相生，是指人在虚拟世界里创造的东西反过来影响或改变物理世界，如cosplay扮演者、迪士尼乐园、环球影城、华强方特等，让二次元角色从漫画、动画、电影等载体中走向物理世界。

（3）创建身份系统与经济系统的技术：“仗剑走天涯。”物理世界中，没有身份证、钱包或支付系统，人们会寸步难行。同样在元宇宙里行走，每个数字人都要有自己的数字身份和经济支撑，这就是数字人所依仗的“剑”。因此，需要区块链、隐私计算、网络安全等多种技术结合，构建元宇宙公民的身份系统。

数字身份是一个独立的“数字人”身份，是由代码承载、数字构成的虚拟身份，拥有者对它负有责任，需要操心它的“人设”。元宇宙里的“数字身份”非常重要，就像是虚拟世界里的生命，应该没有任何个人或组织可以销毁它。有了数字身份，围绕它交换数字物品和数字资产的系统，就构成了使用者在元宇宙的经济系统。它的内涵很丰富，包括元宇宙公民的数字资产、IP，以及智能合约带来的收益和因违反治理规则而带来的惩罚。

（4）内容创作的技术：元宇宙的繁华景象。内容是吸引用户进入元宇宙的主要原因。不妨将元宇宙想象成为一个数字化、三维化的迪士尼虚拟乐园，城堡建好了，要是没有内容（人、物、场、事件），就如米奇大街没有米奇、米妮的形象、互动和场景体验，谁还会去玩呢？

2021年，初步具备元宇宙形态的Decentraland、The Sandbox等已经吸引不少用户加入，用户主要透过桌面电脑、手机进入，这也说明虽然使用VR头显、触觉手套这种有沉浸感的硬件效果会更好，但不是必需的。只要有更多“内容创作”的创意人才参与进来，元宇宙里的各种奇思妙想和丰富体验就能吸引更多用户。目前，元宇宙的内容创作在中国可率先落地的有教育、培训、影视、艺术、文旅、社交、游戏等领域。

（5）治理技术：元宇宙不是法外之地。元宇宙的治理规则可以分为两个阶段：发展阶段和成熟阶段。在元宇宙的发展阶段，主要是身份治理（个人账户）和经济治理（数字资产），由于规模和影响力有限，所以主要在人和人之间达成共识。进入成熟阶段，社会关系变得更为复杂，需要处理人和社区、社区和社区，甚至虚拟国家之间的关系，这就要在法律、文化、价值观层面进行思考、探索和引导，如实现科技向善，以建设人类命运共同体为目标。在目前的元宇宙发展阶段，呈现出了一些急迫需要解决的问题，如数字藏品的炒作和丢失，隐私信息的泄露等。

近年来，区块链技术逐步成熟，如佳士得与Artory合作，用区块链技术对拍卖销售的艺术品数据进行加密记录，为艺术品购买者提供保障、增加信心，并在最终转售时提高效率。

（6）计算技术：元宇宙的“阳光”。物理世界的计算算力就像“阳光”一样，普照元宇宙的万物。

元宇宙的发展，从其重要组成部分即交互和展示来看，VR要从2K、4K分辨率发展到视网膜级别（接近16K）的高清晰度，这对端到端算力的需求提高数十倍，IT基础设施面临极大挑战。因此，元宇宙需要更大规模的云数据中心，更多的边缘计算，以及数以亿计的各类物理世界的设备端、传感器被连接到互联网（如原子钟的虚拟镜像），才能支撑其发展。量变引起质变，规模的发展使得元宇宙时代的计算具有了很多全新的特点。受规模以及这些全新特点的影响，反映到个体芯片或设备上的设计实现则不仅要求个体性能的提升，还需要考虑个体如何支撑整个系统的更高级要求。

元宇宙是一个完全联通的互联网，需要跨平台、跨地域的算力整合，需要统一架构和生态的算力平台，也需要更多的AI算力支撑更多的数字人等智能体。英特尔高级副总裁拉加·柯杜力（Raja Koduri）曾表示，想要构建元宇宙，需要计算能力再提高1 000倍。

2022年2月，国家发改委、中央网信办、工业和信息化部、国家能源局联合印发通知，同意在京津冀、长三角、粤港澳大湾区、成渝、内蒙古、贵州、甘肃、宁夏等地启动建设国家算力枢纽节点，并规划了10个国家数据中心集群。至此，全国一体化大数据中心体系完成总体布局设计，“东数西算”工程正式全面启动。

如果把全国数据中心的联合体看成一个“逻辑”上的超大型计算机，10个数据中心集群如同多核CPU的不同物理内核，其他数据中心类似计算机里各种各样的多元异构计算芯片，如图形处理器（Graphics Processing Unit，GPU）、数据处理器等，它们共同为构建“元宇宙中国”服务，源源不断输送清洁高效的“能量”，确保持续、共享。那么，“东数西算”或许有望成为绿色低碳、高效价廉的算力调度体系，有助于我国实现物质和精神生活的共同富裕。

（7）存储技术：元宇宙的“土壤”。如果计算算力是元宇宙的“阳光”，那么存储算力就是元宇宙的“大地”，是“土壤”。从“土壤”中生长出各种各样的物种，并记录和保存这些物种的状态、属性等信息，还能繁衍新物种，从而生生不息。

计算无处不在，存储也无处不在，不同种类的计算需要的存储也不一样。云计算催生云化的存储，边缘端则催生消费类存储。需要流动的，所需存储空间不大的高价值小数据集，如数字资产［含非同质化通证（Non-Fungible tokens，NFT）的元数据］，可以存放在区块链上，链上全部节点进行账本同步，确保其高可靠性和不可篡改。而静态的，海量的非结构化数据最好以链下方式存放，往往需要去中心化的云存储，这种下一代云存储就是区块链存储。

物体通常具有独占性、排他性、消耗性的特点，而数据则具有可复制性、非消耗性和特殊公共性等特点，因此它们的相关权利不同，数权与物权大相径庭。这也促使了新经济从“以所有权为中心”向“以使用权为中心”的转变，必然促进使用权和所有权相分离，这恰恰是区块链存储，尤其是公链存储的一大特点。当下国内环境适合发展联盟链存储，但公链存储在未来必将成为竞争高地。

（8）网络技术：连接元宇宙的一切。网络不但是用户从现实生活进入元宇宙数字世界的必然途径，而且是支撑元宇宙内外部的数据共享、实时交互，乃至场景连接的关键基础。在元宇宙时代，人们利用电脑、手机、VR眼镜等多样化的终端设备，通过无线或者有线网络访问元宇宙，与里面的数字人物、环境背景实时互动、同悲共喜，感受其斗转星移、世事变迁。用户在访问元宇宙的同时，可以留下生命记录、自主创造内容，这些涓涓细流在网络的交织组合下终将汇聚成元宇宙的星辰大海。物理世界中的生命和物质在未来都可能成为元宇宙内容的贡献者，而支撑它们融入元宇宙的就是万物互联的网络。

支撑元宇宙的网络目标是为用户提供持续在线、顺畅平滑的访问体验，它必将向着高带宽、低延迟、广覆盖的方向发展；同时，为了创造出更加逼真的场景，用于构建元宇宙的“人、物、场和事件”的海量数据传输也使得带宽大幅提升、异构网络融合成为网络领域面临的巨大挑战。当前，以5G和WIFI为代表的网络技术融合交互（含AR/VR等）技术，打开了元宇宙的入口；软件定义网络能够在元宇宙与用户之间、不同元宇宙之间建立灵活、按需、具有QoS（Quality of Service）保障的网络连接，有力地支持元宇宙的弹性扩展和异构融合。在未来，以6G、WIFI7为代表的无线网络技术将更好地支持用户随时随地无缝接入元宇宙；确定性网络技术虽任重道远，但它的日益成熟必将为元宇宙的业务创新和体验提升提供重要的技术保障。

（9）系统安全技术：“定海神针。”元宇宙是下一代网络空间形态。元宇宙系统安全既是目前网络安全产业的组成部分和前沿方向，同时也会呈现出独特性。

安全不仅是产业问题，同时也是国家竞争力的关键，因此各主要国家在政策和投入方面都不遗余力。近几年，各国网络安全政策主要聚焦于5G、人工智能等未来技术创新领域，预计未来元宇宙安全也将成为网络安全各主要先进国家竞争的主战场。

安全产业包括产品和相关服务。根据信通院发布的《中国网络安全产业白皮书（2022年）》显示，2020年全球网络安全市场的规模约1 367亿美元，北美市场占比约47%。其中，安全产品占全球网络安全市场的比重约55%，全球安全服务占整体网络安全市场的比重约45%，并以安全托管服务和安全咨询服务为主。

近几年，中国网络安全相关法律及配套政策密集落地，安全合规市场空间被进一步拓展。《中华人民共和国密码法》《中华人民共和国个人信息保护法》《中华人民共和国数据安全法》等法律相继出台，《国家车联网产业标准体系建设指南（车辆智能管理）》《工业和信息化部关于推动5G加快发展的通知》《工业和信息化部办公厅关于推动工业互联网加快发展的通知》等新兴领域的政策性文件纷纷发布，这些政策性文件对通过网络安全确保新兴领域的建设发展安全均提出了严格的标准，同时《云计算服务安全评估办法》等细分领域的安全技术实施和评估办法也开始实施。

国内安全产品体系和服务体系相对完善，安全产品和服务也已延伸到云、大数据、物联网、工业控制、5G、移动互联网等场景。同时，元宇宙因其泛在性、各应用连接的无缝性等独特性，对安全也提出了更多要求。

（10）AI技术：端到端的智能。AI在元宇宙中的重要地位不言而喻，人们在进入元宇宙后，会以“数字人”的身份存在并活动。这个数字身份之所以能够在视觉、听觉、触觉等感官上实现全方位感知，并流畅地表达和交流，离不开AI技术。

AI领域的计算机视觉、语音合成与识别、数字触觉等技术在数字身份上的融合运用会帮助人们更加生动、逼真地体验与探索元宇宙，进而表达和传递情感的温度。AI不但能够使用户在元宇宙中的交互更加顺畅，而且对于元宇宙世界的建设和完善也发挥着举足轻重的作用。虽然元宇宙允许所有的用户创造和共享内容，但是在打造多样化、沉浸式元宇宙的过程中，仅凭人工构建场景内容，产能的瓶颈和低效会导致场景的数量、规模、丰富程度都存在很大局限性。如果引入AI技术开展元宇宙的自动化构建，将一些重复、简单、耗时的工作交给AI完成，就会达到事半功倍的效果，也能为人们腾出更多的时间打磨元宇宙的核心内容。同时，以强大算力、创新算法、海量数据为依托的AI也许还能从更多的视角解读和利用素材，突破人类惯用思维的局限，给元宇宙的创造带来意外之喜。

构建尽可能接近现实世界的数字场景是当前元宇宙发展的重要目标，但是更吸引人的是在元宇宙中有可能创造出超现实的强大能力。也许在不远的未来，虚拟世界中的AI就可以对现实世界反哺，催生出创造性、变革性的技术和服务，乃至提供不同于现实社会的全新价值。

5.元宇宙技术相关产业

元宇宙产业属于第四产业，是一种新型信息产业，是新时代体验经济、观念经济、创意产业的数字化、网络化、智能化。与元宇宙相关的游戏、VR/AR、虚拟人、NFT、芯片等产业得到了突飞猛进的发展。近年，中国元宇宙产业受到各级政府的高度重视和国家产业政策的重点支持。我国陆续出台了多项政策，鼓励元宇宙行业发展与创新，如《“十四五”数字经济发展规划》《金融科技发展规划（2022—2025 年）》《关于开展出版业科技与标准创新示范项目试点工作的通知》等产业政策为元宇宙产业的发展提供了明确、广阔的市场前景。

（1）游戏。游戏是目前最靠近元宇宙的“入口”产业，内容应用覆盖人类日常中各种生活场景，为用户提供更多娱乐、社交、消费、学习和工作的内容。未来还将扩展至虚拟社区构建，加强和物理世界的融合。

（2）VR/AR。当前 VR/AR 头显被普遍认为是进入元宇宙空间的主要终端，此外还包括可穿戴设备、脑机接口等进一步提升沉浸体验的设备。通过多形态交互设备、高精度传感器件、多类型终端计算、高质量交互传输、全息影像、体感技术，从场景、器件、技术等不同角度增强沉浸式体验。

（3）虚拟人。虚拟人指的是存在于非物理世界中，由计算机图形学、图形渲染、动作捕捉、语音合成等手段创造及使用，并具有多重人类特征的产物，代表性应用有虚拟主播、虚拟助手、虚拟 KOL、虚拟品牌形象等。在元宇宙热潮中，虚拟人行业迎来高速发展，虚拟人也从虚拟世界逐渐走向物理世界。

根据虚拟数字人深度产业报告预测，2030 年我国虚拟数字人行业整体市场规模有望达 2 700 亿元，目前市场仍处于前期培育阶段。随着元宇宙生态的不断发展，虚拟人行业将迎来高速发展并借助 AI 实现虚实共生的最终形态。

（4）NFT。NFT 是一种不可分割且独一无二的数字凭证，能够映射到特定资产，将该特定资产的相关权利内容、历史交易流转信息等记录在其智能合约的标示信息中，并在对应的区块链上给该特定资产生成一个无法篡改的独特编码，提供了虚拟物品确权和溯源的机制，确保其唯一性和真实性。

NFT 实现了虚拟资产的“证券化”。虚拟数字资产通过代币化，可以在二级市场上交易，从而带来了价值重估以及灵敏的价格反应机制，使得数字资产拥有可交易的实体，代表了虚拟世界区块链上数字资产的归属权，保证了游戏、艺术品、收藏品、数字音乐及虚拟世界等领域资产数字化的可行性，将现实与虚拟世界的经济体系连接起来，促进元宇宙经济发展。

（5）芯片。人工智能是未来元宇宙中主要的生产工具，数据是生产要素，越来越多的内容由 AI 生成。不同计算场景对 AI 芯片产生不同要求，云端训练和推理时对芯片的计算能力要求极高，而终端对低功耗和反应时延要求较高。据市场咨询公司 ABI Research 的数据显示，预计到 2025 年，边缘 AI 芯片市场的收入将达到 122 亿美元，云 AI 芯片市场的收入将达到 119 亿美元，边缘 AI 芯片市场将超过云 AI 芯片组市场。

思政案例

激发数字经济活力——让数字技术应用造福人民

“纵观世界文明史，人类先后经历了农业革命、工业革命、信息革命。每一次产业技术革命，都给人类生产生活带来巨大而深刻的影响。”习近平总书记指出，数字技术正以新理念、新业态、新模式全面融入人类经济、政治、文化、社会、生态文明建设各领域和全过程。这一进程中，无论是超过10亿的网民规模，还是动能澎湃的数字化浪潮；不管是数字鸿沟的缩小，还是数字治理的提速，都彰显着中国互联网的飞跃式发展。

准确识变，认清数字经济发展新趋势；科学应变，找准数字经济发展新机遇；主动求变，开拓数字经济发展新局面，打造数字经济新优势。

服务机器人、智能消杀机器人、安防机器人齐上阵，北斗全球卫星导航系统广泛应用，知识计算平台将各种形态知识赋能机器和人……2021年以来，从中国国际大数据产业博览会，到中国国际智能产业博览会；从中关村论坛，到世界互联网大会，与互联网相关的各类论坛会议发布的一大批令人眼前一亮的新技术、新应用，不仅展现着数字经济发展的气象万千，也折射出推动高质量发展、创造高品质生活的努力方向。

智能大潮到来，数据是最好的“信号灯”。根据中国网络空间研究院发布的《中国互联网发展报告2021》显示，2020年中国数字经济规模达到39.2万亿元，保持9.7%的同比增长速度，成为稳定经济增长的重要动力。截至2021年6月底，中国制造业重点领域关键工序数控化率、数字化研发设计工具普及率分别达到53.7%和73.7%，智能制造装备国内市场满足率超过50%。数字实践火热，场景是最好的“解说员”。柔性生产线可零延时切换生产线、实现多类产品“混产”；数字大棚里的自动化浇灌机集施肥、浇水于一体，还配备有采摘机器人；远程办公、问诊等线上服务新模式蓬勃兴起，智慧物流、远程操控矿山作业、无人港口等新应用不断涌现……可以说，当前互联网发展已经来到全面渗透、跨界融合的新阶段。

党的十八大以来，以习近平同志为核心的党中央高瞻远瞩、把握大势，对建设网络强国、数字中国、智慧社会作出战略部署，构建了既有顶层设计又有具体措施的政策支持体系，形成了推动数字经济发展的强大合力。“十四五”规划与2035年远景目标纲要提出“打造数字经济新优势”，各地陆续出台相关实施方案和行动计划，充分发挥海量数据和丰富的应用场景优势，促进数字技术与实体经济深度融合，赋能传统产业转型升级，催生新产业新业态新模式，一幅数字中国画卷被加速展开。

这一切的背后是信息基础设施建设的大力推进，是技术创新能力的持续提升。目前，我国建成全球最大规模光纤和移动通信网络，其中5G基站已覆盖全国所有地市级城市、95%以上县城城区和35%乡镇镇区；农村通信难问题得到历史性解决，全国行政村通光纤和4G

的比例均超过99%，为推动我国经济高质量发展夯下基石。基础性、通用性技术研发取得重要进展，5G、量子计算、高端芯片、高性能计算机、网络架构、基础操作系统、卫星互联网应用、工业互联网及智能制造等领域取得一批重大科技成果，成为推动数字变革的重要力量。

当前，世界百年未有之大变局加速演进，新冠肺炎疫情影响广泛深远，世界经济复苏面临严峻挑战。与此同时，新一轮科技革命和产业变革方兴未艾，带动数字技术快速发展。世界各国都把推进经济数字化作为实现创新发展的重要动能，在前沿技术研发、数据开放共享、隐私安全保护、人才培养等方面做出前瞻性布局。当此之际，我们需要准确识变，认清数字经济发展新趋势；科学应变，找准数字经济发展新机遇；主动求变，开拓数字经济发展新局面，打造数字经济新优势。

迈好这一步，就要激发数字经济活力，继续做好信息化和工业化深度融合这篇大文章。如何进一步做大做强数字产业，怎样破解传统产业数字化转型慢、质量不高的问题，怎样解决数字经济发展的监管难题……回答好这些问题，需要激活新要素，探索数据生产要素高效配置、安全流通和应用机制；培育新动能，促进互联网、大数据、人工智能与实体经济深度融合；探索新治理，建立适应平台经济、共享经济等新业态发展要求的管理制度；建设新设施，不断强化数字经济发展基础。唯有如此，我们才能以改革带动高水平融合，以创新驱动数字化转型，既推动中国经济巨轮破浪前行、行稳致远，又为14亿多中国人民创造更加便利、更高品质的生活。

星光不负赶路人。今天，从舌尖到指尖、从田间到车间、从地下到天上……数字生产、数字生活的每一幕场景，都留下了为经济赋能、为生活添彩的奋进足迹，也孕育着未来增长的巨大潜力。立足新发展阶段、贯彻新发展理念、构建新发展格局、推动高质量发展，我们需要不断开拓数字经济新蓝海，以信息化培育新动能，用新动能推动新发展，以新发展创造新辉煌。

（资料来源：人民日报）

思考题

结合案例，谈谈信息化对经济社会发展的作用。

练习题

1. 简述计算机系统。
2. 当前计算机硬件平台的发展趋势是什么？
3. 简述数据库技术。
4. 什么是IT基础设施？IT基础设施演化的阶段和动因是什么？
5. 分析新技术在信息系统中的应用。

6.管理IT基础设施的挑战及其解决方案是什么?

7.DBMS 的主要功能是什么?为什么关系型数据库管理系统比较强大?

8.论述为了提高企业绩效和改善决策,有哪些主要的工具和技术有助于访问数据库中的信息?

9.有哪些不同类型的网络?

第 3 章 管理信息系统应用

知识目标

认识和理解管理信息系统的主要应用，了解各种管理信息系统的功能类型及最新发展，了解管理者应用信息技术辅助决策的一般方法。

能力目标

通过典型管理信息系统的学习，引导和培养分析、设计和实施信息系统的能力，提升信息技术应用能力。

素质目标

培养责任意识和自主创新意识，进一步培养信息素养，激发科技报国的使命担当。

随着信息网络时代的到来，企业电子商务、供应链管理、客户关系管理等应用兴起，企业信息化发展的重点日益从内部信息化向外部管理信息化转移，与产业链、消费者、社会信息的联系日益紧密。因此，企业对信息网络和应用服务的需求日益迫切。

从全球来看，企业信息化也经历了“由内向外”的发展道路。20 世纪 50 年代以来，发达国家企业信息化从功能自动化（如CAD、CAM、CAPP、MRP）起步，经历了信息系统集成（如CAD/CAPP/CAM、CAD/MRP Ⅱ、CAPP/MRP Ⅱ、CIMS）、生产过程优化（如CE、BPR）等发展阶段。20 世纪 90 年代中期以来，互联网的快速发展使以满足全球化市场用户需求为核心的快速响应制造成为可能，出现了以虚拟制造、总装制造、转移制造、全球协作制造为标志的新业态，企业信息化的重心开始向外部信息网络化全面转移。制造企业通过网络在全球范围内建立零部件的加工基地。

我国主体企业在初步完成内部信息化后，由于产品设计、企业管理、企业协作等方面创新的需要，对外部信息化的需求也日益迫切。我国企业信息化的发展与发达国家相似，在“十五”期间已经呈现明显的由内而外的“外化”趋势，突出表现在供应链管理（SCM）、客户关系管理（CRM）等方面的信息化越来越受到企业的重视。

2021 年印发的《“十四五”国家信息化规划》指出，“十四五”时期信息化进入加快数字化发展、建设数字中国的新阶段。部署了 10 项重大任务：一是建设泛在智联的数字基础设施体系，二是建立高效利用的数据要素资源体系，三是构建释放数字生产力的创新发展体系，四是培育先进安全的数字产业体系，五是构建产业数字化转型发展体系，六是构筑共建共治共享的数字社会治理体系，七是打造协同高效的数字政府服务体系，八是构建普惠便捷的数字民生保障体系，九是拓展互利共赢的数字领域国际合作体系，十是建立健全规范有序的数字化发展治理体系，并明确了 5G 创新应用工程等 17 项重点工程作为落实任务的重要抓手。

针对目前我国企业信息化建设的现状，各企业在信息化建设中选用了各种管理应用软件，本章主要介绍一些企业常用的管理软件，使读者对我国企业信息化建设有较为深入的了解。

3.1 办公自动化（OA）

3.1.1 OA的基本概念和发展历程

1. OA的基本概念

1）OA是什么。办公自动化（Office Automation，OA）作为电子政务和企业信息化的核心功能之一，越来越受到人们的关注和被大力推广应用。人们普遍使用计算机来提高个人工作效率，但是在需要许多人协同工作的现代工作环境中，更需要提高整体的工作效率。利用网络通信基础及先进的网络应用平台，建设安全、可靠、开放、高效的信息网络和办公自动化、信息管理电子化系统，为管理部门提供现代化的日常办公条件及丰富的综合信息服务，实现档案管理自动化和办公事务处理自动化，以提高办公效率和管理水平；实现企业各部门日常工作的规范化、电子化、标准化，增强档案部门文书档案、人事档案、科技档案、财务档案等的可管理性；实现信息的在线查询、借阅，最终实现“无纸”化办公。

办公自动化是一个极大的概念。目前，无论是办公设备公司，还是系统集成公司，都大力推出自己的办公自动化产品，有办公设备、办公自动化计算机、办公自动化软件等。

办公实际就是文件的制作、修改、传递、签订、保存、销毁、存档的全过程，处理文件的这一流程，就需要使用各种各样的设备。随着科学技术的发展，计算机网络技术的进步，办公自动化网络的建设也得到了普及。

(1)传统办公模式。传统办公模式主要以纸介质为主，其工作流程如图 3-1 所示。在信息革命的浪潮中，传统办公模式显然已经不能满足高效率、快节奏的现代工作和生活的需要。如何实现信息处理的自动化和办公的无纸化，逐步得到了人们的重视。

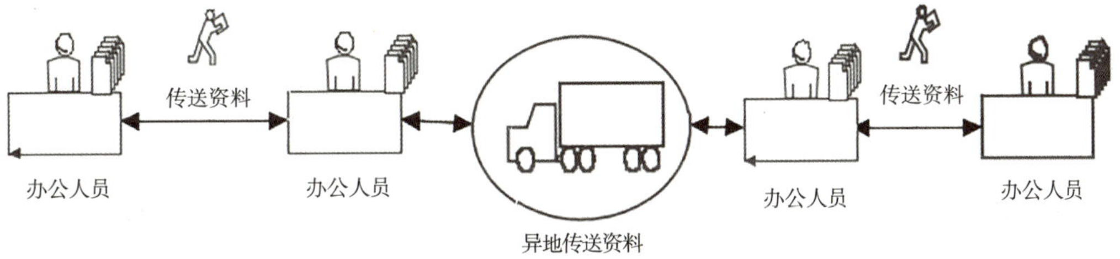

图 3-1 传统办公模式

(2)网络化办公模式。互联网与内联网的迅猛发展，为信息的交流和共享、团队的协同运作提供了技术的保证，同时也预示着网络化办公时代来临。网络化办公模式如图 3-2 所示。

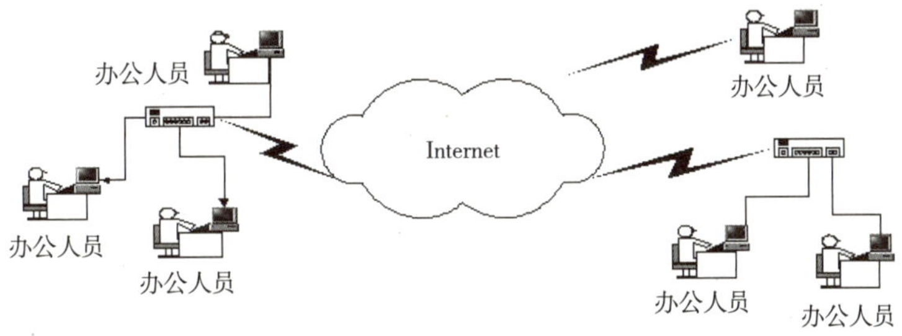

图 3-2 网络化办公模式

在办公自动化系统和大型信息管理系统中，组织的业务流程或者是文件流转功能都是其核心功能。企事业单位办公主要是一个文件流转的过程，所有的办公事务都可以抽象成一个数据库表单。Office 等软件是以数据处理为中心的第一代 OA 系统；E-Mail、文档数据库管理、目录服务或是群组协同工作等，是以网络为基础、以工作流为核心的第二代 OA 系统；能够达成网上实时交流、信息可以广泛集成的平台，是以知识管理为核心的第三代 OA 系统。

现如今所谈的 OA 系统，无论是其外延还是内涵，都与之前的 OA 系统有着很大的不同。这些不同主要体现在：办公的领域扩展了，由一间办公室扩展到多个人机联网的领域，再扩展到局域网、广域网，甚至是整个互联网；办公要处理的内容复杂和丰富了，既有传统结构的数据，又有对数据加工处理之后形成的信息，也有把信息提炼和升华的知识，还有文字、图形、图像和声音等多媒体信息；办公的自动化程度大大增强了，既能处理多媒体信息，又能对它们进行任意的传输、控制和管理；办公的效率大大提高了，办公套件的功能越来越强，网络的应用软件越来越完善，网络外联设备的速度越来越高，带宽越来越大。

2）OA的定位。随着信息技术、互联网、知识经济时代的到来，OA系统已经超越了传统办公的范畴。对OA系统的定义目前有很多种，如OA系统是将现代化办公和计算机网络功能结合起来的一种新型的办公方式，是当前新技术革命中一个非常活跃和具有很强生命力的技术应用领域，是信息化社会的产物；通过网络，组织机构内部人员可跨越时间、地点协同工作；通过OA系统实施的交换式网络应用，信息的传递更加快捷和方便，从而极大地扩展了办公手段，实现了办公的高效率。

随着技术的发展和使用人员办公方式和习惯、管理思想的变化，OA系统的定义也在不断地变化着，而且不同行业、不同角度、不同层次的人员对OA系统的看法和理解也各有不同。

（1）从功能角度来看，OA系统应该是一个组织除了生产控制之外的一切信息处理与管理的集合。它面向不同层次的使用者，呈现不同的功能表现，如对于企业高层管理人员而言，OA是决策支持系统（DSS），运用科学的数学模型（方法模型和知识模型等），结合组织内部/外部的信息，为企业负责人提供决策参考和依据；对于中层管理者而言，OA系统是信息管理系统（IMS），利用组织各业务环节提供的基础数据，加工处理成有用的管理信息，把握业务进程，降低经营风险，提高经营效率；对于普通员工而言，OA系统是事务/业务处理系统，为办公室人员提供良好的办公手段和环境，使其能准确、高效，愉快地工作。

（2）从网络的性质来看，OA系统应被定位于内联网及移动办公。

（3）从办公性质来看，OA系统应被定位于数字化办公。

（4）从信息化建设的角度来看，OA系统应是信息化建设的基础。

3）OA的类型。根据目前市场上OA系统的功能划分，可分为广义的办公自动化和狭义的办公自动化两类。

（1）广义办公自动化（新一代 OA系统）以人力资源为中心和以工作流程为血脉，在统一的组织信息平台上实现跨部门和跨业务的公文、销售、人事、资产、客户、项目等处理，其最大的特色是消除了企业内部的各类“信息孤岛”，并让所有员工在统一平台上协同工作。

（2）狭义办公自动化（传统 OA系统）主要是以公文处理、档案管理为中心的行政管理办公系统，很难与业务系统对接，对企业协同运作的效用不大。

OA系统建设的本质是提高决策效能。通过实现办公自动化或者说实现数字化办公，可以优化现有的管理组织结构，调整管理体制，在提高效率的基础上，增加协同办公能力，强化决策的一致性，最后实现提高决策效能的目的。

OA系统的基础是对管理的理解和对信息的积累，技术只是手段。只有对管理及管理业务有着深刻的理解，才能使OA系统有用武之地；只有将办公过程中生成的信息进行有序化积累、沉淀，OA系统才能真正发挥作用。

OA系统的灵魂是软件，硬件只是实现OA的环境保障。数字化办公的两个明显特征是授权和开放：通过授权确保信息的安全和分层使用，使得数字化办公系统有可以启用的前提，通过开放使得信息共享成为现实。

2. OA的发展历程

从管理信息系统的发展历程来看，随着计算机技术的进步，OA系统的功能、应用领域和概念不断衍生、扩大与提高，迄今为止已经历了三个发展阶段。

1）第一代OA系统是在20世纪80年代中期到90年代中期，以个人计算机、办公套件为主要标志，实现了数据统计和文档写作电子化，即将办公信息载体从原纸介质方式转向比特方式。第一代OA系统是以数据处理为中心的传统MIS系统，最大特点是基于传统的关系型数据库的应用，以结构化数据为存储和处理对象，强调对数据的计算和统计能力，采用的是字符型界面，实现管理信息数字化。其不足之处是客户机负担过重，管理、维护及培训费用较高，无法在一个组织内部的局域网上建立统一的集成办公平台，而且系统自适应差，所以只局限于内部信息的管理等方面。

2）第二代OA系统是从20世纪90年代中期开始，以网络技术和协同工作技术为主要特征，实现了工作流程自动化，即将收发文从传统的手工方式转向工作流自动化方式。第二代OA系统是以工作流为中心的OA系统，彻底改变了早期OA系统的不足之处。办公应用系统的主要任务是组织内部各种消息（办公信息、文件及函件等）的发布与传递、工作流的管理、档案资料的管理，同时也承担与信息服务系统进行双向信息交互的任务。它涉及的技术包括协同工作、文档数据库、工作流管理、安全控制、多媒体、视频会议及数据库等。该系统使用户可以采用全双向及多媒体形式获取和发布信息，通过与互联网的互联，实现办公活动不受时间和空间的限制，从而提高组织管理工作运行的效率和质量。

与第一代OA系统相比，第二代OA系统有三个显著特点：以网络为基础，强调协同工作，把工作流作为实现业务自动化的技术手段。

在实际工作中，由于网络可满足人们更高的信息共享需求，使得组织能够实现对越来越多、越来越广泛的外界信息和组织内部知识的积累，并在它们之间的不断交互与碰撞中让知识获得再生和增值，同时借助网络的应用使其信息资源实现共享。因此，OA系统不应只是人际办公的计算机化，而要融入新的管理方式，要融知识管理于OA系统中，为管理层、办公室、人力资源部门及业务部门提供全新、高效的工作模式。在这样的背景和需求下，第三代OA应运而生。

3）1996年，世界经济合作与发展组织（Organization for Economic Cooperation and Development，OECD）在发布的《科学技术和产业展望》报告中首先提出了“以知识为基础的经济”概念，人们把它归纳为知识经济（Knowledge Economic）。知识经济的建立和发展主要指以发展科学技术、教育以及创新（innovation）、应变能力（responsiveness）、生产率（productivity）和技能素质（competency）为主要内涵的知识管理（Knowledge Management）。事实上，知识经济时代的办公已经不再是简单的文件处理和行政事务处理了，其目的在于达到整个组织的最终目标，这就需要依靠先进的管理思想和方法。从这个意义上说，办公实际上是一个管理的过程，由于电子商务时代的组织事务处理对象瞬息万变，这就要求作为组织与机构日常业务处理基础平台的OA系统要拥有足够的灵活应变和开放交互能力。在办公管理中，工作人员之间最基本的联系是沟通、协调和控制，这在以知识管理为核心的OA系统中将得到更好的满足。现在所说的知识管理实际上是一种系统，是帮助组织发现知道什么，如何定位拥有专门知识的人，如何传递这些知识，以及如何有效利用知识的系统。它能够利用先进的协作技术在恰当的时间，将正确的知识传递给正确的人，帮助组织提高整体业务水平。

第三代OA系统是融信息处理、业务流程和知识管理于一体的应用系统。它以知识管理为核心，提供丰富的学习功能与知识共享机制，确保使用者能随时随地根据需要向专家学习、向企业现有知识学习，使员工在OA系统中的地位从被动向主动转变，并因此提高组织运作效率，从而在提升每个员工创造能力的过程中，大大提高组织与机构的整体创新和应变能力。

（1）知识管理概念。美国实业家安德鲁·卡耐基（Andrew Carnegie）说过："在一个组织内，唯一不能被替代的资产是组织的知识和人员。"知识正在成为推进组织持续性发展的源动力，尤其是当前社会已经迈入知识经济时代。与工业经济时代不同，它的特征是社会生产能力和商品过剩，导致竞争异常激烈、客户需求变化频繁，对组织的应变能力、决策能力和创新能力都提出了更高的要求。因此，推动社会发展的主要力量不再是传统的自然资源、资本和劳动力，而是知识。

值得一提的是，这里提到的知识有两种形式：显性知识和隐性知识。显性知识是指存储在信息系统中的已经表述出来的结构化或半结构化的信息内容。隐性知识是指专家的知识和员工头脑中具有的实践经验、思想和思维方法。

知识管理是一种全新的经营管理模式，要求组织将知识视为企业最重要的战略资源，把最大限度地掌握和利用知识作为提高组织竞争力的关键。从实践的层面上说，知识管理一方面需要及时获取存在于组织内外部的各种信息、数据、文档等，另一方面还需要对与知识相关的活动进行充分的管理和支持。这就需要把知识本身、使用知识的人、传播知识的活动等各方面的资源协调统一起来。

（2）知识管理所包含的基本要素包括以下几方面。

①知识来源。从内容上分类，知识包括各种技能、专业、事实、能力、法则、规律等；从存在的形态上分类，知识包括显性知识（各种数据、文档、材料等）和隐性知识（人们头脑中的思维方式、专业知识，掌握的技能技巧等）。

②存储知识。知识的存储包括存储的场所、存储的形式、组织的方式等。

③共享知识。知识的共享从另一个角度来说，就是知识的分发、传播，让知识的使用者可以最大限度地获取知识，从而使知识通过共享实现自身价值。

④利用知识。知识的利用就是要让知识在被获取的同时转化为人员的技能、能力，以及组

织的智慧资本。

（3）OA对知识管理的支撑。现代OA系统应该为以下知识管理的要素提供管理工具。

①知识的获取。除了现成的文档资料外，知识更多地存在于日常业务活动的过程中，并处于不断地产生和更新的过程中。因此，OA系统应扩大其对组织管理的涵盖面，深入组织的运营中，同时将知识管理贯穿于组织运作的各个环节，让组织可以随时随地关注、跟踪和攫取业务过程中产生的知识，并及时记录，而不必从头撰写文档或单纯的以文档的形式展现。例如，一个客户从获得信息到签单的销售过程可以很方便地被随时记录，签单结束后便可自动成为知识库的一部分；另外，OA系统也可以进一步扩展成为搜索、整合和组织各种外部信息的平台，并将其中的信息转化为知识供访问者共享。

②知识的整理。知识的原始形态是杂乱无章的，因此需要对各种结构化和非结构化知识进行有序管理。这包括提供对各种形式文档资料的存储，对各种数据和信息的转化，提供可高度定义的知识目录，提供可细分的、多角度的共享权限安全设定，提供各种知识展现平台，提供知识与知识之间的关联等。

③知识的分发。完成了知识的获取和整理后，更加需要将这些有价值的知识通过各种手段进行广泛的传播，让有关人员及时获得所需的知识，将知识转化为技能和能力，并服务于组织。而这一传播可以采取多种形式，如内外网站、组织新闻、电子期刊、相关文档、知识订阅、交流社区、即时通信、网络学校、视频会议、工作流程等；传播分发的对象可以为某个部门的人员，也可以为整个企业或外部的合作伙伴等。

④利用知识。一个组织的知识更为重要的作用是促进人员有效地对其汲取，并对知识的转化进行评估和分析。这包括知识的查询，如OA系统能提供出色的信息检索功能，知识关联、知识地图等使组织可以迅速地获得需要查找的信息；学习评估和考核，提供各种学习和测验工具；知识分析和统计，从各种角度分析知识的结构、内容以及被阅读的情况，判别知识的价值和人员的能力趋向等。

⑤创新知识。知识被汲取并加以利用后，又会在实践中产生新的知识。因此，知识管理还需要利用创建、沟通、交流等手段让新的知识显性化，补充到原有的知识体系中，并重新进入知识获取、存储、共享、利用、创新的新一轮循环，以实现知识的不断更新和积累。这包括在日常工作中随时地便利地创建新知识；新知识能够迅速进入原有的知识体系；与人力资源管理相结合，对知识积累的考核和激励；突破组织界限，进行动态的灵活的沟通交流，联合内外部的知识力量；等等。

知识管理是一个组织信息集成的必然趋势，是一个自然演进的过程，它应该渗透于信息系统建设的方方面面，并在其中得到融合与体现。建立以知识管理为核心的OA系统，可以使组织投资具有可持续性和可发展性。从知识管理的平台来看，新一代OA系统将围绕整个知识管理过程，提供内容管理、知识检索、知识推送、知识创建、知识激励、知识分析等一系列的工具，同时将知识管理从狭隘的文档管理扩展到企业整个业务管理和运作环节中，并与其紧密地融合在一起，从而以知识管理有效提升个人和组织的能力。

（4）第三代OA系统的突出特点是能够实时通信、实时交流。以知识管理为核心的第三代OA系统，具有以下三个明显的特征。

①来源丰富的数据信息处理功能。面向知识管理的OA系统应充分集成各种信息数据，这些数据不仅包括电子邮件信息，而且包括文件系统中的文件、传统的关系型数据库数据、数据仓库中的数据，甚至是互联网上的数据。

②充分利用各种协同工作手段，包括多线程讨论、文档共享、电子邮件及一些提供在线及时共享的应用等。除此之外，还应该提供不同层面的信息共享方式，包括移动通信设备的支持、手机的WAP接入访问的支持、统一消息为基础的提醒功能，以及信息的传真功能。

③OA系统起到“知识管理”的平台与门户作用。面向知识管理的OA系统逐步把知识管理原则与实践融进每个员工的日常工作中。

从上述特征来看，知识管理为任何一个组织的发展提供了难得的契机和突破点。它不仅完美地实现了组织内部的电子化和网络化办公功能，还可以使组织内部的部门以知识管理为基础，实现部门之间的信息共享和实时通信。

3.1.2 OA系统的基本组成、应用及发展趋势

1. OA系统的基本组成

一个OA系统主要由现代办公设备、计算机的网络通信设备及系统软件、OA软件及所需其他软件、人等构成。

（1）现代办公设备，主要包括各类在办公过程中所需要的设备，如传真机、复印机、打印机、数码相机、扫描仪、视频会议相关设备等。

（2）计算机的网络通信设备及系统软件。网络通信设备主要包括服务器、计算机、交换机、路由器、防火墙等。系统软件包括网络管理软件、操作系统、数据库管理系统等。

（3）OA软件及所需其他软件，即一套OA软件和办公数据处理的相关软件。

OA软件是OA系统的核心。国内OA系统大多是基于Lotus Domino/Notes平台开发的。Lotus Domino/Notes由于具有独到的体系结构，已经成为一个集文档数据库、邮件系统、动态Web信息发布、可视化集成开发环境于一体的基础平台，适合处理办公协作流程中产生的非结构化文档信息，并可以利用灵活的邮件机制在人、部门之间传递文档。同时，集成开发环境提供的模板化开发方式缩短了项目开发周期，也为用户节省了投资。

还有一部分OA系统是基于Microsoft平台开发的。由于Microsoft产品线分工细致，要建立一套OA系统需要Microsoft Exchange提供文档传递功能、Microsoft SQL Server提供内容存储、Microsoft Windows NT/2000 IIS提供Web服务功能，再加上各种各样的开发工具（如Microsoft Office、Frontpage等），因此要求开发人员必须具有较深的技术背景才能承担这类OA项目。

互联网技术发展使得OA系统的结构由早期的C/S（客户端+服务器）向B/S（浏览器+Web

服务器）结构发展，结构的发展变化进一步提高了办公效率，特别是实现了远程办公。目前B/S结构的OA系统越来越受到用户的青睐，从而得到进一步推广应用。

2. OA系统的应用软件

一个组织在构建了一个OA系统后，相匹配的应用软件也必不可少，特别是字处理软件、工作流管理软件、Web和搜索引擎、E-mail、数据库等。

（1）字处理软件。目前市场上比较流行的字处理软件有：微软的Microsoft Office、金山的WPS Office、联想的幸福Office、北京红旗中文贰仟软件技术有限公司的RedOffice、Sun公司的Star Office 、Corel公司的Word Perfect、Redhat的Do Office和苹果公司的Office等。这些字处理软件有的支持Windows平台，有的支持Linux平台以及其他操作系统平台，为满足今后工作的需要，建议读者多接触不同的Office软件。

（2）工作流（Workflow）管理软件。工作流是指业务在点到点（对应于人与人或某项工作到某项工作）之间的流动和处理。一般的公文流转都是采用工作流的方式运作的，如文件传阅、收发文、审批、请示报告等。为了使公文在OA系统中采用工作流管理软件来实现其自动流传，通常OA软件开发商会将工作流程的设计工作由用户自己完成，用户可根据自己的办公流程完成公文流传的设计，实现公文流传自动化。在工作流管理方面，Lotus的Domino开发平台占有主导地位，国内也有许多软件公司开发了工作流管理软件，并在OA系统中得到很好的应用。

在OA软件中的工作流程管理是组织与组织间应用集成的工具，主要用于管理、优化组织的办公流程。通过工作流管理系统，组织内的员工可随时随地进入已预先设置好的个性化信息及组织内外的各类应用和服务。通常OA软件系统为方便用户会事先设定一些具有普遍意义的工作角色及相关的信息、应用流程。用户可根据需要进行个性化的设定和配置，以满足特殊工作角色的需要，从而实现电子公文流转、电子签名、数字认证、远程审批等，最终达到理顺运作关系、密切企业内部合作关系以及提高流程柔性的目的。与此同时，作为公文流转必不可少的过程，文件的撰稿人发出文件以后，首先送部门经理进行审查，合格后再送到上级主管部门批准。在这个审批的过程中，所有的阅读环节都会在文件上留下智能标记，由于采用了电子化的方式处理工作流，与传统的纸张操作相比，每个请求都被可靠地保存而不会丢失。因此，上级管理人员可以看到下级文件的起草修改过程，下级在收到文件的时候也可看到上级对文件的修改，完全电子化的工作流保证了企业运作的规范化和透明化。通过对内部以及外部业务处理采取电子化管理，有效提高组织效率；同时，这个功能也提供了可定制的浏览和报告的功能，使用户可以对工作流的关键信息进行任意的定义并获得特定的报表。

（3）E-mail是目前互联网中最为广泛的一种应用，在OA系统中的应用同样是人们交流沟通最为有效的手段。目前E-mail软件很多，如微软的Outlook等，在Linux上常用的Sendmail等。TOM邮箱是TOM集团于1998年推出的邮箱品牌，拥有免费邮箱（@tom.com）、VIP邮箱（163.net）、企业邮箱、“随心邮”等产品，受到商务人士的青睐。电子名片、邮件撤回、邮件搬家、SSL加密等功能均是商务邮箱的必备选择。通过“随心邮”即可在微信中收发所有邮件，随时随地、及时方便，还支持来信提醒、秒速收发、收信全面操作（收信回复、全部回复、未读标记、邮件举报、安全分享、收藏、阅后及焚等）、18种格式附件在线预览、邮件同步、企业定制等功能。好的E-mail软件应具有高可靠性、高可用性、可扩展性和可管理性、安全性（包括垃圾邮件的防范），这些也是选择E-mail软件的基本条件。

（4）数据库是OA系统中重要的组成部分，在Windows平台下主要有SQL Server、Access等，在Linux环境下的数据库可分为自由软件类数据库和商业类数据库两类。自由软件类数据库主要有PostgreSQL、MySQL，商业类数据库主要有Oracle、DB2、Sybase、Informix等。

值得一提的是，这些软件在应用时还应该考虑在Windows、Linux或其他操作系统平台上的实施，因为针对不同的操作系统平台有不同的软件。此外，相关的软件还有图像处理、语音识别、非键盘输入等软件，这些软件也是OA系统中十分重要的软件，它们能极大地提高办公效益。与其相关的硬件包括扫描仪、OCR、数字设备等，这些设备提高了OA系统中的数据采集效率，使OA系统中的数据多样化并将丰富组织的OA系统应用。

办公过程是一种知识劳动的过程，而知识劳动永远不可能全盘自动化，因此人（管理者和使用者）是OA系统中不可缺少的组成部分，而且是重要的组成部分。

3. OA系统的技术发展趋势

随着OA系统应用内容的不断扩展，OA技术也在不断发展，从过去的BASIC+文件系统到VB+Access、Delphi+Oracle等，再到目前基本形成了三大主流技术，而这三大主流技术也在不断发展变化中。

（1）微软的“.net+关系型数据库（RDB）”技术。微软公司以其功能强大、易使用的Office套件占领了办公桌面应用，受到广大办公人员的喜爱。基于.net+RDB的办公平台则以简单、灵活、易用的特点获得了广泛的市场。

（2）Sun的“Java+RDB”技术。Sun公司开发的Java（j2EE标准）以其开放性、与平台无关性引领着技术发展方向，并迅速在各类应用系统中得到广泛应用与推广，在OA市场领域不断扩大。

（3）IBM的“Lotus Domino”技术。Lotus公司于1989年推出的以电子邮件、协同、非结构文档处理、安全机制见长的OA系统和Lotus Domino开发平台，到目前拥有1.18亿用户，一度成为OA系统的标准应用与成功的开发平台。

然而，随着OA系统应用的内涵不断丰富，Domino也显现出一些明显的弱点，如技术原理相同的.net/Java与Domino做比较（以OA系统应用为前提）：.net/Java更类似3GL工具，应用功能的实现需要更多的开发或集成，应用的成熟需要不断地进行功能沉淀与积累；而Domino更像4GL工具，提供了业界领先的协同工具、企业级文档处理、文档级安全控制机制、大量的应用模板，使其更擅长办公应用支撑。也正因为如此，今天许多OA软件的开发商仍然采用该开发平台。但面对大量结构化业务信息处理时Domino则明显不足。

而将.net+RDB与Java+RDB技术平台做比较后可以看出，当组织规模比较大、应用环境比较复杂（应用系统多、平台杂）时，采用J2EE技术更为合适；当组织规模相对较小、应用简单时，选择.net则更为合适。因此，在ERP（企业资源计划）、CRM（客户关系管理）等业务系统平台选择上，主要是.net与Java之争。除此之外，另一大主流技术——IBM Lotus Domino也值得我们关注。

3.1.3 OA软件系统的作用与基本功能

1. OA软件系统的作用

OA软件系统在办公管理过程中的主要作用体现为以下几方面。

（1）能极大地提高工作效率。组织使用了OA平台后，工作人员可通过该系统完成办公过程中的所有工作，不用拿着各种文件、申请、单据在各部门跑来跑去，等候审批、签字、盖章。这些都可在办公网络平台上进行。

（2）节省运营成本。在传统办公体系中，各类报告从收集数据到报告的形成需要花费大量的时间，而使用了现代OA平台后，就很容易获得所需要的数据和相关信息，同时形成的报告可在网络中自动地流传，并完成审批等一系列的工作，这样极大地节约了时间和纸张，从而节省运营成本。

（3）规范单位和部门的管理。组织通过建立OA平台将一些弹性太大且不够规范的工作流程变得井然有序，如公文会签、计划日志、用款报销等工作流程的审批都可在网上规范进行。同时，由于使用了OA软件系统，所有的初始数据和原始数据的收集整理都规范化，通过初始数据和业务的规范化以及流程的规范化，其单位和部门的管理规范化。

（4）提高组织的竞争力和凝聚力。在传统办公系统中普遍存在员工与上级管理人员沟通不畅的问题，一方面是信息的流通存在问题，信息不能共享造成信息的不对称；另一方面是沟通的渠道存在问题，沟通渠道不通畅，导致员工与上级不能有效地沟通。使用了OA办公平台后，员工可共享组织的信息，通过网络平台与上级沟通也很方便，信息反馈畅通，为发挥员工的智慧和积极性提供了舞台，企事业单位内部的凝聚力也会大大增强。

（5）使决策变得迅速科学。在传统的办公系统中信息不能共享，信息处理滞后，使得决策者在决策时没有充足的决策信息作为支撑，造成决策时的盲目性，缺乏科学性。而使用了OA平台后，高层不再是在不了解情况、缺乏数据的环境下做出决策，而是以数据和真相为依据做出科学决策。

近年来，随着网络技术的迅速发展及其应用的普及，通过利用先进的网络通信技术实现OA系统的解决方法，被称为网络OA系统解决方案。目前的OA办公平台已由传统的局域网内互联互通上升到了支持移动办公，远程办公管理等更广阔的领域。

2.办公信息管理平台的基本特性及功能

（1）办公信息管理平台的基本特性。现如今，各企事业单位选用的办公管理信息平台不同于以往的OA软件，它不仅能完成日常的办公事务，而且用户在该平台上还可以快速构建自己的应用系统，因此它能满足不同组织的办公信息管理需求。通常具有如下特点。

①现行的办公信息管理平台通常是一个基于B/S结构的办公系统，采用模块组件+Web技术方式实现，支持业界先进的.net技术标准、支持XML标准、支持多种后台数据库，而且系统的界面友好、使用方便，操作页面符合标准Web页面操作风格、标准Windows文件编辑风格和标准Windows帮助文件风格等。

②以组织机构为基础进行工作流程的设置，使得整个组织的工作管理更加清晰完整。OA提供访问权限的分配，可自定义数据（或信息）的访问权限，支持多种权限设置方法，能为信息共享提供不同的权限和权限设置方法，充分保证信息的安全。当组织结构发生变化时可以方便灵活地修改，能充分满足客户功能个性化调整；能支持多种复合信息格式；标准功能装配接口，支持用户自定义功能装配；完全基于B/S结构的设计，可使用户轻松实现单点维护、全面升级。

③完备的电子邮件管理系统，可实现内联网、互联网和外联网邮件的自动收发；可将各种通用的邮件服务器软件结合使用，也可内部独立使用，实现内部邮件与外部邮件的无缝结合。为满足办公的需要，其通常能提供离线邮件处理、群发、邮件接收自动分类归档等各种电子邮件管理功能。

④为满足组织对数据管理和文档管理的要求，在组织内部各种格式的文档应用越来越广泛。通过OA信息管理系统，可以实现对于各种办公文件的统一流转、归档、在线调阅、管理；支持Word、Excel、Powerpoint、图片、视频、动画等多种文件格式，能极大地加强组织内部档案信息的管理，为用户实现知识管理提供了必要条件。还可充分实现内部信息资源最大程度地集中共享。

⑤强大的流程管理引擎，可将每个人每天的待办工作直观地呈现出来，并实现自动提醒功能。

⑥可以为每个用户提供个性化的界面，能够自拟信息的表现形式，并可实现灵活多样的信息统计功能。OA系统通常采用流程化客户界面设计，操作简便直观且完全基于浏览器界面；安装方便，客户端只需安装在大众的IE浏览器上，只要懂上网便能得心应手地使用OA软件。

⑦具有众多的办公信息管理模块可供用户选择。其中，公文处理模块可管理多种标准公文格式，并提供改稿的痕迹与版本保留功能；档案管理模块符合国家档案管理标准，根据设置可以实现全部应用模块信息的统一归档。

⑧工作流管理是当前办公信息管理平台最为重要的部分，各家公司采用不同的方式最大限度地满足用户的需求，通常采用图形化和文本两种方式实施监控流转的过程，保存文档改稿的痕迹，实现电子签名。流程的定义及修改完全采用图形化的方式，当流程被修改后，历史数据仍然可以查询，也保证了文档修改的可追逐性。

（2）办公管理信息平台的基本功能。目前，我国OA软件开发厂商较多，所开发的OA软件各有特点，但总体功能结构如图3-3所示，功能上会有一些差异，功能的划分也会有所不同。

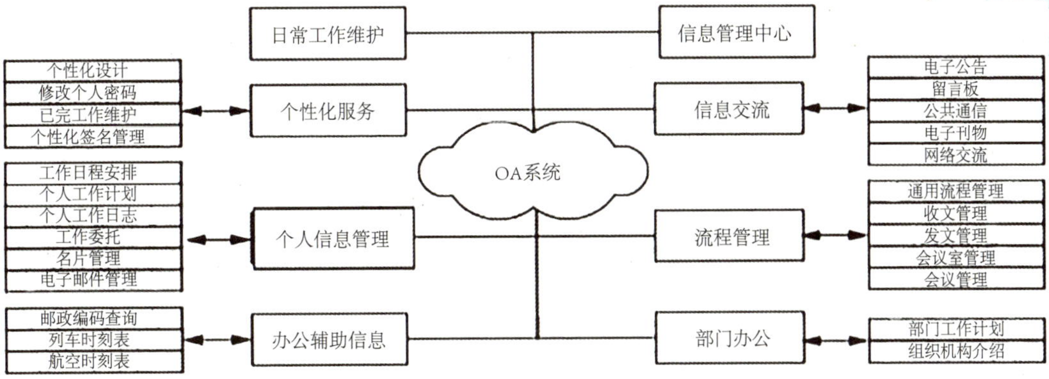

图3-3 OA系统总体功能结构图

其主要功能体现在以下几个方面。

①个人信息管理(Personal Information Management，PIM)功能。该功能主要完成办公人员个人信息的管理工作，主要包括个人电子邮件管理、日程安排、通讯录等模块。

②信息发布和内容管理(Content Management)功能。该功能主要完成组织对内和对外的信息发布与管理工作，主要包括信息发布、全文检索、门户管理、投票调查等。

③文件共享和文档管理功能。在办公过程中共享文件资料和强化文档资料管理是一项重要工作，是规范管理和提高办公效益的重要基础。在现代OA平台中，实现了文件共享和强化文档资料管理的功能。大多数OA软件将文件管理分为个人文件和共享文件两个目录：个人文件向用户提供存放私人文件功能，为该用户独享；共享文件下的文件可供其他人使用(根据系统管理员的授权权限)。

④讨论和公告管理功能。在办公业务活动中，办公人员之间需要进行有效的信息沟通，在OA平台上能获得一条最为有效和多方位的沟通渠道，如组织内部的BBS就是一种员工在网上讨论的园地，用户界面和操作基本上和互联网的BBS相同。员工在BBS上的讨论邮件可被所有人员阅读，并可提供该邮件的回复功能。这种BBS解决了以往讨论渠道单一、讨论时间受限的状况，为组织内部的讨论建立了更为广泛的空间，而且不受时间的限制。

⑤公文管理功能。在办公业务活动中，人们面临大量的公文处理业务，需要完成公文的日常管理，包括收发公文、档案管理等。通常OA系统均能根据办公业务活动中的需要提供类似收文管理、发文管理、档案管理、借阅管理等一批功能模板，以便员工完成公文的管理工作，而且该功能与工作流程管理相结合，构成完整的公文流传体系，优化了公文处理的程序和提高了公文处理效率。

⑥档案管理功能。该功能是针对在办公过程中不断产生的发文、收文、会议情况、活动安排等文件和政策法规进行的归档管理工作，在OA系统结合办公业务过程中产生的各种文档资料进行分类归档管理，并提供快速搜索档案资料的功能。这项功能为员工查询档案资料提供了快捷方法，提高了资料的利用率。

⑦办公事务管理功能。在办公业务过程中需要组织各类会议，而OA系统提供了组织会议

室资源的管理功能，能合理安排会议地点、时间并通知相关人员参会，即完成对会议的管理工作；还可对组织的车辆资源进行有效的管理，合理安排车辆出行，提高后勤服务的能力；有的OA系统还提供对办公设备的管理功能等。

⑧工作流程管理。一个好的工作流程是提高组织管理工作效率的基本保障，通常组织对其工作流程的设计都有自己的具体要求，因此开发企业在OA系统中提供了工作流程设计的功能，让用户自己完成工作流程的设计。OA系统中的工作流程管理功能模块除了提供组织工作流程的设定外，还提供根据所设定的工作流程，对工作流程及公文流传的具体管理。

⑨系统安全维护管理。OA系统涉及组织的重要数据和信息，作为一个办公信息管理软件，完成系统安全管理的具体维护工作是其基本的功能要求。各OA系统均有系统安全维护功能，以便使用者能有效地进行安全维护管理工作。

3.1.4 传统OA系统存在的问题及其新需求

1. 传统OA系统存在的问题

传统OA系统的应用是基于文件系统/关系型数据库系统的，以文档数据为存储和处理对象，强调对文档数据的计算和统计能力，缺乏对协作型工作的处理能力，而办公过程主要是群组协作过程，如收发文件、日常报销流程等。因此，近年来OA系统逐渐走向以知识管理为核心的全新时代。它建立在组织的内联网平台之上，旨在帮助组织实现动态的内容和知识管理，实现从现有的“工作流应用系统”到更高级的“决策智能系统”转变，即基于知识管理的OA系统的转变，最终实现办公自动化。

在推广以“知识管理”为核心的全新OA系统的同时，必须面对这样一个事实：目前的OA系统还存在很多问题。每个企业对OA系统都有不同方面的需求：如何面对信息安全问题？系统如何保障用户资料的保密性？OA系统如何与用户现有的系统连接？OA系统与ERP系统或其他管理系统之间的数据接口问题，企业内部的工作流怎样设计和管理才更加科学和符合企业的需要，等等。

在实施管理过程中各组织有着不同的需求，导致OA系统到目前为止还没有出现统一的标准。OA系统要求规范性非常强，如果没有一整套标准和评价的指标体系，OA系统的管理方、需求方、开发方和评测方之间就缺乏一个共同的依据和基础，也就很难真正做到相互密切配合。因此，为了促进我国OA系统规范化发展，应该具有切实可行的标准，国家正积极研究这样的标准。如果所有的厂商都遵循标准开发，所有的用户都在统一的标准之下享受更多的应用与服务，我国社会信息化的推进工作将更加迅速，同时我国的OA软件相关产业发展的步伐也将会加大。

2. 对传统OA系统的新需求

随着知识经济时代的到来，社会进步正在不断加速，企业迫切需要一个可以实现内外资源整合的高效的信息系统，从而提升管理水平。具体表现在以下几个方面。

（1）需要一个高效的协同管理工作平台。能够将组织管理中的业务活动、管理活动及活动产生的信息在组织、部门、个人之间进行及时高效、有序可控、全程共享的沟通和处理。

（2）需要一个有效的知识资产管理平台。传统的组织管理往往重视人、财、物这些有形的物质资产管理，忽视了对知识资产的管理，而现代组织管理则需要借助知识管理工具对组织内外的知识进行有效的获取、提炼、共享、应用、学习和创新，以提高员工的素质、技能和执行力，从而提高组织的管理水平和竞争力。

（3）需要一个个性化的系统访问门户。传统的OA系统功能简单，员工容易使用，然而随着其功能的不断扩展，员工对功能的需求也有增加且不尽相同，这就要求系统必须具有人性化设计，能够根据不同员工的需求进行功能组合，将合适的功能放在合适的位置，给合适的员工访问，以实现真正的人本管理。

（4）需要一个良好的组织文化管理平台。随着企业规模的不断扩大，管理者与员工、员工与员工之间直接沟通的机会越来越少，因此企业需要构建新的文化环境，便于员工相互沟通，增进了解，发现员工的思想倾向并及时加以引导。

（5）需要一个集中的信息整合呈现平台。OA系统是企业内使用最广泛、频率最高的信息系统，企业希望通过OA系统能够实时、直观地了解组织的运营状况（如生产、营销、财务等信息数据），同时有效地解决组织内"信息孤岛"问题。

（6）需要一个灵活的业务流程整合平台。当企业面临客户不断提出端到端的服务时，员工的办公环境将会越来越复杂，因此需要将日常工作活动、管理活动、业务活动有机结合，以快速响应客户需求，同时减少不必要的重复工作，将管理流程与业务流程有效地进行整合。

综上所述，现阶段OA系统的发展将以知识管理为核心、以实时协作为技术支撑手段、以统一的知识门户为展现方式，这也是我国办公软件开发企业最为关注的要求。

3.1.5 我国OA系统的发展方向

OA系统在我国自20世纪70年代开始发展，到90年代中期大致经历了三个阶段：第一个阶段的主要标志是办公过程中普遍使用现代办公设备，如传真机、打字机、复印机等；第二个阶段的主要标志是办公过程中普遍使用计算机和打印机，通过它们进行文字处理、表格处理、文件排版输出和人事、财务等信息的管理等；第三个阶段的主要标志是办公过程中网络技术的普遍使用，实现了文件共享、网络打印共享、网络数据库管理等工作。

自20世纪90年代中期至今，互联网技术在我国迅速发展和普及，出现了内联网、外联网、互联网、政府上网工程、企业上网工程、电子政务、电子商务、电子管理、政府内部网、企业网、数字神经系统和数字化办公等一系列新概念。这一阶段的主要标志为互联网技术的普遍使用，互联网已经被应用到办公业务之中，而且发挥着巨大作用。

1. 新阶段OA系统建设的内涵和外延

在新的阶段，基于多年OA系统建设经验和互联网技术的发展，人们对OA系统的认识越来越深入。从网络的性质来看，OA系统应定位于内联网；从办公的性质来看，OA系统应定位于数字化办公；从信息化建设的角度来看，OA系统应是信息化建设的基础。

2. 我国OA系统的发展趋势

我国OA系统的发展方向应该是数字化办公，数字化办公就是几乎所有的办公业务都在网络环境下实现。从技术发展角度来看，特别是互联网技术的发展、安全技术的发展和软件理论的发展，使得实现数字化办公是可能的。从管理体制和工作习惯的角度来看，目前的OA系统离全面的数字化办公还有一段距离，首先数字化办公必然冲击现有的管理体制，使其发生变革，而管理体制的变革就意味着权力和利益的重新分配；其次，管理人员原有的工作习惯、工作方式和法律体系有很强的惯性，无法在短时间内改变。我国企事业单位在启动OA系统的过程中，要逐步解决上述问题，才能切实推进我国OA系统工作。

OA系统在我国的发展趋势可以归纳为以下几个方面。

（1）移动化。随着人们对OA系统熟悉程度的加深，传统OA系统如公文传递、人事、协作等功能已经不能满足企业日常办公的需要，很多企业管理者对OA系统提出了新的要求，随着中国经济进入稳定发展阶段，很多公司为了控制费用预算，希望把传统的费用报销流程整合到OA审批流程里，并希望有效管理资产，如将资产的领用、流转、报修、报废等管理过程整合到OA系统流程中等。智能手机的普及使越来越多的公司开始寻求把OA系统放在移动设备上应用，公司管理者随时可以看到待审批事件。OA系统真正实现了随时随地进行，不再受PC物理条件的限制。OA系统发展到如今，其内涵已经发生了根本性转变，从最初的文档管理发展成为企业的信息化中心平台，完成了从点到线再到面的系统变化。今天的OA系统首先必须是一个平台，能够整合SAP、ERP、HR、财务软件等的核心大脑，可以直接处理其他软件的数据请求。也可以说，移动化真正打开了OA系统流量的入口，而平台化是OA系统发展的最坚实基础。

（2）平台化。OA系统之所以要向平台化的方向发展，就是因为OA系统的作用正从行政管理转移到行政和业务兼管，从沟通转移到协作，从单一应用转移到系统整合。在办公系统行业，早期是技术推动市场的发展，现在是市场需求推动技术的发展，OA系统的这种转变正是这些年乃至未来企业发展的需求所致。解决企业办公的实际所需，整合兼容其他的提效增绩管理软件是OA系统未来的核心价值之一。因此，OA系统必须具有平台化的特征，这个平台必须具有充分的开放性和灵活性，允许用户方便自定义各种业务流程和表单，可以和其他系统进行数据整合，生成各种可视化的统计报表。能够代表这类技术的OA系统平台一般都是由JAVA技术开发的，在OA系统平台上是在业务中做沟通，而不是在沟通中做业务，沟通、业务、组织、管理都是协同一致的。从发展方向上看，未来的OA系统要具有移动化和平台化的特征。

（3）协同化。近年来，不少企业都建立了自己的OA系统，并已有财务管理软件、进销存、ERP、SCM、HR、CRM等，这些系统虽然提升了企业效率和管理水平，但也各自为营形成了“信息孤岛”，无法形成整合效应帮助企业更加高效地进行管理和决策。未来OA系统将协同办公平台，将已存在的各种系统中的企业经营管理业务数据集成到工作流系统中，使系统界面统一、账户统一，业务间通过流程完成紧密集成，还有可能与电子政务中的公文流转、信息发布、核查审批等实现无缝集成协同。

3.1.6 我国OA系统的发展策略

若要使我国OA系统建设走上健康快速发展的轨道，根据我国OA系统建设的现状和存在的问题，应采取如下对策。

（1）在组织实施方面，从传统的工业项目管理体制转向专业化和产品化实施体制，确保系统的运行维护和系统的持续升级，走合作与分工并举的道路。由此可造就一批以OA系统为业务核心的、规模较大的专业软件公司。

（2）构建数字化办公的基本框架。实现数字化办公既不同于传统的OA系统，也不同于MIS的建设，它的结构是内联网的结构，构建思路是自上而下的，即首先把整个内联网看成一个整体，这个整体的对象是网上所有用户。它必须有一个基础，这个基础被称为内网平台，就像个人计算机必须有一个操作系统作为基础一样。内网平台负责所有用户对象的管理、所有网络资源（含网络应用）的管理、网络资源的分层授权和网络资源的开放标准，以及提供常用的网络服务（如邮件、论坛、导航、检索、公告等）。在平台的基础之上，插接各种业务应用（可理解为传统的MIS），这些应用都是网络资源。用户通过统一的浏览器界面入网，网络根据用户的权限提供相应的信息、功能和服务，使用户在网络环境下办公。

（3）在设计思想方面，从传统的面向业务设计转向面向用户设计，即将设计的着眼点放在用户对象身上，设计视角范围是整个内联网。

（4）在实现方法方面，从传统的结构化设计转向采用复杂适用系统（CAS）理论实现，即从一般的业务需求中抽象出关键的复杂适应系统，该系统能够适应环境变化，而且系统使用越久，积累的有价值的东西就越多。

3.1.7 OA系统的实施过程

OA系统涉及单位各个部门，实施起来有一定的难度，可将实施过程分为以下几个阶段，每个阶段的工作分重点逐步开展。

1. 系统需求调研阶段

OA系统虽然有开发期短、见效快的特点，但在推广前仍要进行细致的工作需求调研，才能使系统得以真正应用和充分发挥系统的作用。

对各相关部门进行需求调研，在调研过程中仔细听取和记录各部门提出的信息需求、业务流程需求，了解办公人员的想法，确定系统要投入使用的主要功能模块，落实功能模块的责任部门、责任人，特别是信息和数据采集点的责任人和责任要求。调研结束后，将调研结果仔细整理归档，并提交用户确认，直到得到用户及相关负责人的认可。

经过与各部门的走访和初步沟通，能够了解各部门办公方面最迫切的需求，并在调研的过程中对办公系统的主要功能做简单介绍，使各部门对OA系统有一定的了解，在推广应用前就得到各部门的初步认可，从而充分调动所有人员使用系统的积极性。

2. 系统开发阶段

调研结束后，进入系统的开发阶段，主要工作有以下四个方面。

（1）基于调研结果及各功能模块的工作量大小，制定《××OA系统开发实施方案》，将主要模块（如个人办公、公文系统、信息总汇、公务系统等）作为首要的开发模块，并制订相关的培训和实施方案，为工作的进一步开展奠定基础。

（2）根据开发实施方案，对各主要模块开展仔细的开发工作，同时组织相关人员对已实现基本功能的模块进行仔细和全面的测试；对个人办公系统中的主要模块（如邮件系统、日程安排、通讯录、出差管理和组织论坛、信息总汇等）进行反复的测试，并将测试时发现的问题总结提交开发人员进行修改和完善，然后对修改后的结果做进一步测试，直到问题解决为止。

（3）在实现公文系统、公务系统的基本功能以后，针对各模块的主要使用部门，组织几次小范围的培训工作。在培训的同时，向参加培训的人员进一步了解模块的操作要求及功能的细化等，并整理成文提交确认，再对各相关模块进一步完善。

（4）组织协调各部门的计算机管理员进行系统使用培训，培训的主要内容为各模块功能介绍及主要模块的使用等。这种培训是一次普及性的培训，通过各部门计算机管理员带动各部门接触OA系统，使其作为一种新工作方式的代表获得广泛关注，为系统投入正式运行做好铺垫。

3. 系统试运行阶段

正常情况下，电子邮件、信息发布等模块在该阶段运行情况良好，使用人员越来越多，范围越来越广。在此基础上，可征集各部门在使用中提出新的使用需求，增加部分功能模块的深化应用。该阶段可以进行系统的进一步推广使用培训，组织和协调企业范围内的职工参与，详细讲解和介绍系统的各功能模块的操作方法和使用规范，为系统的正式运行奠定基础。对于具有应用难度的模块，如公文流转、部门业务流转，可视各部门接受情况，把一部分工作流程正式转移到系统中，并通过制度、规定的配合，明确模块的功能和在系统中应用的程度。

OA系统的应用是不断深入的。随着使用人员应用水平的不断提高，对系统的要求也会越来越高，开发人员可以随着应用的深入逐步扩展新的功能。

3.1.8 OA系统应用案例

应用案例

中国石油化工集团公司建设第三代办公自动化系统

中国石油化工集团公司（以下简称“中国石化”，英文缩写SINOPEC）是1998年7月在原中国石油化工总公司基础上重组成立的特大型石油石化企业集团，是国家独资设立的国有公司、国家授权投资的机构和国家控股公司。

中国石化主营业务包括：实业投资及投资管理，石油、天然气的勘探、开采、储运（含管道运输）、销售和综合利用，石油炼制，汽油、煤油、柴油的批发，石油化工及其他化工产品的生产、销售、储存、运输，石油石化工程的勘探设计、施工、建筑安装，石油石化设备检修维修，机电设备制造，技术及信息、替代能源产品的研究、开发、应用、咨询服务。

中国石化第三代办公自动化系统建成后，可以很方便地将石化系统的办公部门全部联系起来，使员工的办事效率得到极大提高，促进企业的技术进步，实现企业管理的一体化，提高企业的管理水平，加强企业的市场应变能力，提高整体经济效益。

随着中国石化机关重组、业务规模的日益扩大及石化行业竞争的日益激烈，"信息及时、指挥灵活"对中国石化实施科学决策管理的重要性日益凸显，其对各类信息资源能够在整个公司内高效率地上传下达表现出迫切的需求。

为此，中国石化迫切需要利用先进的信息技术，建设高效率的网络办公信息处理系统，为在激烈的市场竞争环境中提高竞争优势提供至关重要的信息化基础。中国石化总部对办公自动化系统进行统一规划，充分借鉴国内外、公司总部和下属各级单位多年来实施办公自动化系统的成功经验和教训，针对实际需要推广统一的办公自动化系统。

中国石化自20世纪80年代中期开始建设办公自动化系统以来，目前公司正在积极建设基于知识管理的第三代办公自动化系统，以提高和促进中国石化办公自动化系统的应用水平。第三代办公自动化系统的建设目标是将信息处理、业务流程和知识管理融为一体，将现有的决策支持系统推进到更高级的决策智能管理。根据实际情况，中国石化决定分两步走：第一步，将客户化界面与智能化内核、通用化平台与专门化定制有机结合起来，以逐步实现中国石化办公事务的计算机自动化管理，即构建一个技术先进、实用可靠、信息分层、资源高度共享的信息集成系统；第二步，将信息处理、业务流程和知识管理融为一体，将现有的办公自动化系统升级为决策支持系统，向更高级的"决策智能系统"迈进。

目前，中国石化的一些直属企业有自己的办公软件，但就整个集团而言，缺乏统一的规划，导致集团内部信息资源利用率低、内部公文传达渠道不畅，影响了集团经营管理水平的进一步提高，同时也给系统集成和信息资源共享造成了很大难度。

中国石化第三代办公自动化系统实现的主要功能包括：公文流转，会议安排管理，公告、通知管理，值班日报管理，事件督、查、办，简报管理，法规、制度查询管理，辅助管理等主要功能。同时，为了与其他系统集成，还设立了相应接口，使各子系统结合成一个有机整体，使系统功能更加强大，为公司创造更大的经济效益。

（资料来源：南京廖华东方资料网）

3.2 企业资源计划(ERP)

计算机技术特别是数据库技术的发展为企业建立管理信息系统，甚至对改变企业管理思想起着不可估量的作用，而企业管理思想和企业管理理论的发展与信息技术的发展，同时促进了企业管理软件的发展。实践证明，企业管理软件已在企业的管理层面扮演着越来越重要的角色，为企业管理水平的提高起到积极作用。

信息技术最初在管理上的运用十分简单，主要是记录一些数据，方便查询和汇总，直到现在已发展成为建立在互联网基础上的跨企业、跨地区及国家的运行体系。信息技术分为如下几个基本阶段。

1. 狭义的管理信息系统阶段

在该阶段，最具代表性的是在信息技术财务管理方面的应用，以及一些企业应用信息技术达到对企业信息的基本管理工作，而这些信息管理系统主要用于记录大量原始数据，支持查询、汇总等方面的工作。

2. 物料需求计划阶段

企业的信息管理系统对产品构成进行管理，借助计算机的运算能力及系统对客户订单、库存物料、产品构成的管理能力，实现依据客户订单和按照产品结构清单制订并计算物料需求计划(Material Require Planning，MRP)，最终达到减少库存、优化库存的管理目标。

3. 闭环式MRP阶段

由于早期的MRP仅能制订出生产计划和物料需求，且并未考虑企业的生产能力等因素，这对生产计划的完成与企业的生产能力是有影响的，因此进入20世纪70年代出现了在MRP基础上，结合企业生产能力等因素的新的MRP系统，形成了“计划—执行—反馈”的管理逻辑，有效地对生产的各项资源进行规划和控制，即为闭环式MRP系统。

4. 制造资源计划Ⅱ阶段

20世纪80年代，人们把生产、财务、销售、工程技术、采购等各个子系统集成为一体化的系统，并称为制造资源计划(Manufacturing Resource Planning)系统，由于其英文缩写还是MRP，因此为了区别于物料需求计划而记为MRP Ⅱ。

制造资源计划是在MRP管理系统的基础上增加了对企业生产中心、加工工时、生产能力等方面的管理，以实现计算机进行生产排程的功能，同时将财务的功能囊括进来，在企业中形成以计算机为核心的闭环管理系统，这种管理系统已能动态监测到产、供、销的全部生产过程。

5. 企业资源计划阶段

进入企业资源计划(Enterprise Resource Planning，ERP)阶段后，以计算机为核心的企业级管理系统更为成熟，增加了财务预测、生产能力、调整资源调度等方面的功能，配合企业实现准时制管理、全面质量管理和生产资源调度管理及辅助决策的功能。ERP成为企业进行生产管理及决策的平台工具。

6. 电子商务时代的ERP

互联网技术的成熟为企业管理信息系统增加了与客户或供应商实现信息共享和直接的数据交换能力，从而强化了企业间的联系，形成共同发展的生存链，体现企业为达到生存竞争目标的供应链管理思想。ERP 系统能实现这方面的功能，使决策者及业务部门跨企业的合作实现多赢。

从企业管理软件发展过程可以看出，一种新的企业管理软件的出现总是伴随企业管理理论的发展及企业对管理信息系统的需求，并且它是建立在原有软件的基础之上的。新的竞争环境体现了企业竞争优势要素的改变，导致企业管理模式的转变，供应链管理思想就是在新的竞争环境下出现的。

20 世纪 70 年代以前，成本是企业主要的竞争优势；80 年代是质量；90 年代是交货时间及所谓基于时间的竞争；进入 21 世纪后，这种竞争优势就转变为所谓的敏捷性上。在当前环境下，企业的竞争表现在如何快速响应市场要求，满足不断变化的多样性需求。传统的企业竞争模式很难快速组织生产资源，在这种情况下，有的企业率先摆脱“纵向一体化”的阴影，将资源延伸到企业以外的地方，借助其他企业的资源达到快速响应市场的目的，于是出现了“横向一体化”管理模式。

本节简要介绍 MRP 和闭环式 MRP 的基本原理及基本功能，MRP Ⅱ 与 ERP 的基本原理和基本功能，ERP 目前和今后的发展问题。

3.2.1 MRP系统

1.MRP系统的概念

18 世纪工业革命以来，手工作坊迅速向工场手工业的方向发展，在此期间出现的制造业得到了迅速发展。这是由于当时的市场环境在相当长的一段时间内处于“卖方市场”，产品出现了供不应求的状况，只要有产品就有市场，从而使制造业达到了鼎盛时期。当时的市场营销观念主要是“我们会做什么，就生产什么”，企业追求的目标是如何按时生产出计划的产品。然而，追求这一目标的结果使制造业产生了一些问题，主要体现在如何合理有效地实现生产计划、库存的合理管理、设备的充分利用、作业的均衡安排等方面。

20 世纪 40 年代末，西方经济学家对库存物料随时间推移而被使用和消耗的规律进行研究，提出了订货点的方法和理论，并将其运用于企业的库存计划管理中。20 世纪 60 年代，人们在计算机上开发了一系列针对企业管理方面的应用软件，成功地实现了 MRP 系统的开发和建设，该系统被主要用于完成企业生产经营活动中的订货管理和库存控制。企业通过使用 MRP 系统可以在短时间内拟订企业生产所需的原材料数量的详细报告，并根据企业的库存量拟订订货计划，以便企业能够及时补充订货及调整原有的订货计划，从而满足生产变化的需求；若采用人工处理，由于数据量庞大且复杂，很难及时拟订生产所需的原材料的数量，则企业很难及时制订订货计划和调整企业的生产计划。MRP系统的开发成功及推广应用，解决了当时企业在生产经营中面临的问题，促进了制造业的发展，极大地提高了制造企业的经济效益。

制造企业在生产经营活动中对物料的需求，可按企业内部需求的来源不同分为独立需求和相关需求两种类型。独立需求是指需求量和需求时间由企业外部的需求决定，如客户订购的产品、科研试制需要的样品、售后维修服务需要的备用品及备件等。相关需求是指根据物料之间的结构组成关系由独立需求的物料产生的需求，如半成品、零部件、原材料等。

2.MRP系统的基本任务及流程

由于20世纪60年代的社会经济发展特点和企业在管理工作中对管理信息的需求，MRP系统为达到辅助企业开展具体管理工作，其基本任务有以下两点：一是从最终产品的生产计划（独立需求）导出相关物料（原材料、零部件等）的需求量和需求时间（相关需求）；二是根据物料的需求时间和生产（订货）周期确定其开始生产（订货）的时间。

MRP系统的基本内容是编制零件的生产计划和采购计划，要正确编制零件的生产计划，首先必须落实产品的生产进度计划，即主生产计划（Master Production Schedule，MPS），这是MRP辅助企业开展管理工作的主要依据。MRP系统还需要知道产品的零件结构，即物料清单（Bill of Material，BOM），才能通过主生产计划制订零部件计划。同时，根据所制订的零部件计划和当前的库存数量，进一步准确计算出零部件的采购数量计划。

通过以上分析，可以知道MRP系统完成工作的主要依据是：主生产计划（MPS）、物料清单（BOM）、库存信息。这些主要依据之间的逻辑流程关系如图3-4所示。

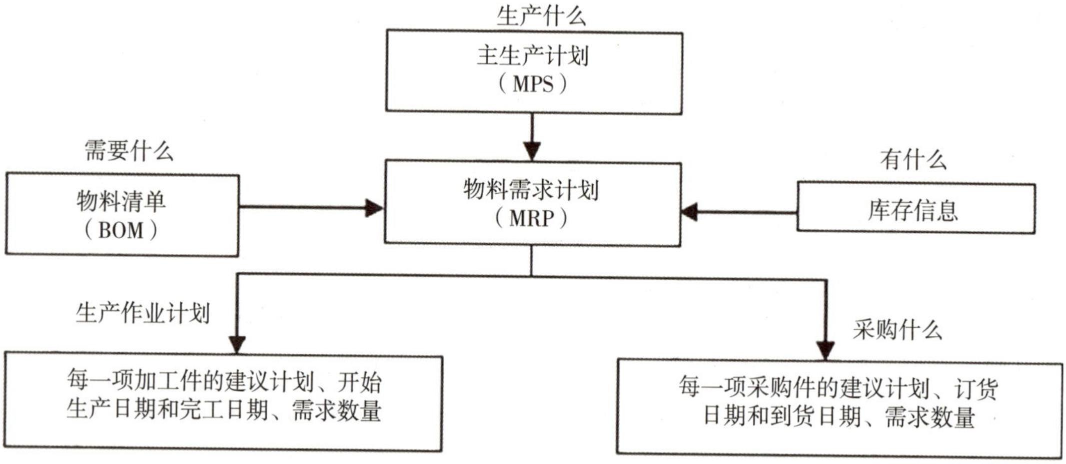

图3-4　MRP系统主要依据之间的逻辑流程关系

从图3-4可以看出，MRP系统的基本构成包括以下三个方面。

（1）主生产计划。主生产计划是指确定每一个具体的最终产品在每一个具体时间段内生产数量的计划。在主生产计划中的最终产品是指对于企业来说最终完成、要出厂的产成品，它要具体到产品的品种、型号等。这里所说的具体时间段，可以是以周为单位，也可以是以日、月等为单位，视企业的具体生产情况而定。主生产计划应详细规定生产什么、什么时间段应该产出，它是独立的需求计划。主生产计划是根据客户合同和市场预测，把经营计划或生产大纲中的产品系列具体化，使之成为展开物料需求计划的主要依据，起到了从综合计划向具体计划过渡的作用。

（2）产品结构与物料清单。MRP 系统要正确计算出物料需求的时间和数量，特别是相关需求物料的数量和时间，首先要使系统能够知道企业所制造的产品结构和所使用到的物料有什么。也就是说，为使系统能够正确计算出主计划所制订的生产产品所需要的物料需求计划，应为系统列出生产产品的产品结构及物料清单。产品结构与物料清单需要列出构成成品或装配件的所有部件、组件、零件等的组成、装配关系和数量要求，它是 MRP 系统将产品拆零的基础。

（3）库存信息。库存信息是指保存企业所有产品、零部件、在制品、原材料等存在状态的信息，在 MRP 系统中需建立企业库存数据库。在 MRP 系统中，将产品、零部件、在制品、原材料、工具等统称为“物料”或“项目”。为便于计算机识别，必须对物料进行编码，且物料编码是 MRP 系统识别物料的唯一标志。在库存信息中，人们通常会遇到以下一些表征物料库存的基本信息。

①现有库存量，是指在企业仓库中实际存放的相关物料的可用库存数量。

②计划收到量（在途量），是指根据正在执行中的采购订单或生产订单，在未来某个时间段物料将要入库或将要完成的数量。

③已分配量，是指尚保存在仓库中但已被分配掉的物料数量。

④提前期，是指执行某项任务从开始到完成所消耗的时间。

⑤订购（生产）批量，是指在某个时间段内向供应商订购或要求生产部门生产某种物料的数量。

⑥安全库存量，是指为了预防需求或供应方面不可预测的波动，在仓库中应经常保持最低库存数量作为安全库存量。

根据以上各个数值，可以计算出某项物料的净需求量，其公式为

$$净需求量=毛需求量+已分配量-计划收到量-现有库存量$$

3.2.2 闭环式 MRP 系统

1. 闭环式 MRP 系统的原理与结构

制造企业要有效实施 MRP 系统，需要有现实可行的主生产计划。它除了要反映市场需求和合同订单外，还必须满足企业的约束条件，如企业的生产能力等。因此，除了要编制资源需求计划外，还要制订能力需求计划（Capacity Requirement Planning，CRP），同各个工作中心的能力进行平衡。只有采取必要措施做到能力与资源均满足负荷需求时，才能开始执行计划。

要保证实现计划，就要对计划加以有效地控制，执行 MRP 系统时要用派工单控制加工的优先级，用采购单控制采购的优先级。这样，基本的 MRP 系统进一步发展，把能力需求计划和执行及控制计划的功能包括进来，形成一个环形回路，构成闭环式 MRP 系统，如图 3-5 所示。

从图 3-5 中可知，闭环式 MRP 系统是一个完整的生产计划与控制系统。

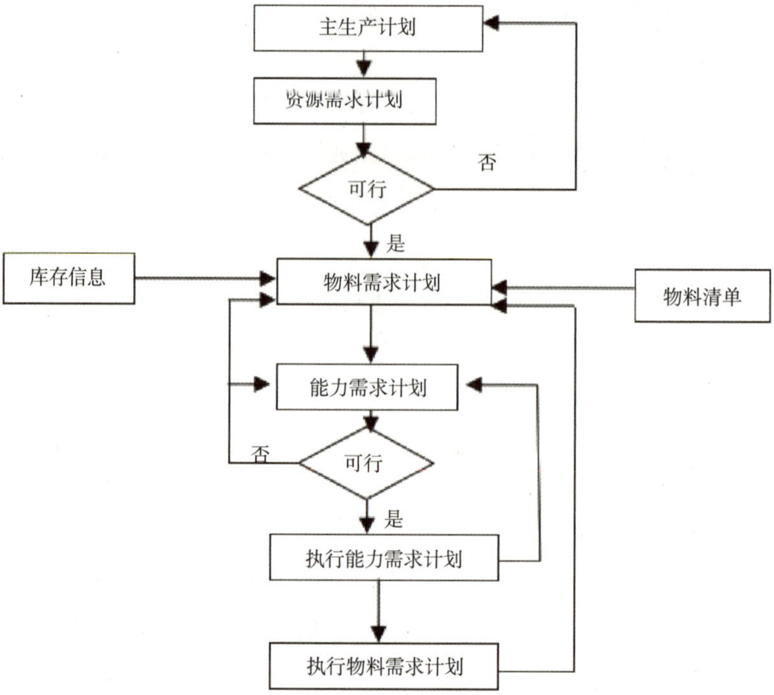

图 3-5　闭环式 MRP 系统

2. 能力需求计划

（1）资源需求计划与能力需求计划。在闭环式 MRP 系统中，关键工作中心的负荷平衡称为资源需求计划、粗能力计划，它的计划对象为独立需求件，主要面向的是主生产计划；全部工作中心的负荷平衡被称为能力需求计划、详细能力计划，而它的计划对象为相关需求件，主要面向的是车间。MRP 系统和 MPS 系统之间存在内在联系，所以资源需求计划与能力需求计划之间也是一脉相承的，而后者正是在前者的基础上进行计算的。

（2）能力需求计划的依据。

①工作中心。工作中心是对各种生产或加工能力单元和成本计算单元的统称。统一用工时量化工作中心能力的大小。

②工作日历。工作日历是用于编制计划的特殊形式的日历，是由普通日历除去每周周休日、假日、停工和其他不生产的日子，将其他日期表示为顺序形式而形成的。

③工艺路线。工艺路线是一种反映制造某项“物料”的加工方法及加工次序的文件。它用来说明加工和装配的工序、每道工序使用的工作中心、各项时间定额、外协工序的时间和费用等。

④作业计划。它是由 MRP 系统输出的零部件作业计划。

（3）能力需求计划的计算逻辑。闭环式 MRP 系统的基本目标是满足客户和市场的需求，因此在编制计划时并不考虑能力约束而优先保证计划需求，然后进行能力计划。经过多次反复运算、调整核实，才转入下一个阶段。能力需求计划的运算过程就是把物料需求计划订单换算成能力需求数量，生成能力需求报表。这个过程如图 3-6 所示。

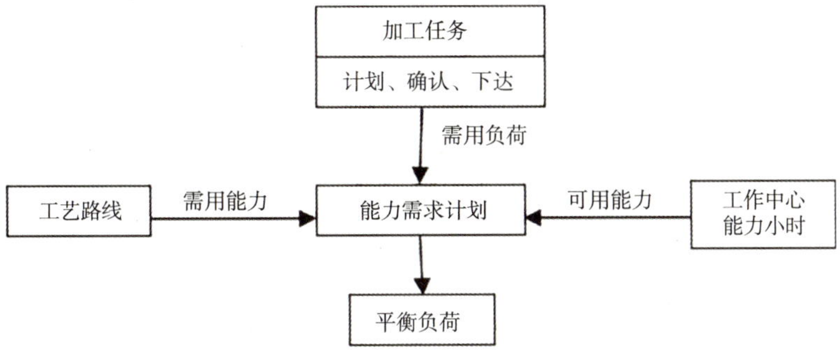

图 3-6　能力需求计划

当然，在计划时段也可能出现能力需求超负荷或低负荷的情况。闭环式MRP系统能力计划通常是通过报表的形式（直方图是常用工具）向计划人员提交报告，但并不进行能力负荷的自动平衡，这个工作须由计划人员人工完成。

3. 现场作业控制

各工作中心能力与负荷需求基本平衡后，下一步的工作就是集中解决如何具体组织生产活动，使各种资源既能合理利用又能按期完成各项订单任务，并将客观生产活动的状况及时反馈到系统中，以便根据实际情况进行调整与控制，这就是现场作业控制。它的工作内容一般包括以下四个方面。

①车间订单下达。订单下达是核实MRP系统生成的计划订单，并转换为车间下达订单。

②作业排序。作业排序是指从工作中心的角度控制加工工件的作业顺序或作业优先级。

③投入产出控制。投入产出控制是一种监控作业流（正在作业的车间订单）通过工作中心的技术方法。利用投入/产出报告，可以分析生产中存在的问题，对这些问题采取相应的措施。

④作业信息反馈。作业信息反馈主要是跟踪作业订单在制造过程中的运动，收集各种资源消耗的实际数据，更新库存余额并完成MRP系统的信息反馈循环。

3.2.3　MRP Ⅱ系统

闭环式MRP系统的出现，使生产活动方面的各子系统得到了统一，但这还不够，因为在企业管理中，生产管理只是一个方面，它所涉及的仅仅是物流，而与物流密切相关的还有资金流。这在早期实施MRP系统或闭环式MRP系统的许多企业中是由财会人员另行管理的，这就造成了数据的重复录入与储存，甚至造成数据的不一致性。

1. MRP Ⅱ系统的原理与逻辑结构

MRP Ⅱ系统的基本思想就是把企业作为一个有机整体，从整体最优的角度出发，通过运用科学方法对企业的各种制造资源和产、供、销、财各个环节进行有效的计划、组织和控制，使它得以协调发展，并充分地发挥作用。MRP Ⅱ系统的逻辑流程关系如图 3-7 所示。图 3-7 的右侧是计划与控制系统，它包括决策层、计划层和执行控制层，可以理解为经营计划管理的流程；中间是基础数据，要储存在计算机系统的数据库中，并且反复调用，也是这些数据信息的集成，把企业各个部门的业务沟通起来，可以理解为计算机数据库系统；左侧是主要的财务系统，为简化流程图只列出应收账款、总账和应付账款三个基本模块。各条连线表明信息的流向及相互之间的集成关系。

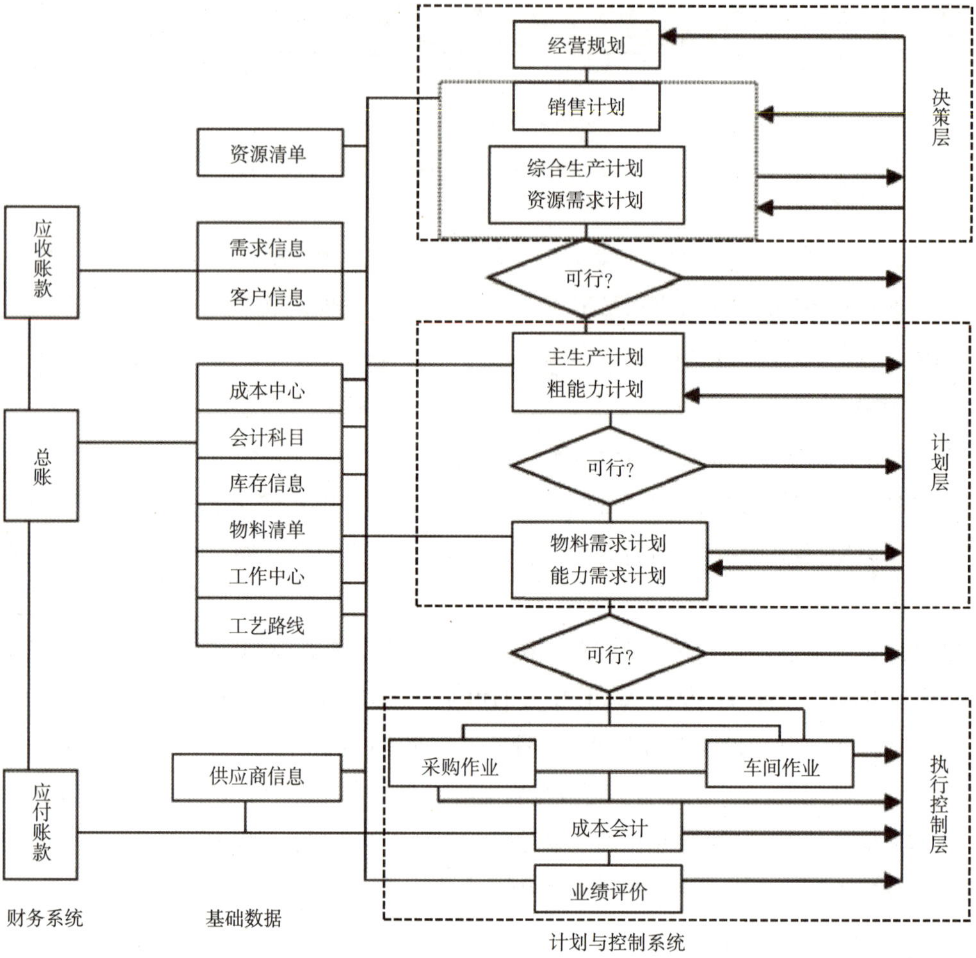

图 3-7　MRP Ⅱ系统逻辑流程关系

2. MRP Ⅱ系统管理模式的特点

MRP Ⅱ系统管理模式的特点可从以下几个方面说明，每一个特点都包括管理模式变革、人员素质或行为变革两方面，而且这些特点都是相辅相成的。

（1）计划的一贯性与可行性。MRP Ⅱ系统是一种计划主导型管理模式，计划层次从宏观到微观、从战略到技术、由粗到细逐层优化，但始终保证与企业经营战略目标一致。它把通常的三级计划管理统一起来，计划编制工作集中在厂级职能部门，车间班组只能执行计划、调度和反馈信息。计划下达前MRP Ⅱ系统会反复验证和平衡生产能力，并根据反馈信息及时调整，处理好供需矛盾，保证计划的一贯性和可执行性。

（2）管理的系统性。MRP Ⅱ系统具有较强的系统性，它把企业所有与生产经营直接相关部门的工作联结成一个整体，各部门都从系统的整体出发做好本职工作，每个员工都知道自己的工作质量同其他职能的关系。“一个计划”才能联结一个整体，条块分割、各行其是的局面应被团队协作的系统所取代。

（3）数据共享性。MRP Ⅱ系统是一种制造企业管理信息系统，企业各部门都依据同一数据信息进行管理，任何一种数据的变动都能及时地反映给所有部门，做到数据共享。在统一的数据库支持下，按照规范化的处理程序进行管理和决策，改变了过去信息不通、情况不明、盲目决策、相互矛盾的现象。

（4）动态应变性。MRP Ⅱ系统是一个闭环系统，它要求跟踪、控制和反馈瞬息万变的实际情况，管理人员可随时根据企业内外环境的变化迅速作出响应，及时调整决策，保证生产正常进行。它可以及时掌握各种动态信息，保持较短的生产周期，因而有较强的应变能力。

（5）模拟预见性。MRP Ⅱ系统具有模拟功能，可以解决“如果怎样……将会怎样”的问题，可以预见在相当长的计划期内可能发生的问题，因此可事先采取措施消除隐患，而不是等问题发生了再花几倍的精力处理。这将使管理人员从忙碌的事务堆里解脱出来，致力于实质性的分析研究，提供多个可行方案供负责人决策。

（6）物流、资金流的统一。MRP Ⅱ系统包含成本会计和财务功能，可以由生产活动直接产生财务数据，把实物形态的物料流动直接转换为价值形态的资金流动，保证生产和财务数据一致。财务部门可以及时得到资金信息用于控制成本，通过资金流动状况反映物料和经营情况，随时分析企业的经济效益，参与决策，指导和控制经营和生产活动。

从以上特点可以看出，MRP Ⅱ系统是一个比较完整的生产经营管理计划体系，是实现制造业企业整体效益提升的有效管理模式。

3.2.4 ERP 系统

20 世纪 90 年代，随着市场竞争的进一步加剧，企业竞争空间与范围的进一步扩大，80 年代的 MRP Ⅱ系统主要面向企业内部资源全面计划管理的思想，逐步发展为 90 年代怎样有效利用和管理整体资源的整体资源优化的管理思想，企业资源计划（Enterprise Resource Planning，ERP）也就随之产生。ERP 是在 MRP Ⅱ的基础上扩展了管理范围，给出了新的结构。

1.ERP 的定义

企业资源计划（ERP）是指以市场和客户需求为导向，以实行企业内外资源优化配置、消除生产经营过程中一切无效的劳动和资源，实现物流、资金流、信息流的有机集成和提高客户满意度为目标；以计划与控制为主线，以网络和信息技术为平台，集客户、市场、销售、采购、计划、生产、财务、质量、服务、信息集成和业务流程重组等功能为一体，面向供应链管理的现代企业管理思想和方法。

2.ERP 系统与 MRP Ⅱ系统的主要区别

ERP 系统是在 MRP Ⅱ系统的基础上发展而来的，因而两者具有相同之处，但两者也具有很大的区别，这些区别主要体现在资源管理范围、生产方式管理、管理功能、事务处理控制、跨国（或地区）经营事务处理、计算机信息处理技术等方面。

（1）在资源管理范围方面，MRP Ⅱ系统主要侧重对企业内部人、财、物等资源的管理和优化，ERP系统在MRP Ⅱ系统的基础上扩展了管理范围，把客户需求和企业内部的制造活动及供应商的制造资源整合在一起，形成一个完整的供应链并对供应链上所有环节（如订单、采购、库存、计划、生产制造、质量控制、运输、分销、服务与维护、财务管理、人事管理、实验室管理、新产品设计开发管理、项目管理、配方管理等）进行有效管理和优化。

（2）在生产方式管理方面，MRP Ⅱ系统把企业归类为几种典型的生产方式进行管理，如重复制造、批量生产、按订单生产、按订单装配、按库存生产等，对每一种类型都有一套管理标准。然而，在20世纪80年代末至90年代初，为了紧跟市场的变化，多品种、小批量生产及看板式生产等生产方式则是企业主要采用的生产方式。企业由单一的生产方式向混合型生产发展，ERP系统能很好地支持和管理混合型制造环境，满足了企业的这种多角色化经营需求。

（3）在管理功能方面，ERP系统除了MRP Ⅱ系统的制造、分销、财务管理功能外，还增加了支持整个供应链上物料流通体系中供、产、需各环节之间的运输管理和仓库管理功能；支持生产保障体系的质量管理、实验室管理、设备维修和备品备件管理；支持对工作流（业务处理流程）的管理。

（4）在事务处理控制方面，MRP Ⅱ系统通过计划的及时滚动来控制整个生产过程，它的实时性较差，一般只能使制造企业对生产过程实现事中控制；而ERP系统支持在线分析处理（On-line Analytical Processing，OLAP）、售后服务及质量反馈，强调企业的事前控制能力。它可以将设计、制造、销售、运输等通过集成并行各自相关的作业，为企业提供了对质量、适应变化、客户满意、绩效等关键问题的实时分析能力。

此外，在MRP Ⅱ系统中，财务系统只是一个信息的归结者，它的功能是将产、供、销中的数量信息转变为价值信息，是物流的价值反映；而ERP系统则将财务计划和价值控制功能集成到整个供应链上。

（5）在跨国（或地区）经营事务处理方面，现代企业的快速发展，使得企业内部各个组织单元之间、企业与外部的业务单元之间的协调变得越来越多也越来越重要。ERP系统应用完整的组织架构，可以支持跨国经营的多国家（或地区）、多工厂、多语种、多币制的应用需求。

（6）在计算机信息处理技术方面，随着IT技术的飞速发展及网络通信技术的应用，ERP系统得以实现对整个供应链信息进行集成管理。ERP系统采用C/S体系结构和分布式数据处理技术，支持互联网、内联网、外联网、电子商务（E-business/E-commerce）、电子数据交换（Electronic Data Interchange，EDI）等。此外，还能实现在不同平台上的互操作。

3. ERP系统的管理思想

ERP系统管理思想的核心是实现对整个供应链的有效管理和资源的优化，主要体现在以下三个方面。

（1）体现对整个供应链资源进行管理的思想。现代企业的竞争已经不是单一企业之间的竞争，而是一个企业的供应链与另一个企业的供应链之间的竞争，即企业不但要依靠自己的资源，还必须把经营过程中的有关各方（如供应商、制造工厂、分销网络、客户等）纳入一个紧密的供应链中，才能在市场上获得竞争优势。也就是说，企业在现今和今后的竞争中除了要优化企业内部资源外，还要优化整个供应链的资源，提高其竞争能力。ERP系统正是适应了这一市场竞争的需要，实现了对整个企业供应链的管理。

（2）体现精益生产、同步工程和敏捷制造的思想。ERP系统支持混合型生产方式的管理，其管理思想主要表现在两个方面：一是"精益生产（Lean Production）"的思想，即企业把客户、销售代理商、供应商、协作单位纳入生产体系，同他们建立利益共享的合作伙伴关系，进而组成一个企业的供应链；二是"敏捷制造（Agile Manufacturing）"的思想，即当市场出现新的机会，而企业的基本合作伙伴不能满足新产品开发生产的要求时，企业通过组织一个由特定的供应商和销售渠道组成的短期或一次性供应链形成"虚拟工厂"，把供应和协作单位看成企业的组成部分，运用"同步工程（Simultaneous Engineering，SE）"组织生产，用最短的时间将新产品打入市场，时刻保持产品的高质量、多样化和灵活性。ERP系统能较好地体现"精益生产""敏捷制造"的思想，可以帮助企业尽快适应市场的需要和积极参与竞争，极大地提高了企业的竞争能力。

（3）体现事先计划与事中控制的思想。在现代企业管理工作中，事先计划和在整个事件中加以有效地控制是十分重要的管理手段，也是提高企业经济效益和竞争能力的有效措施之一。一方面，ERP系统中的计划体系主要包括主生产计划、物料需求计划、能力计划、采购计划、销售执行计划、利润计划、财务预算和人力资源计划等，这些计划功能与价值控制功能已完全集成到整个供应链系统中。另一方面，ERP系统通过定义事务处理相关的会计核算科目与核算方式，在事务处理发生的同时自动生成会计分录，保证了资金流与物流的同步记录和数据的一致性，从而实现了根据财务资金现状，追溯资金的来龙去脉，并进一步追溯所发生的相关业务活动，便于实现事中控制和实时做出决策。

4.ERP系统的主要功能模块简介

ERP系统是将企业所有资源进行整合集成管理的系统。简单地说，ERP系统是将企业的三大流——物流、资金流、信息流进行全面一体化管理的管理信息系统。它的功能模块已不同于以往的MRP系统或MRP Ⅱ系统的功能模块，不仅可用于生产企业的管理，而且在许多其他类型的企业（如非生产企业、公益事业企业和金融企业等）都可导入ERP系统进行资源计划和管理。

在企业中，一般的管理主要包括三方面内容：生产控制（计划、制造等）、物流管理（分销、采购、库存管理等）和财务管理（会计核算、财务管理等）。这三方面工作本身就是集成体，它们之间有相应的接口，将它们很好地整合在一起对企业进行管理，正是ERP系统应用的目的之一。此外，随着企业对人力资源管理重视的加强，已经有越来越多的ERP系统厂商将人力资源管理纳入ERP系统中，并成为ERP管理的一个重要组成部分。

1）财务管理模块。在企业管理中，清晰明了的财务管理是极其重要的。ERP系统中的财务管理模块与一般的财务软件不同，作为ERP系统中的一部分，它和系统中的其他模块有相应的接口，能够相互集成，如它可将由生产活动、采购活动输入的信息自动计入财务管理模块，生成总账、会计报表，取消了输入凭证烦琐的过程，几乎完全替代以往传统的手工操作。一般，将ERP系统中的财务部分分为会计核算与财务管理两大部分。

（1）会计核算。会计核算主要是记录、核算、反映和分析资金在企业经济活动中的变动过程及其结果。它由总账、应收账款、应付账款、现金管理、固定资产核算、多币制、工资核算等功能模块构成。

①总账模块。该模块的功能是处理记账凭证输入、登记，输出日记账、一般明细分类账及总分类账，编制主要会计报表。它是整个会计核算的核心，应收账款、应付账款、固定资产核算、现金管理、工资核算、多币制等，各模块都以总账模块为中心互相传递信息。

②应收账款模块。该模块是指企业应收的由于商品赊欠而产生的正常客户欠款项。它包括发票管理、客户管理、付款管理、账龄分析等功能。该模块和客户订单、发票处理业务相联系，同时将各项事件自动生成记账凭证，导入总账模块。

③应付账款模块。应付账款是指企业应付购货款等款项，它包括发票管理、供应商管理、支票管理、账龄分析等功能。它能够和采购模块、库存模块完全集成，以替代过去烦琐的手工操作。

④现金管理模块。该模块主要是对现金流入、流出的控制，以及备用金及银行存款的核算。它包括对硬币、纸币、支票、汇票和银行存款的管理，提供了票据维护、票据打印、付款维护、银行清单打印、付款查询、银行查询和支票查询等和现金有关的各种功能。此外，该模块还和应收账款、应付账款、总账等模块集成，自动产生凭证，导入总账模块。

⑤固定资产核算模块。该模块主要完成对固定资产的增减变动及折旧计算、有关基金计提和分配的核算工作，能帮助管理者对固定资产的现状有所了解，并能通过该模块提供的各种方法管理资产，以及进行相应的会计处理。其具体功能有：登录固定资产卡片和明细账、计算折旧、编制报表、自动编制转账凭证、导入总账模块等。该模块和应付账款、成本核算、总账模块集成。

⑥多币制模块。该模块是为了适应当今企业的国际化经营，对外币结算业务的要求增多而产生的。多币制将企业财务系统的各项功能以各种币制表示和结算，且客户订单、库存管理及采购管理等也能使用多币制进行交易管理。多币制和应收账款、应付账款、总账、客户订单、采购等模块都有接口，可自动生成所需数据。

⑦工资核算模块。该模块主要是完成企业职工工资及工资费用的分配等核算工作，其主要功能有以下几方面。

- 能根据公司跨地区、跨部门、跨工种的不同薪资结构及处理流程制定与之相适应的薪资核算方法。
- 与时间管理直接集成，能够及时更新，将员工的薪资核算动态化。

- 回算功能。通过和其他模块的集成，自动根据要求调整薪资结构及数据。
- 工时管理。根据本国或当地的日历，安排企业的运作时间及劳动力的作息时间。
- 运用远端考勤系统，可以将员工的实际出勤状况记录到主系统中，并把与员工薪资、奖金有关的时间数据导入薪资系统和成本核算中。
- 差旅核算。系统能够从差旅申请、差旅批准到差旅报销自动控制整个流程，并通过集成环境将核算数据导入财务成本核算模块中。

工资核算模块是和总账、成本核算模块集成的。

⑧成本核算模块。该模块会依据产品结构、工作中心、工序、采购等信息进行产品的各种成本计算，以便进行成本分析和规划，还能用标准成本法或平均成本法按地点维护成本。

（2）财务管理。财务管理的功能主要是基于会计核算的数据加以分析，从而进行相应的预测、管理和控制活动。它侧重于财务计划、控制、分析和预测等。

①财务计划。根据前期的财务分析做出下期的财务计划、预算等。

②财务分析。提供查询功能和通过用户定义的差异数据图形显示财务绩效评估、账户分析等。

③财务决策。财务决策是财务管理的核心部分，中心内容是做出有关资金的决策，包括资金筹集、资金投放及资金管理。

2）生产控制管理模块。对于制造业来说，生产控制管理模块是ERP系统的核心所在，它将企业的整个生产过程有机地结合在一起，使企业能够有效地降低库存，提高效率。同时，各个原本分散的生产流程自动连接，也使生产流程能够前后连贯地进行，而不会出现生产脱节，耽误生产交货时间的情况。

生产控制管理是一个以计划为导向的先进的生产管理方法。因为企业是先确定一个总生产计划，再经过系统层层细分后，下达到各部门执行，即生产部门按生产计划生产，采购部门按生产计划采购等。

（1）主生产计划。主生产计划是根据生产计划、预测和客户订单的输入来安排将来各周期提供的产品种类和数量，在平衡物料和能力的需要后，精确到时间、数量的详细进度计划。它是企业在一段时期内总活动的安排，是一个稳定的计划。它是根据生产计划、实际订单和对历史销售分析得来的预测产生的。

（2）物料需求计划。物料需求计划是在主生产计划决定生产多少最终产品后，根据物料清单把整个企业要生产的产品数量转变为所需生产的零部件数量，并对照现有的库存量，得到还需加工和采购的最终数量。它是各相关部门真正依照的计划。

（3）能力需求计划。能力需求计划是在得出初步的物料需求计划之后，将所有工作中心的总工作负荷，与工作中心的能力平衡后产生的详细工作计划，用以确定生成的物料需求计划是否是基于企业生产能力可行的需求计划。能力需求计划是一种短期的、当前实际应用的计划。

（4）车间控制。车间控制是随时间变化的动态作业计划，是先将作业分配到具体车间，再进行作业排序、作业管理、作业监控等的计划。

（5）制造标准。在编制计划中需要许多生产基本信息，这些生产基本信息就是制造标准，包括零件、物料清单、工序和工作中心等，它们都有唯一的代码可以在计算机中进行识别。

①零件。它是对物料资源的管理，对每种物料都给予唯一的代码识别。

②物料清单。它是定义产品结构的技术文件，用来编制各种计划。

③工序。它是描述加工步骤及制造和装配产品的操作顺序（包含加工工序），指明各道工序的加工设备及所需要的额定工时和工资等级等。

④工作中心。它是由使用相同或相似工序的设备和劳动力组成的，从事生产进度安排、核算能力、计算成本的基本单位。

3）物流管理。

（1）分销管理。销售管理从产品的销售计划开始，对其销售产品、销售地区、销售客户等信息进行管理和统计，并可对销售数量、金额、利润、绩效、客户服务做出全面分析。分销管理模块有以下三个方面的功能。

①对于客户信息的管理和服务。这个功能主要是指建立客户信息档案，并对其进行分类管理，从而提供有针对性的客户服务，以达到高效率的保留老客户、争取新客户。这个功能中特别提到的是CRM系统，ERP系统与它的结合必将大大增加企业的效益。

②对于销售订单的管理。销售订单是ERP系统的入口，所有的生产计划都是根据它下达并安排生产的，而且销售订单的管理贯穿产品生产的整个流程。它包括以下几个方面。

- 客户信用审核及查询。客户信用分级、审核订单交易。
- 产品库存查询。决定是否延期交货、分批发货或用代用品发货等。
- 产品报价。为客户作不同产品的报价。
- 订单输入、变更及跟踪。订单输入后，对订单进行变更、修正及跟踪分析。
- 交货期的确认及交货处理。决定交货期和安排发货事宜。

③销售的统计与分析。系统根据销售订单的完成情况，依据各种指标做出统计，如客户分类统计、销售代理分类统计等，并依据这些统计结果对企业的实际销售效果进行评价。

- 销售统计。销售统计是根据销售形式、产品、代理商、地区、销售人员、金额、数量等分别进行统计。
- 销售分析。销售分析包括对比目标、同期比较和订货发货分析，从数量、金额、利润及绩效等方面做相应分析。
- 客户服务。客户服务包括客户投诉记录及原因分析、为客户在使用产品过程中遇到的问题提供必要的帮助等。

（2）库存控制。库存控制用来控制存储物料的数量，以保证稳定的物流支持正常的生产，从而最小限度地占用资本。它是一种相关的、动态及真实的库存控制系统，能够结合并满足相关部门的需求，随时间变化动态地调整库存，精确地反映库存现状。这一系统的功能又涉及以下几个方面。

①为所有的物料建立库存，决定何时订货采购，同时作为提交采购部门作采购计划、生产

部门作生产计划的依据。

②收到订购物料，经过质量检验后入库，生产的产品也要经过检验后入库。

③收发料的日常业务处理工作。

（3）采购管理。采购管理是指确定合理的定货量、优秀的供应商和保持最佳的安全储备。能够随时提供订购、验收的信息，跟踪和催促外购或委托外部加工的物料，保证货物及时到达。建立供应商档案，用最新的成本信息调整库存成本。具体包括以下几个方面。

①供应商信息查询。用来查询供应商的能力、信誉等。

②催货。对外购或委托外部加工的物料进行跟催。

③采购与委托外部加工统计。统计、建立档案、计算成本。

④价格分析。对原料进行价格分析，调整库存成本。

4）人力资源管理模块。以往的ERP系统基本上是以生产制造和销售过程（供应链）为中心的。因此，长期以来一直把与制造资源有关的资源作为企业的核心资源进行管理。但近年来，企业内部的人力资源越来越受到企业的关注，也被视为企业的资源之本。在这种情况下，人力资源管理成为ERP系统中独立的模块，和财务系统、生产系统组成了一个高效的、具有高度集成性的企业资源系统。它与传统方式下的人事管理有着根本的不同。

（1）人力资源规划的辅助决策。它是对企业人员、组织结构编制的多种方案进行模拟比较和运行分析，并辅之以图形的直观评估，可以辅助管理者做出最终决策。人力资源规划的辅助决策包括以下两个方面的内容。

①制定职务模型。它包括职位要求、升迁路径和培训计划，根据担任该职位员工的资格和条件，系统会提出针对该员工的一系列培训建议。一旦机构改组或职位变动，系统就会提出一系列的职位变动或升迁建议。

②进行人员成本分析。它可以对过去、现在、将来的人员成本作出分析及预测，并通过ERP系统集成环境，为企业成本分析提供依据。

（2）招聘管理。人才是企业最重要的资源，优秀的人才保证企业持久的竞争力。招聘管理系统一般从以下几个方面提供支持。

①进行招聘过程的管理，优化招聘过程，减少业务工作量。

②对招聘的成本进行科学管理，从而降低招聘成本。

③为选择聘用人员的岗位提供辅助信息，并有效帮助企业挖掘人才资源。

5．ERP系统的发展趋势

ERP系统出现后不久，信息技术就迎来了互联网、内联网和网络计算的热潮，制造业的国际化倾向及制造信息技术的进一步深化等。这些又将制造业管理信息系统的发展推到一个新阶段，其中最引人注目的有以下几方面的发展。

1）ERP功能的扩展。

（1）纳入PDM功能。PDM（Product Data Management）是指产品数据管理，其意义是将企业中的产品设计和制造全过程的各种信息、产品不同设计阶段的数据和文档组织在一个统一的环境中。随着计算机集成制造系统（Computer Integrated Manufacturing System，CIMS）在企业的实施和发挥作用，并行工程日益发展，PDM也愈显重要。目前，国内外CAD和ERP厂商都将PDM作为自己的产品来发展。

（2）ERP与EDI的集成。虽然EDI是许多MRP Ⅱ系统已经具有的功能，但近年来ERP系统的EDI功能又有进一步的扩展，主要体现在以下两方面。

①ERP将企业内部的EDI集成。业务文件（如计划或订单）的传递和一般的公文传递，在内容、传递范围或所运行的计算机环境等方面都有区别，但又是交叉在一起的。ERP系统把原来分散的EDI进行联通，是企业办公自动化系统的一个重要的进步。ERP系统的EDI具有与系统以外的EDI联通的功能，这样ERP用户可以在同一个环境中，与本企业的非ERP用户交换信息。

②企业间的EDI集成。当前，在某些行业中如汽车制造业，EDI功能是至关重要的功能。汽车行业的销售方式要求ERP系统在销售和采购模块中用EDI实现客户或供应商之间的电子订货和销售开单过程。

（3）增加了工作流功能。ERP系统对工作流的需求是与无纸管理及EDI在ERP系统中的应用同时产生的。使用EDI以后就出现了电子文档（电子的计划文件、电子订单或工程更改文件）在企业管理中被大量使用的情况，并在要求的时间按照规定的路线传递到指定人员处的问题，这必须采用工作流管理进行控制。全面的工作流规则保证与时间相关的业务信息，诸如对采购订单需求的核准，能够自动地在正确的时间流转到指定的人员处。对工作流的管理，使ERP的功能扩展到办公自动化和业务流程的控制之中。

（4）增加数据仓库（Data Warehouse，DW）和联机分析处理OLAP功能。MRP Ⅱ系统或ERP系统的基本特征是“联机事务处理”。对于企业高层管理者来说，从规模庞大、数据完整且“事无巨细”的ERP系统中直接获取进行宏观决策时所需的信息是很困难的。20世纪90年代中期，出现了数据仓库和联机分析处理技术。新一代的ERP系统立即采用该技术，为用户提供企业级宏观决策的分析工具。

（5）客户关系管理的应用。传统的ERP系统着眼于企业后台的管理，而缺少直接面对客户的系统功能。因为过去的企业只着眼于买到物美价廉的原材料，快速高效地生产出产品，至于哪种产品更受欢迎，哪些服务还有待进一步改进等问题，却往往没有确切的答案，只能凭经验臆测。在电子商务的大环境中，企业的客户可能分散在全球各地，企业不可能对客户的情况都了如指掌，所以必须有一个系统来收集客户信息，并加以分析和利用，使企业能及时了解客户对产品及服务等的要求，并积极满足客户的要求和为客户提供满意的服务，这是现代企业管理中一项重要的基础工作，是企业今后生存和发展的重要保障。

一般来说，客户关系管理系统包含销售、市场及服务三大模块。其中，销售模块有很多功能，从最初的需求生成到自主销售，再到最后的销售人员佣金管理都被涵盖其中。销售人员只要有一台手提式计算机，就可以随时得到生产、库存和订单处理的情况，可以随时随地与任何客户开展业务活动；而市场模块则偏重于对市场计划和市场战略的策划与管理，让企业对市场做到心中有数；服务模块涉及服务的方方面面，如服务合同管理、电话呼叫中心的管理等，以确保企业为客户提供优质服务。

2）向互联网、Web上转移。由于内联网成为许多大公司网络建设的选择，使用Web客户机具有费用低廉、安装维护方便、跨平台运行、统一且友好的用户界面等优点，加之所有的数据库厂商对Web技术的支持，使得目前几乎所有的客户/服务器应用程序的开发厂商都将Web浏览器的前端安装到自己的产品上。例如，Oracle、SAP、BAAN等大软件公司，都将其MRP Ⅱ系统/ERP系统的客户/服务器应用程序的客户机“Web化”。采用的途径有以下三种。

（1）建立能使现有应用程序结构与互联网协议进行通信的桥接技术。

（2）增加新的基于Web的应用程序。

（3）改写原有的应用程序。

3）新的模块化软件和专业化软件。新的“模块化”概念与现行的“可选择模块的套件”是不同的，如SAP公司的模块化具有以下特点。

（1）采用一种新的将第三方软件集成到ERP系统中的方法，称为业务应用程序接口（Business Application Programming Interface，BAPI），这是一个标准化的开放接口。有了BAPI，用户可以通过浏览器、Exchange电子邮件使用ERP系统，用户可以将这些模块与非ERP系统混合匹配使用。

（2）用户可以按需求单独更新某一个模块，而没有必要为了增强某一个功能对系统进行全面升级。用户使用逐个模块更新的办法增强系统的功能，而不必更换整个系统。

（3）专业化软件。它将改变向用户提供适于所有用户的通用产品的状况，而是针对具体的用户市场对软件预先“剪裁”，推出针对特殊市场的软件产品。专业化软件不需要用户进行有针对性的配置就可以得到可用的菜单、模块和报表等，可以更快地启用，得到更有针对性的服务。

ERP系统的专业化趋势说明，制造软件覆盖领域的扩张使ERP系统已经走出制造业，在能源、电信和其他行业寻找更加广阔的市场。

综上所述，当前的ERP系统的特点包括以下几方面。

（1）功能上的改进和提高。新增加的工作流、EDI等功能均有一个共同特点，即ERP管理的对象从企业内部和外部的物料、物理的和生产力的资源扩大到信息资源。

（2）管理的深度从原先的生产计划与控制的联机事务处理（OLTP）向下扩展到覆盖办公自动化、无纸化处理，向上扩展到决策支持的在线分析处理（OLAP），横向扩展到设计和工程领域。

（3）ERP系统的计算机环境从传统的C/S环境过渡到以Web、互联网、内联网的网络计算环境为支撑。

(4)软件结构上不再追求大而全，而是更趋于灵活、实际和面向具体用户。

(5)ERP系统的应用范围拓宽，将覆盖制造业以外的许多领域。

这些发展变化标志着企业管理系统又发展到一个新的阶段。

6. ERP应用案例

应用案例

华为自研ERP

华为研发出了自己的管理系统MetaERP软件，完全使用自己的操作系统、数据库、编译器和语言，且有把握将MetaERP进行推广。这意味着华为在ERP领域取得了突破性进展。

2019年，软件被陆续断供后，华为不得不选择一条自主之路——采用自主研发加联合合作伙伴一起研发的策略，实现自给自足，保障研发工具的连续性。这一次，除华为在ERP领域取得的突破外，ERP行业也进入国产替代的黄金时代。

ERP为一类企业软件，用于管理企业的采购、项目管理、风险管理和合规性、供应链运营等事务。

根据前瞻经济学人的数据，2021年中国ERP市场规模为385亿元，假设其中50%为高端ERP市场，那么国内高端ERP市场规模为193亿元。如果考虑ERP软件5~8年的平均替换周期，那么存量国产高端ERP可替换市场规模为965~1 544亿元。中国高端ERP市场主要由SAP、Oracle等国外厂商占据，2023年以来Oracle已经逐渐退出中国市场，而在信创国产化大背景下，ERP国产替代空间广阔。

ERP是信创软件的重要组成部分，支撑和运行着企业的核心数据，直接关系到国家安全和企业安全。

《“十四五”数字经济发展规划》提出，2025年数字经济核心产业增加值占GDP10%的目标，与此同时全力推进ERP、会计等信息化发展，这为ERP国产替代化加速提供了动力。事实上，经过多年的积累，国产ERP市场已经孵化出用友、金蝶、浪潮三个巨头，其中用友网络是全球领先的企业云服务与软件提供商，通过构建和运行全球领先的商业创新平台——用友BIP，服务企业数智化转型和商业创新。

目前，我国ERP软件的应用主要集中在制造业中，其他依次为流通行业、建筑行业、电力行业、交通行业、石化行业等。但和海外头部厂商相比，国内的ERP厂商起步较晚，国内高端ERP软件的技术水平和产品能力距海外巨头还有较大差距。国内部分企业在初期会使用国产ERP软件，但发展到一定规模后，由于国产软件难以支撑企业的业务需求，此时国内企业会将国产ERP软件替换成海外的软件，而SAP、Oracle两家国外厂商一度占据我国一半以上的ERP市场份额。

核心技术封锁、缺少自主技术和敏捷高效的开发平台，系统研发涉及面广、涉及行业多、时间紧迫等。华为曾经面临的问题，是国产软件的一个缩影。

从2022年12月开始，华为已连续发布了11款软硬件开发工具和服务，华为自身的产品线研发已经切换到自己的工具上，构筑起一套涵盖软件开发全流程、全环节的软件开发生产线，并形成了一站式、全流程、安全可信的作业平台。

压力之下，华为闯出了一条自主创新的道路，虽不易，却可期。

（资料来源：作者根据相关资料整理）

思考题

通过分析该案例，阐述华为公司是如何闯出一条属于自己的自主创新道路的？你认为中国企业推进信息化的意义何在？

3.3 产品数据管理（PDM）

在制造企业中，产品的设计和制造过程不仅是一个物料的转换过程，还是一个复杂的信息变换和传递的过程。信息传递是否正确，直接影响生产过程的正常进行。因此，对信息的有序管理在企业管理中起着举足轻重的作用。许多制造企业都为大量的设计数据所困扰，特别是20世纪六七十年代以来，企业在设计和生产过程中开始使用CAD、CAM等技术，大量的电子数据难以管理、查找和共享。对于制造企业而言，虽然各单元的计算机辅助技术已经日益成熟，但大多自成体系，彼此之间缺少有效的信息共享和应用，形成所谓的“信息孤岛”，并且随着计算机技术应用的飞速发展，随之而来的各种数据急剧膨胀，给企业管理造成巨大压力，主要体现在数据种类繁多、数据冗余、数据检索困难、数据安全性及共享管理等方面。于是，在制造业的计算机集成制造环境中，在现代产品开发及设计过程需求的驱动下，产生了能够集数据库的数据管理能力、网络通信能力及过程控制能力于一体，能够实现分布式环境下设计活动的信息交换与共享，并对设计过程进行动态调整与监控的产品数据管理（PDM）技术。

3.3.1 PDM系统定义及功能

1.PDM系统定义

PDM技术是对工程数据管理、文档管理、产品信息管理、技术数据管理、技术信息管理、图像管理及其他产品定义信息管理技术的一种概括和扩展，是一项管理所有与产品相关的信息的技术，它提供产品全生命周期的信息管理，并可在企业范围内为设计与制造建立一个并行化的产品开发协作环境，将整个企业视为一体，能跨越整个工程技术群体，是使产品快速开发和业务过程快速转化的使能器，也是在分布式企业管理模式的基础上，与其他应用系统建立直接联系的重要工具。

PDM技术也可以定义为以软件技术为基础、以产品为核心，实现对产品相关的数据、过程、资源一体化集成管理的技术。

在制造企业中引入PDM技术能有效地将产品从概念设计、计算分析、详细设计、工艺流程设计、加工制造、销售维护整个生命周期及各个阶段的相关数据，按照一定的模式加以定义、组织和管理，使产品相关数据在整个生命周期内保持一致、最新、共享及安全，能很好地面向企业的生产组织，使企业提高产品质量，缩短研制周期，提高工作效率，加快产品投放市场的速度，从而提高企业的竞争力。

PDM系统被明确定位为面向制造企业，以产品为管理核心，以数据、过程和资源为管理信息的三大要素。PDM进行信息管理的两条主线是静态的产品结构和动态的产品设计流程，所有的信息组织和资源管理都是围绕产品设计展开的，这也是PDM系统有别于其他信息管理系统的特点。

2.PDM系统的主要功能

PDM系统的主要功能有产品设计文档管理，产品结构管理，变更与版本管理，产品配置管理，项目和工作流管理，数据安全和数据备份管理，物料报表和数据集成管理，与二维、三维CAD系统的集成等。从其功能可以看出，PDM是将从产品设计直至销售的相关信息进行有机整合和管理，使企业相关部门能充分共享产品生命周期的信息，以达到通过设计销售流程一体化，提高企业敏捷制造的能力，从而提高企业的竞争力。

（1）产品设计文档管理。在产品设计过程中，图文档管理实际上是提供一个统一的数据仓库，数据仓库中应包含两方面信息：一是有关产品数据的基本信息，二是各类电子文档数据。PDM系统管理的是产品整个生命周期内所有与产品相关的信息和过程。信息主要包括CAD/CAM/CAPP的文件、材料清单、产品配置、技术文件、产品订单、工艺表格、生产成本、供应商状态等；与产品有关的过程，包括任何有关的加工工序、加工指南和有关批准、使用权、安全、工作的标准和方法、工作流程、结构关系等；产品使用周期的各类文献等数据，如原始档案、设计文档、工艺文档、生产中的数据文档、销售维修服务、其他静态数据等。对于产品结构关联的信息，可以将它们之间的关系分别存入数据库中，同时给用户提供图形化的界面，一般用结构树的形式表达产品之间的结构关系。

在文档管理的同时提供对文档状态的控制，实现档案管理的功能。在PDM系统中，每个文档都有对应其生命周期阶段的状态标志，如创建、出库、入库、冻结、解冻、归档等。PDM系统不仅提供图纸的增加、导入、出库编辑、复制等操作，还提供内嵌的浏览器。该浏览器可以实现对AutoCAD等软件及.doc、.xls、.txt、.bmp、.jpg、.tif等文件的浏览。

在PDM系统中，用户可针对系统中所有的文档和数据进行查询，系统提供简便灵活的查询方式，包括产品、零件、版本、文档、图纸、标准件、企业标准件、用户等相关信息，这些不同种类的文档具有各自的属性。查询时，系统首先选择对象类型，然后用户可按对象的任何一项属性或相关属性进行查询；系统提供对逻辑表达式的支持，用户可指定多个属性值作为限制条件；系统支持精确查询及模糊查询方式；查询范围可在一个产品或多个产品范围内进行；系统提供对象间关系的查询。企业各产品下的零部件存在借用、参照等关系，通过查询可以快速确定原件和其对应的所有借用件。

（2）产品结构管理。PDM系统采用产品结构树描述零部件之间的装配关系。产品结构树以树状方式描述，树中的根节点代表产品，枝节点分别表示部件或组件，叶节点表示零件。这种图示方式反映了产品、零部件之间的层次关系。有了产品结构树，管理者就可直观地找到自己所要的数据，而不用考虑其物理位置。每个零部件的属性和相关的文档都可以在产品结构树上一目了然地看到。产品结构信息是PDM系统的基础信息，在此基础之上，可以进行产品配置、报表统计等工作。

（3）变更与版本管理。图文档管理能够对一个文件从生成到归档的整个过程进行维护，这里主要是对图纸的版本控制和状态维护。图纸及工艺文件等数据从设计到审核，再到最后归档都对应不同的状态，各种状态对应的操作不同。例如，产品审批完成后进入冻结状态，便不允许对文档进行任何类型的修改，只能作为历史文件保存。

版本由工作版本组成，工作版本记录一个版本不同工作阶段的信息，保存设计时的历史记录。系统对文档的每一次出库/入库进行的修改都需要记录下来，以维护数据的完整性。每次修改结果可用一个工作版本表示。在一个版本的多个工作版本中，只有一个是有效的，有效版本由用户指定，也可以回溯、重新指定。

工程变更管理是借助工作流系统实现的。工程变更的内容包括工程变更请求、工程变更命令、工程变更通知，它们分别用来描述一个工程变更从发起到实施，再到通知的三个主要阶段。

（4）产品配置管理。产品配置是指通过对与订单无关的产品结构的配置，产生满足特定功能的可销售产品。它可以分为用户选择配置和变量配置两种。通过配置管理可以建立产品的整体模型、产品的配置规划、一致的产品材料清单、产品更改的历史记录等。产品配置的规则由用户自行选择，可以根据产品的版本或工作状态决定。

（5）项目和工作流管理。项目和工作流管理是PDM系统功能的另一个重要方面。PDM过程管理就是管理当一个用户对数据进行操作时发生的影响、人与人之间数据的流动，并跟踪项目过程中的数据活动及所发生的事务。

在PDM系统中，按项目方式对数据进行管理，同时提供项目属性管理、项目人员管理、项目资源管理等功能。项目管理的实现与工作流管理密不可分。通过工作流服务器进行任务调度，任务流程能预先定义，工程师能查看到自己的任务列表，任务完成后能进行任务提交。

PDM系统内拥有一个可独立分割出来的邮件系统模块，它用于系统内部的邮件收发。用户只要登录该系统，便可随时收发邮件。该系统可以和工作流系统及项目管理集成，以便接受工作任务和传递信息。

（6）数据安全及备份管理。PDM系统能够提供全方位安全控制手段，从以下几个方面对系统中的安全性加以控制：在权限管理中对相关人员担任的岗位或角色（如设计、审核、归档等）进行定义；设置每个相关人员对具体图纸或文档的操作权限（如图纸或文档的浏览、创建、编辑、删除、复制、查询等）；通过对用户、角色、产品信息数据的维护实现多维权限管理。

系统管理员通过备份工具对数据库中的内容进行备份，备份的数据可以存储在不同的存储介质上，备份的内容包括数据库中的数据和有关的电子文档。当系统出现错误或需要审计时，能根据备份文件进行恢复。

（7）物料报表和数据集成管理。产品或部件的物料清单可以与产品配置有关，物料清单目前提供产品、自制件、标准件、企标件、零件簇等的统计报表。系统根据产品结构、配置信息自动创建物料清单，并提供物料清单中数量的自动汇总功能。用户可以自定义物料清单格式，可进行报表的打印预览、打印、文件输出等操作。

（8）PDM系统与ERP系统的集成。PDM系统与ERP系统的集成主要体现在PDM系统向ERP系统提供基础数据，包括企业最基本的物料数据及产品的设计物料清单。另外，PDM系统也需要从ERP系统中获得设计指导信息，并能接受ERP系统传递的反馈信息，从而实现工程变更。

设计物料清单描述的是产品各零部件间的组成关系和构成数量，是ERP系统进行物料需求计划的根本依据，设计物料清单来源于PDM系统，因此PDM系统与ERP系统的集成将完成两大功能：一是将PDM系统中的物料数据及设计物料清单导入ERP系统中；二是建立PDM系统与ERP系统之间的信息交互功能，以保证PDM系统与ERP系统之间数据的一致性、实时性。

（9）与二维、三维CAD系统的集成。PDM系统可以从AutoCAD图纸的标题栏和明细栏中自动提取信息，并把这些信息保存到系统相应的数据结构中，创建产品零部件和产品结构树。PDM系统可以管理以parasolid为核心的三维模型。对于三维的数据模型，系统可实现动态拖放浏览。对于三维模型中的装配信息，系统也可以提取并自动建立起模型间的装配关系。同时，对于所有三维模型均具有一些通用信息，如名称、图号、设计人、设计时间、版本、质量等，这些信息可以与PDM系统描述零部件的信息建立对应关系。

（10）其他功能。

①用户定制及实施工具。PDM系统可以提供灵活的工具，减少系统实施的时间，同时在企业的业务模式发生改变时，通过工具能快速对系统进行改造，主要包括对数据结构、报表、用户界面、批量数据导入，以及系统客户端自动升级等方面的定制。

②批注功能。PDM系统对.dwg格式的文件提供红线批注功能。在校核或审核过程中，检查人可对图纸进行批注。

③零件簇管理。零件簇管理是对PDM系统中的零部件进行分类管理的功能，分类的标准由用户定义，每个零件簇的定义都由一个或多个分类规范组成，它可以满足用户特定的报表统计需求。零件簇为零件的分类管理、查询、统计提供了方便的工具。

3.3.2　PDM 体系结构及特点

PDM 系统的四层体系结构如图 3-8 所示。

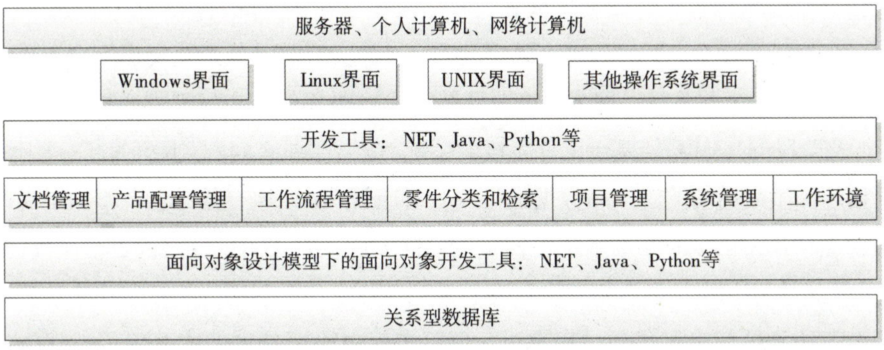

图 3-8　PDM 系统的四层体系结构

第一层是数据支持层。关系型数据库是 PDM 系统的支持平台，提供数据管理基本功能，如存、取、删、改、查等操作。

第二层是面向对象层。关系型数据库不能满足产品数据动态变化的管理要求，因此在 PDM 系统中，采用若干个二维关系表格描述产品数据的动态变化。PDM 系统将其管理的动态变化数据的功能转换成几个甚至几百个二维关系型表格，实现面向产品对象管理的要求。

第三层是功能层。一类是基本功能模块，包括文档管理、产品配置管理、工作流程管理、零件分类和检索、项目管理等；另一类是系统管理模块，包括系统管理和工作环境。系统管理主要是针对系统管理员如何维护系统，确保数据安全与正常运行的功能模块；工作环境主要是保证各类不同用户能够正常、安全、可靠地使用 PDM 系统，既要方便、快捷，又要安全、可靠。

第四层是用户层。它包括开发工具层和界面层。在 PDM 系统中，除了提供标准的、不同硬件平台上的人机界面外，还要提供开发用户化人机界面的工具，以满足各类用户的特殊要求。

3.3.3　PDM 技术的发展

PDM 技术在 20 世纪 90 年代得到了迅猛发展，PDM 系统可看作一个企业信息的集成框架。PDM 技术使得分布在企业各个地方、在各个应用中使用的所有产品数据得以高度集成、协调、共享，所有产品研发过程得以高度优化或重组。

1．PDM 技术的发展

在 20 世纪 80 年代初期，PDM 技术的诞生是为了解决管理技术图纸和技术文档的问题。从 PDM 技术诞生开始，到后面随着实践的完善、优化及信息技术的进步，PDM 系统概括起来主要经历了以下三个阶段。

（1）开发阶段。早期的 PDM 系统主要服务于 CAD。随着 CAD 的广泛应用，电子图档大量产生。此时，如何有序管理这些电子文件便成为一个问题。为了加强电子文件管理，确保数据文件的安全性和满足用户需求，此时一些制造商开始开发第一代 PDM 软件。此阶段的 PDM 系统主要用于储存和管理CAD电子文件，也被称为“电子绘图仓库”，其本质就是一个功能强大的电子图纸管理系统。随着第一代PDM系统的诞生，当时由于CAD产生的“信息孤岛”问题有所缓解，但离企业实现真正的数据集成和流程集成还存在很大的距离。另外，第一代PDM系统还普遍存在功能不齐全、开发程度有限等问题，并且无法与其他系统实现集成。

（2）专业化阶段。此阶段，国内的企业开始重视PDM系统，市场需求增长，高端设备领域应用广泛。此阶段的PDM系统基于上一阶段的系统，完善了原有问题，且开发了一些信息功能，包括可根据产品生命周期，对产品数据进行一一对应管理；在原有基础上，增加了对产品结构和配置的管理；用户可以在PDM系统上发布新数据文件，并在用户权限内更改流程控制管理；等等。与此同时，增加了产品零部件和数据管理的查询功能，利用成组技术作为技术集成，从而实现了企业级别的信息集成和过程集成，还可实现PDM系统的二次开发，与其他信息系统集成。

（3）标准化阶段。随着人工智能和边缘计算机的发展，国内大企业对PDM系统的需求加大。此阶段的PDM系统具有结构管理、变更管理、视图管理和客户化应用等特点。与前两代PDM系统相比，该阶段的PDM系统给信息时代广义上企业带来更强适用性，主要体现在系统开发、制造及管理产品等方面。目前，PDM系统的发展趋势正向着广泛化（支持全球化的虚拟企业、Web化）、深入化和集成化三个方面推进，越来越多的企业应用PDM系统且已成为企业管理的重要工具。

2.PDM技术在企业应用的发展过程

PDM技术在企业应用的发展过程可以用以下四个阶段表述。

（1）原始阶段。企业很少利用电子手段与客户和供应商进行数据交换，手工管理传统介质的工程图纸，对PDM概念的认识不一致和不清楚，不理解产品数据对企业是很有价值的，可能正在试点项目阶段，没有定义产品开发过程的信息，不了解产品开发工作流程，仅有纸质的手册发布和变更管理，每个部门有自己独立的信息资源，没有配置管理，没有PDM系统与其他应用系统的集成。

（2）初级阶段。企业有时利用电子手段与客户交换数据；手工管理大多数传统介质的工程图纸；仍然没有定义产品开发过程；主要是手工发布变更流程；有许多部门级的电子仓库和数据库；在某个专业领域已经引入局部的PDM系统应用，有些PDM基本功能的应用；部门之间的电子数据交换是有限的，几乎没有几个PDM用户；有些无效的配置管理系统用户；有些基本的PDM和CAD集成；手工的介入仍然是需要的。

（3）发展阶段。企业经常与客户、供应商进行电子数据交换；已经有交叉功能的电子仓库，已经认识到产品定义信息是有用的；已经列出主要的产品开发的文档、数据和其他信息；已经具备企业级PDM的方法；已经定义了产品开发过程的零件；已经自动化了工作流程，如发布控制和变更管理；有几个PDM应用，有些已经能够集成；在工程、研发和产品开发领域有许多PDM用户；有些部门之间进行电子数据交换；PDM系统与几个应用系统能够集成，如CAD、

ERP；手工参与仍是必需的。

（4）高级阶段。已经有了企业级PDM；已经完全定义了产品开发过程；已经完全定义了产品开发过程需要的所有信息；与客户和供应商的交换电子数据较多；PDM应用完全集成，如文档管理、发布管理、变更管理、工作流程管理、组件管理、配置管理和项目管理；PDM大多数功能得到应用；把产品信息当作企业的价值资源；在工程和产品开发领域之外有许多PDM用户；所有部门之间通过电子数据交换；PDM和相关计算机系统完全自动集成。

3.PDM技术的发展趋势

PDM技术是一个不断发展的技术，其未来发展主要体现在以下几个方面。

（1）提供企业信息建模方法论和相应工具的支持。从PDM的未来发展来看，PDM技术是一门管理技术，它和企业的实际经营状况密切相关，PDM是依托IT技术实现企业最优化管理的有效方法，是科学的管理框架与企业现实问题相结合的产物，是计算技术与企业文化相结合的产品，所以PDM不只是一个简单的技术模型，实施PDM系统必须站在企业管理的高度，并给企业提供相应的方法论，建立一个正确的信息模型，为系统实施打下坚实的基础。

（2）广泛应用面向对象的系统分析和设计技术。随着企业对计算机需求的不断扩大，企业计算机应用系统的开发越来越复杂，而利用传统的设计方法已经不能满足系统开发的需要，因为企业对系统的需求不可能一成不变：由于用户要求的变化、竞争形势的发展与加剧、规则的修改与调整、投资状况的变化、技术的迅猛发展等因素都会使系统需求不断地改变。然而，面向对象的方法因其抽象性和封装性的特点，使其能更好地确定系统的范围和目标，并能很好地适应未来的发展。所以，PDM系统的开发将广泛应用面向对象的方法。

（3）基于互联网、内联网平台发展的PDM产品。互联网的运用已遍及全球，随着应用的深入，未来企业的商务活动将越来越多地在互联网和企业内联网平台上进行，作为企业信息平台的PDM系统，未来PDM产品的开发将越来越多地基于互联网、内联网平台。

（4）从传统的客户机/服务器结构转向三层结构。客户机/服务器结构的出现使计算机应用获得巨大发展，但随着应用的深入，其固有的缺点也显露出来：网络资源的消耗大，系统的安装、配置、升级、维护、培训将耗费大量的人力和物力。三层体系结构是两层体系结构的发展和延伸，它把系统从逻辑上分为三层：用户服务层——完成描述逻辑，应用处理层——完成业务处理逻辑，数据存取层——完成数据存取逻辑。系统应用都集中在应用处理层，客户端只负责结果的显示，系统的改动只需在应用处理层修改即可，所以三层体系结构较好地解决了两层体系结构的固有问题，这就导致PDM的开发从传统的客户机/服务器结构转向三层体系结构。

（5）系统的开放性。PDM技术是集成的技术，集成是其重要特征。作为企业信息集成平台的PDM系统，必须管理企业各种应用系统产生的数据，使应用系统之间达到信息的交流与共享。但随着企业计算机应用的深入，将会有更多不同应用系统产生的信息让PDM系统管理，所以PDM系统要适应未来的发展，必须为更多的应用系统提供标准化的接口。

（6）支持快速定制和开发客户化系统。因PDM系统和企业自身的情况密切相关，实施PDM

系统并不是经过简单的培训就可以的，它必须有一个复杂的客户化过程。目前，因PDM系统的标准化和企业管理的规范化都不完善，所以现在PDM系统的实施还处在“量身定做”的阶段，开发周期很长，耗费大量的人力、物力。由此可以看到，进行PDM系统标准化、模块化的开发，使PDM系统支持快速定制和开发客户化系统将是未来的研究方向之一。

3.3.4 PDM系统应用案例

应用案例

汉东机械PDM项目

深圳市汉东玻璃机械有限公司（以下简称“汉东机械”）是一家具有一定规模及生产能力的玻璃深加工设备专业生产厂家，现已发展成一家具有自行设计、研发、加工、制造、安装及完善的售后服务和拥有自主进出口权的企业。汉东机械于2011年获得广东省著名商标企业，2012年被评为国家高新企业。公司经过多年的研发及积累，不断进取和努力，已先后研发出玻璃清洗干燥机系列、夹层玻璃生产线系列、太阳能玻璃生产线系列、钢化玻璃均质炉系列、专业为太阳能玻璃自动化生产线和建筑玻璃冷加工自动生产线设备集成及设计。

汉东机械的董事长邹某在与三品软件正式达成合作前，曾这样说：“人的青春是有限的，我希望在还有精力管理的时候，把公司的管理业务形成规范的管理体系，这样我也可以放心地功成身退。另外，我也希望保护好公司的核心技术，保证公司的市场竞争力，让跟我这么多年的员工到三十多岁的时候，还能安心地在这个平台上赚钱。”为此，三品软件的PDM产品数据管理平台的实施效果希望能达到以下三个目标。

（1）构建安全高效的企业知识平台。

（2）规范化产品设计流程。

（3）产品数据快速准确地输出。

项目实施效果：在PDM系统中直接用手工建立工艺物料清单，并关联存储图纸，保证了数据的追溯性及与后端系统（ERP）的对接。所有产品数据的发布及更改都在平台上用流程控制，提升产品质量管理。产品数据报表可以快速导出，可以设置自定义过滤条件，不需要人工整理。

汉东机械通过与三品软件携手合作，实施了PDM系统，初步实现了企业信息安全保障，提升了研发数据管理效率。在不久的将来，汉东机械也会随着企业的发展壮大，不断提高设计要求。三品软件将会竭尽所能协助汉东机械匹配相关的管理方案，与其共同成长。

（资料来源：作者根据相关资料整理）

思考题

通过该案例的分析，请阐述汉东机械PDM项目的实施策略。该项目实施后达到了什么效果？

3.4 客户关系管理(CRM)

随着Internet的飞速发展，全世界的企业都在经历着一场变革，即企业在扩大市场、提高效率和保持客户原始商业驱动力不变的情况下，从海量的信息中获取有效的市场情况和客户信息，并及时作出反应，提高企业的竞争力。与此同时，客户的期望也在发生着变化，它们完全可以摆脱传统地域的限制，决定选择哪个供应商。因此，如何最大限度地留住老客户，同时积极发展新客户，成为企业竞争的一个重要方面。客户关系管理(Customer Relationship Management，CRM)，是伴随着Internet和电子商务的大潮进入我国的。最早发展客户关系管理的国家是美国，在1980年便有所谓的"接触管理(Contact Management)"，专门收集客户与企业联系的所有信息，到1990年则演变成包括电话服务中心支持资料分析的客户关怀(Customer care)。

从管理科学的角度考察，客户关系管理源于市场营销理论；从解决方案的角度考察，客户关系管理是将市场营销的科学管理理念通过信息技术手段集成在软件中。近几年，CRM在全球范围内进行了大规模的普及和应用。

市场营销作为一门独立的经济学科已有近百年的历史。近几十年来，市场营销理论和方法极大地推动了全球工商业的发展，深刻地影响着企业的经营观念及人们的生活方式。近年来，信息技术的长足发展为市场营销管理理念的普及和应用开辟了广阔的空间。

3.4.1 CRM的定义

美国高德纳咨询公司给出的客户关系管理的定义为：CRM是代表增进赢利、收入和客户满意度而设计的企业范围的商业战略。该定义强调CRM是一种商业战略而不是一套系统，它涉及的范围是整个企业而不是一个部门，它的战略目标是增进赢利、收入，提升客户满意度。

除上述定义外，CRM还有以下一些定义。

(1)CRM是企业的一项商业策略，它按照客户细分情况有效地组织企业资源，培养以客户为中心的经营行为，以及实施以客户为中心的业务流程，并以此为手段提高企业的获利能力、收入及客户满意度。该定义说明CRM实现的是基于客户细分的一对一营销，所以对企业资源的有效组织和调配是按照客户细分的；以客户为中心不是口号，而是企业的经营行为和业务流程都要围绕客户，通过CRM提高企业利润和客户满意度。

(2)CRM是一种以客户为中心的经营策略，它以信息技术为手段，对业务功能进行重新设计，并对工作流程进行重组。该定义从企业经营的战术角度说明CRM是一种基于企业发展战略的经营策略，这种经营策略是以客户为中心的，不再是产品导向而是客户需求导向。信息技术是CRM实现所凭借的一种手段，这也说明了信息技术对于CRM不是全部也不是必要条件。

（3）CRM是现代营销管理理念和信息技术的完美结合。CRM是以客户为中心，以销售团队管理为核心，以流程与执行力为诉求的企业级的“企业运营管理”平台。该定义较完善地阐述了CRM是企业级运营平台，强调客户与团队的结合。

从不同角度对CRM的定义说明，CRM不仅是一个软件，它还是方法论、软件和IT能力综合，是商业策略。

3.4.2 CRM的基本功能

一般而言，将CRM的基本功能分为市场营销、销售管理、服务管理、分析及呼叫中心五个子系统，其相关功能如下。

1.市场营销子系统

（1）客户细分。该功能模块通常能实现如下功能。

①基于分析数据的客户细分，包括细分的优化、数据挖掘及集群分析。

②多数据源存取。

③数据可视化，可带来对客户更深入的洞察。

④将对照组与目标组分开，支持试销及确认市场活动效果。

（2）活动管理。该功能模块通常能实现如下功能。

①销售渠道及阶段性支持。

②日程表功能，可提升营销活动之间的协作。

③通过流程建模实现完全自动的、事件触发的活动执行。

④支持特别活动的特别定价策略。

⑤横跨所有交互渠道的个性化消息。

⑥与财务集成真正闭环的投资回报率（Return On Investment，ROI）分析。

（3）促销管理。该功能模块通常能实现如下功能。

①交易计划和预算。

②促销计划。

③交易量预测。

④计单和收费、争议处理。

⑤零售确认和付款。

⑥促销活动分析。

（4）线索管理。该功能模块通常能实现如下功能。

①对多种渠道得到的线索进行筛选，渠道包括交互中心、网络、门户、手持设备等。

②手动及自动分派线索给内部员工及外部合作伙伴。

③外部用户表管理，对购买或租借的用户表进行筛选。

④广泛的线索分析，更深入地了解销售管道。

（5）个性化。该功能模块通常能实现如下功能。

①人性化的邮件格式。

②基于动态分析（数据挖掘）的动态交叉与升级销售规则。

③依客户兴趣而定的最佳销售员列表。

④规则应用于交互中心及网上销售。

（6）营销分析。该功能模块通常能实现如下功能。

①使用各种先进的工具对客户、目标市场、竞争对手、市场渠道、销售走势、获利能力、第三方市场数据等进行综合分析。

②将市场方案的规划、组织、预算工作分解到每个细节。

③利用商业智能的内置分析功能，快速掌握并分析客户、产品、销售、销售地区和竞争活动等方面的数据。

④监控计划付诸实施后的实际效果。

2. 销售管理子系统

（1）销售计划和预测。该功能模块通常能实现提供所有计划和预测信息的即时图形分析和报表功能。这些关键特性描绘了一段时间内预测收入和产品数量的完整图，确保计划和预测的准确性。

（2）地域管理。该功能模块通常能实现：销售人员可以结构化和组织各自的市场功能，方法是根据选择标准（如大小、距离、产品、访问次数等）将市场分为多个地域，使销售人员能更有效地开展工作。

（3）账户和联系管理。该功能模块通常能实现如下功能。

①提供有关客户和潜在客户的多维度视图，按时间组织日程，跟踪所有客户。

②捕获、监视和跟踪所有关键信息，如参数文件、完整的交互信息和关键关系的概览。

（4）活动管理。该功能模块通常能实现使销售代表和经理可以分配所有任务和业务活动的资源功能，以便销售人员可以有效地监视和管理工作。

（5）机会管理。该功能模块通常能实现从始至终跟踪每个销售项目的进程，为销售人员提供销售机会的多维度视图，通过提供完全可视的机会历史记录、关键时间、进度，识别关键决策人及他们的要求，预测销售量和结束日期功能。

（6）报价和订单管理。该功能模块通常能实现如下功能。

①管理所有销售文档，包括询价、报价、订单、合同等。

②以流程驱动、需求优化的方式，与后台交易系统集成处理订单。

③控制产品和定价趋势，计算税费、监控获利空间。

（7）合同管理。该功能模块通常能实现如下功能。

①使用户可以轻松地自动开发、验证、修订并提交针对每个客户的合同。

②与销售分析集成可以提供有关合同完成、最畅销产品、实现率和注销原因的分析报告。

(8)激励和佣金管理。该功能模块通常能实现如下功能。

①对组织的生成结构和复杂激励计划进行建模，大大提高了计算引擎的灵活性。

②给销售人员提供即时和可视化的后备销售机会所带来的可能收入和当前业绩的价值。

③公司主管可以更精确地估算销售成本。

(9)销售分析。该功能模块通常能实现如下功能。

①通过先进的销售分析工具测评并管理销售工作，包括每一个客户的获利能力。

②提供过去及现在的销售成绩的完整视图，帮助公司主管对销售组织进行管理及决策的制定。

3.服务管理子系统

(1)资源规划及优化。该功能模块通常能实现如下功能。

①用于协助合格的现场服务代表顺利有效地处理有关外部服务的客户请求。

②客户最初与服务机构进行联系时，能够从可预约的时间列表中选择合适的约定时间。

(2)客户关怀和服务台。该功能模块通常能实现：一线服务支持人员可以通过访问所需的大量一致的信息，快速有效地解决客户提出的问题的功能，无论客户通过交互中心、互联网，还是面对面联系。

(3)合同管理。该功能模块通常能实现如下功能。

①处理客户合同中的记录和细节问题，包括服务级别协议、质保程序和质量监控等。

②满足产品质量改善部门的监控及改进质量的需求。

(4)企业智能。该功能模块通常能实现：利用在集成解决方案数据库环境下运行的先进的搜索运算和智能代理功能，以指导和互动的方式解决服务中出现的问题。它被综合运用于客服体系的各模块中，从而对售后信息、业务流、网点结算等各项业务提供极大的支持。

(5)现场服务与调度。该功能模块通常能实现如下功能。

①最大限度地提高现场服务人员的工作效率，从而提高客户的满意度，减少服务呼叫次数。

②更有效地管理整个服务过程，包括预测和日程安排、库存量、返工、合同、资源分配、质量统计等方面的管理。

③用实时无缝的通信方式提供重点客户的资料和诊断信息。

(6)修复与退货。该功能模块通常能实现：从最初的客户呼叫到最终出发票过程中的物料退回授权和对回厂修复服务的进程管理功能。

(7)服务分析。该功能模块通常能实现如下功能。

①通过测评获利能力、响应能力、满意度、产品可靠性和成本，不断提高服务质量。

②通过对服务费用的监控来控制成本。

4.分析子系统

(1)产品分析。该功能模块通常能实现：识别客户喜欢的产品和产品的属性功能，以引导企业的产品生产，着重于生产提高销售额的产品。

（2）营销分析。该功能模块通常能实现如下功能。

①基于最准确的数据信息拓展新的业务市场。

②针对更多的目标群体开展准确的客户分类策略。

③基于准确的数据编制营销计划和激励活动，并优化成本支出等。

（3）销售分析。该功能模块通常能实现如下功能。

①计划更有效、利润更高的销售活动。使用户可以便捷地了解财务状况和销售机构的总体效率。

②有助于获取一些必要数据，以分析趋势、衡量客户忠诚度和收入不足情况，并预测未来的机会。

（4）服务分析。该功能模块通常能实现如下功能。

①服务机构可以协调运营、计划和预测情报，以便优化服务。

②服务经理可以有效使用企业资源，确保资源（如人力资源、技术、产品和服务等）可以获取最佳投资回报。

③评估服务人员的服务绩效的方方面面，包括质量、成本和收益率等。

（5）渠道分析。该功能模块通常能实现如下功能。

①收集来自优化资源所必须了解的各种渠道的绩效数据。

②运用分析功能标识客户行为特性并分析其业绩。

③提高客户交互中心的效率，并通过所有渠道分析其创造的利润。

5. 呼叫中心子系统

呼叫中心又叫作客户服务中心，它是一种基于计算机电话集成（Computer Telephone Integration，CTI）技术，充分利用通信网络和计算机网络的多项功能集成，并与企业连为一体的一个完整的综合信息服务系统。该系统利用各种先进的通信手段，有效地为客户提供高质量、高效率、全方位的服务。该系统具有交互式语音应答（Interactive Voice Response，IVR）、自动呼叫分配（Automatic Call Distribution，ACD）、自动话务员、来电弹出屏（Computer Telecommunication Intergration，CTI）、通话录音、数据可视化报告等功能，可以自动灵活地处理大量各种不同的电话呼入及呼出业务及服务的运营操作场所。

（1）交互式语音应答（IVR）。呼叫系统的交互式语音应答模式可以满足各种业务场景，现有技术支持可视化展示，操作简单并能支持深入导航设置。IVR也可将数据传送到ACD系统，以帮助系统进行正确的呼叫引导。企业用户通过使用系统工具，就能获取客户信息，大部分的呼叫工作可以自动完成，以帮助企业降低运营成本、增加营收。

（2）自动呼叫分配（ACD）。在使用中，呼叫会立即获得应答，而且通过智能化系统帮助咨询者分配给适合的人员接待。专业的电话系统能够将各类等待中的来电合理分配，避免让咨询者长时间等待。自动监督来电排列的有序性，并根据先后顺序、紧急性等因素优先接入。

ACD系统适用场景多，能切实满足用户业务联络需求。

（3）自动话务员。在日常工作中，自动话务员功能可以使咨询者自动进入合适的呼叫队列，能够提示咨询者通过电话按键选择所需要的服务，现在很多系统已经能够识别咨询者的业务请求，从而转接给相应的工作人员，或是进入相应的模块，进一步开启业务办理及合作。

（4）来电弹出屏（CTI）。应用中可以将来电信息送达前端页面，即来电弹屏。来电信息显示非常完整，包括客户信息和历史沟通记录。随着系统集成技术的普遍应用，数据在呼叫时可以自动显示，在近几年的发展中，已经逐步形成语音数据及多媒体信号的集成。

（5）通话录音。用户使用呼叫中心系统，就能针对通话过程进行录音保存。保存的录音可以作为工作检查或是工作依据，在处理相关问题时，能够快速查明实际情况。调取通话录音十分方便，通过搜索日期、关键字、号码等方式可以快速调取记录。例如，以销售为主的企业通常会使用操作系统来记录与客户沟通的内容，从而找出话务人员沟通存在的问题，提高业务能力。

（6）数据可视化报告。该功能可以将客户信息、通话时间、客户反馈信息根据座席、小组、部门等维度提取报告，以便管理者对销售工作的进展情况有清晰的了解。

3.4.3 CRM实施对企业的影响

国外权威机构对成功实施CRM系统企业的调查表明：成功实施CRM系统之后，每个销售员的销售额增加了51%，顾客的满意度提高了20%，销售和服务的成本降低了21%，而销售周期缩短了33%，利润增加了20%。同时，企业实施CRM系统后，在管理上能够给企业带来一些有益的变化，主要体现在以下几方面。

1.以客户为中心的业务流程

CRM首先为企业建立一个真正以客户为中心的业务流程，在吸引、获得、保留和管理客户的过程中，涉及企业的市场、销售、服务和其他部门，甚至每一个员工都要在客户中树立一个统一的良好的企业形象。每一个接触客户的部门和员工都作为客户接触点来管理，因为客户在接触企业时可能遇到的并不一定是负责客户管理的部门或人员，但恰恰是这个第一接触点给客户造成的企业形象直接影响了客户对企业的印象及其购买行为，所以CRM不仅是客户服务部门，还应是所有企业人员都要参与的。

2.市场链自动化流程

CRM围绕市场营销为企业建立一个自动化的市场链流程。在这个自动化市场链流程中，企业可以进行客户细分与产品定位、市场推广和产品推广，并针对细分的大客户执行大客户销售策略。同时，整合合作伙伴进行渠道销售，加强客户服务的协作，并能够对整个营销流程进行丰富的信息分析，作为营销决策的参考。

3.便捷通畅的客户沟通渠道

因为企业与客户的接触点越来越多，所以需要通过CRM建立畅通的客户沟通渠道，无论是传统的面对面或打电话，还是通过呼叫中心、先进的网络等，都可以便捷地被接入一致的客户沟通中心。

4.丰富的客户数据信息库

客户是企业发展最重要的资源之一，CRM可以通过与客户的多种交互渠道有效地建立一个客户信息库，包括客户的所有信息，并且每一个客户的信息会不断地更新。

5.准确的客户细分与评估

CRM能够支持企业进行精准的客户细分，并且可以是多维度的细分。以往企业没有客户价值评估，或是有较为笼统的价值评估，实施CRM后，企业在客户细分和定位的基础上还能进行客户的价值量化。

6.针对性的一对一市场营销

以往企业的市场营销都是针对大众的，通常是面对所有客户的通用性营销方案。现在通过CRM可以进行一对一营销，对应不同的客户细分和客户需求进行差异化营销。

7.高效规范的营销管理方法

通过CRM，企业不仅可以有效地进行营销方案的响应管理和效果评估，确保营销的精确投放，还可以通过销售过程进行分阶段管理，建立对销售过程的管理和量化管理。

8.快速市场反应监控能力

以往企业对市场进行人为监控，现在是系统实时监控。基于客户关系建立的快速市场反应监控能力，有助于提升企业的核心竞争力。

9.良好的培训环境

CRM协助企业塑造学习型组织，加强企业的知识管理，让企业的每一位员工都能在良好的自学环境中不断提升自己，从而提升企业的整体价值。CRM通过提供远程培训方法，为员工提供良好的辅导、丰富的案例库和知识库等学习环境。

3.4.4 CRM应用分类

当前的CRM系统应用，因管理策略和技术应用不同，可以分为以下三种类型。

1.操作型CRM

操作型CRM系统主要是通过业务流程的定制实施，让企业员工在销售、营销和服务支持时，能够用最佳方法提高效率。例如，销售自动化（Sales Force Automation）、营销自动化（Marketing Automation）、客服自动化（Customer Service Automation）及移动办公（Mobile Sales）、现场服务（Field Service）软件工具等的应用，都属于操作型CRM系统的范畴。简单来说，操作型CRM可以是“快速并正确地做事”，也就是按照规章制度的要求和流程标准高效率工作。如果企业是第一次使用这样的系统，就适合使用偏重该类型的CRM系统。

2.运营型CRM

运营型CRM系统建立在这样一种概念上：客户管理在企业成功方面起着很重要的作用，它要求所有业务流程的流线化和自动化，包括多个客户接触点的整合，前台和后台运营之间的平滑连接。运营型CRM是最原始、最根本的系统应用。企业可以应用CRM系统计划、管理、控制、总结和简单统计整个业务流程及结果数据，并通过分析运营型CRM系统中获得的各种数据，为企业的经营、决策提供可靠的、量化的依据。

3.分析型CRM

分析型CRM系统采用数据仓库、在线/实时事务分析和数据挖掘等方法，分析企业业务积累和当前应用所产生的相关数据，从而实现客户群体分类分析和行为分析、客户效益分析和预测、客户背景分析、客户满意度分析、交叉销售、产品及服务使用分析、客户信用分析、客户流失分析、欺诈发现、市场分类分析、市场竞争分析、客户服务优化等。这些分析可被纳入以下四个阶段：①进行客户分析；②将市场分段信息应用于客户分析；③进行日常市场活动分析；④预报客户行为的分析模型。

3.4.5 CRM应用案例

应用案例

Zoho CRM助力锐峰先科技术有限公司

2021年8月，Zoho CRM与锐峰先科技术有限公司（以下简称“锐峰先科”）达成合作，旨在全面提升业务洞察，实现企业规模化增长。在Zoho CRM的帮助下，锐峰先科实现了复杂销售流程自动化及对业务环节进行全周期实时监控，全面提升业务洞察力。

1.业务全流程数字化

Zoho CRM帮助锐峰先科梳理了L2C的全流程，实现了包含线索留存与分配、客户信息沉淀与360°视图、商机管理、合同订单至回款管理的全链路数字化管理。以锐峰先科销售过程中的数据关键为引擎，贯穿其业务端到端的所有数据，为彻底消除销售过程中产生的“信息孤岛”，提供了一个平台型的运营系统，提升了销售工作效率。

2.高效挖掘数据价值

锐峰先科具备多地区支持网络，沉淀了较为完整、复杂的业务数据。利用这些数据为业务带来价值，是锐峰先科更进一步的需求。Zoho CRM帮助锐峰先科深入了解自身的业务状况，通过自定义报表呈现销售趋势、市场营销、团队业绩与业务数据洞察，让管理者轻松了解业务数据背后的价值。

（资料来源：作者根据相关资料整理）

3.5 供应链管理(SCM)

20世纪90年代以来，随着卖方市场向买方市场的转变，经济全球化扩大了企业竞争的空间范围。激烈的竞争形势既要求企业对产品需求作出快速反应，也促使企业重新审视自己的核心业务，将增值能力弱或根本不增值的业务环节外包给在这些方面拥有核心竞争力的企业。在这种背景下，一种新的管理模式——供应链管理应运而生。国际上很多大型企业从20世纪80年代兴起横向一体化思维，即利用外部资源快速响应市场需求，企业只抓有核心竞争力的业务，而非核心业务则委托或外包给具有专长的合作企业。这样，企业的核心业务可以利用其他企业的资源缩短新产品开发周期，避免丧失市场机会的风险和投资负担。供应链联系着最终客户和最初的供应商，通过客户需求把供应商的供应商、企业的供应商、企业自身、企业的直接客户和客户的客户贯穿成一条价值链。而供应链管理正是对价值链上的各个环节进行管理，通过各种新方法、新技术的运用，达到降低成本、提高效率、增加顾客满意度并最终提高企业竞争力的目的。

如今，随着企业信息化建设的快速发展及电子商务浪潮的冲击，供应链管理已被视为企业运营成功的关键。实施供应链管理的企业与战略性供应商共同设计、创造及分享市场供求信息，其运作空间已经无限延伸至企业运营领域之外。同时，传统企业间的竞争方式也随之转变为企业供应链之间的竞争，即企业本体、供应链合作伙伴乃至整个行业都把注意力聚焦于供应链管理的信息化、一体化和全球化。无论是制造业、物流业，还是商品流通业，都加快了供应链优化或重组的步伐，以确立在网络经济时代的竞争优势。

供应链是企业的生命线，市场竞争日益激烈，使得单纯以价格为主要内容进行产品竞争是远远不够的，现在的市场竞争是产品、服务、渠道、品牌的全方位竞争，其实质就是供应链的竞争。美国通用电气公司前首席执行官和董事长杰克·韦尔奇曾说:“如果在供应链运作上不具备竞争优势，那么，你干脆就不要竞争。”供应链已经成为企业的生命线，只有对供应链进行不断的优化整合，才能使企业在当今市场竞争中立于不败之地。

3.5.1 SCM的定义

供应链管理(Supply Chain Management，SCM)是一种集成的管理思想和方法，它执行供应链中从供应商到最终用户的物流计划和控制等职能。从单一的企业角度来看，SCM是指企业通过改善上下游供应链关系，整合和优化供应链中的信息流、物流、资金流，以获得企业的竞争优势。

也可定义为，SCM是围绕核心企业，主要通过信息手段对供应链各个环节中的各种物料、资金、信息等资源进行计划、调度、调配、控制与利用，形成用户、零售商、分销商、制造商、采购供应商全部供应过程的功能整合。

SCM是企业的有效性管理，表现了企业在战略和战术上对企业整个作业流程的优化。整合并优化了供应商、制造商、零售商的业务效率，使商品以正确的数量、正确的品质，在正确的地点、以正确的时间、最佳的成本进行生产和销售。

SCM应用是在ERP的基础上发展起来的，它把公司的制造过程、库存系统和供应商产生的数据合并在一起，从一个统一的视角展示产品建造过程中的各种影响因素。供应链是企业赖以生存的商业循环系统，是企业电子商务管理中最重要的课题。

SCM主要是一种整合整条供应链信息及规划决策，并使用自动化和最佳化信息基础架构的软件，目的在于达到整条供应链的最佳化（在现有资源下达到最高客户价值的满足），是一种新的决策智能型软件，覆盖在所有供应链公司的ERP和交易处理系统之上。

SCM通常具有一个转换接口，用以整合供应链上各公司的应用系统（尤其是ERP系统）及各种资料形态，此转换会通过标准中介工具或技术（如DCOM、COBRA、ODBC等），提供与主要决策系统互动的功能。

3.5.2 SCM的发展及基本内容

1. SCM的发展

根据实现力度、规范化程度，SCM发展过程可以分为以下四个阶段。

（1）供应管理（Supply Management）。这个阶段围绕着内部MRP系统建构，仅涵盖第一层级的供应商。大多数互动是通过文件，很少涉及状态的回报，厂商之间的信息交流皆与交易相关，包括报价、采购订单及相关新闻稿。

（2）供应链管理（Supply Chain Management）。这个阶段的特性是涵盖范围扩及第二层级以上的供应商。这样不但增加状态回报，厂商之间也有部分资料分享，彼此的关系也变得更加复杂。除了与交易相关的信息交流外，还增加了一些数据的流通。

（3）供应链整合管理（Supply Chain Integration）。这个阶段将供应链提升至参与各方的协同，包括策略性规划与风险分享。各层级的信息交流已不再局限于与交易或数据相关，而是包括各种不同的资讯。

（4）需求/供应网络协同（Demand/Supply Network Collaboration）。在供应链中，各厂商之间的合作互动与主动作用，是建立在“自由且同步地在供应网络中流动的重要资讯”的基础上。

2. SCM的基本内容

SCM主要包括以下五个基本内容。

（1）计划。计划是SCM的策略性部分。任何企业均需要一个管理所有资源的策略，以满足客户对企业的产品需求。好的计划是建立一系列的方法监控供应链，使它能够有效、低成本地为顾客传递高质量和高价值的产品或服务。

（2）采购。选择能为企业的产品和服务提供货品和服务的供应商，和供应商建立一套定价、配送和付款流程，设法对其进行监控和改善管理，并把对供应商提供的货品和服务的管理流程结合起来，包括提货、核实货单、转送货物到制造部门并批准对供应商的付款等。

（3）制造。制造即安排生产、测试、打包和准备送货所需的工作，是供应链中测量内容最多的部分，包括质量水平、产品产量和工人的生产效率等数据。

（4）配送。配送也称为"（企业内部）物流"，是指调整用户的订单收据、建立仓库网络、派递送人员提货并送货到顾客手中、建立货品计价系统、接收付款的一套完整体系。

（5）退货。退货是供应链中的问题处理部分，包括建立接收客户退回的次品和多余产品的渠道和网络，并在客户应用产品出问题时提供支持服务。

3.5.3　供应链的基本构成及基本流程

1. 供应链的基本构成

一般来说，构成供应链的基本要素包括以下几个。

（1）供应商。供应商是指给生产厂家提供原材料或零部件的企业。

（2）厂家。厂家即产品制造商，负责产品的生产、开发和售后服务等。

（3）分销企业。分销企业是指为实现将产品送到经营范围的每一个角落而设置的产品流通代理企业。

（4）零售企业。零售企业是指将产品销售给消费者的企业。

（5）物流企业。物流企业即上述企业之外专门提供物流服务的企业。其中，批发、零售、物流业也可统称为流通业。

2. 供应链的基本流程

供应链一般包括物资流通、商业流通、信息流通、资金流通四个流程。这四个流程有各自不同的功能及不同的流通方向。

（1）物资流通。该流程主要是指物资（商品）的流通过程，是一个发送货物的程序。该流程的流通方向是从供应商经由厂家、批发与物流、零售商等指向消费者。长期以来，企业管理都是围绕产品实物展开的，因此目前物资流通流程被人们广泛重视。许多物流理论都涉及如何在物资流通过程中，在短时间内以低成本将货物送出去。

（2）商业流通。该流程主要是指买卖的流通过程，即接受订货、签订合同等的商业流程。该流程的流通方向是在供应商与消费者之间双向流动。目前，商业流通形式趋于多元化，既有传统的店铺销售、上门销售、邮购等方式，又有通过互联网等新兴媒体购物的电子商务形式。

（3）信息流通。该流程是商品及信息交易的流程。该流程的流通方向也在供应商与消费者之间双向流动。过去人们往往把重点放在看得到的实物上，因而信息流通一直被忽视。如今，企业及社会均十分重视商品信息及信息的流通，信息化建设就是要优化信息流通的流程。

（4）资金流通。该流程是指货币的流通。为了保障企业的正常运作，必须确保资金的及时回收，否则企业就无法建立完善的经营体系。该流程的流通方向是从消费者经由零售商、批发与物流、厂家等指向供应商。

3.5.4 企业实施SCM的作用

企业通过实施SCM可起到以下三个作用。

1. 有效整合企业内外资源

SCM把产品在满足客户需求的过程中对成本有影响的各个成员单位都考虑在内，包括从原材料供应商、制造商到仓库，再经过配送中心到渠道商。在供应链分析中，有必要考虑供应商的供应商及顾客的顾客，因为它们对供应链的业绩也是有影响的。SCM是围绕供应商、制造商、仓库、配送中心和渠道商有机结合成一体的主题展开的，因此它包括企业许多层次上的活动，如战略层次、战术层次和作业层次等。

2. 追求整体效益和总成本最低化

SCM的目的在于追求整条供应链的整体效率和整个系统费用的有效性，力图使系统总成本降至最低。因此，SCM的重点不在于简单地使某个供应链成员的运输成本达到最低或减少库存，而在于通过采用系统方法协调供应链成员，以使整条供应链的总成本最低，使整个供应链系统处于流畅的运作中。

SCM能够降低总成本，主要表现在以下四个方面。一是通过供应链上企业之间的信息共享，最大限度地消除了由于信息失真而产生的“牛鞭效应”，减少或消除存货和存货不当导致的各种浪费。二是供应链上各节点企业都围绕用户需求，专注于自己具有专业技能和相对优势的业务，可以从专业化和规模化方面获得规模经济性，使其具有低成本的优势，也可以通过专业储备减少产品开发成本在产品中的分摊。三是供应链企业间建立长期的战略合作伙伴关系，可以获得较低的交易成本。四是通过延迟制造技术的应用和协同效应，可以最大限度地降低使用资金成本和过程成本等。

3. 提升企业的可持续核心竞争能力

企业的竞争优势源于以比竞争对手更低的成本、更快的速度来发展自身的能力，源于能够产生强大竞争力的核心能力。由于资源的稀缺性，任何企业拥有的资源都是有限的，不可能在所有业务领域都获得竞争优势，企业必须将有限的资源集中在擅长的核心业务上。

核心竞争力是企业独有的能使企业在某一市场取得长期竞争优势的内在能力资源，是企业所具有的竞争优势和区别于竞争对手的知识体系。核心竞争力不仅表现为关键技术、关键设备和企业的运行机制上，更表现为它们之间的有机融合，是各种能力的提升。企业实施SCM战略，通过信息共享、同步化运作及业务外包等策略和手段，使供应链核心企业有精力从事具有相对优势的业务，专注于核心竞争能力的提升。同时，供应链上的其他企业也可以专注于具有相对优势的业务，通过专业化和规模化获得规模经济。企业在降低整体供应链成本、缩短开发周期和提高服务水平的同时，通过实施有效的SCM形成供应链独特的知识和技能，提升供应链的核心竞争力。

3.5.5 SCM应用案例

应用案例

京东物流可信供应链物流服务平台

京东物流首创的基于区块链技术实现物流签单返还的供应链运营模式，不仅有效降低了纸质运单成本，提升了运营效率和消费者体验，还大量减少了物流快递行业使用纸质单据带来的碳排放，是供应链物流行业低碳可持续创新过程中重要的“脱碳”技术。

京东物流基于区块链的供应链物流单证服务平台，能够解决传统纸质单据签收不及时、易丢失、易篡改、管理成本高等问题。数字签名技术让单据异常得以及时处理不再是难题。在物流配送过程中发现单据异常后能及时修正，并实时将修改的数据上链，双方运营结算人员可以及时获取准确的数据，实现单据流与信息流合一，也为监管机构提供了便利。利用联盟链技术和物流供应链核心企业优势，还可以衍生出更多的应用场景，如利用区块链上可信的单据与交易数据，为供应链金融提供保理服务，解决中小企业融资难、融资成本高的问题。

对消费者而言，区块链结合物联网、RFID、LBS等技术能充分确保商品物流状态的真实性、完整性、可靠性，进一步减少包裹丢失、调包等物流异常问题的发生，大幅提升快递收寄体验。

作为中国领先的技术驱动型一体化供应链物流服务商，京东物流始终聚焦“成本、效率、体验”，协同上下游致力于实现供应链全链路降本增效。同时，将自身积累的新型实体企业发展经验和长期技术投入所带来的数智化能力持续开放，服务实体经济和绿色生态，持续创造社会价值。

（资料来源：央广网）

思考题

通过该案例的分析，请阐述京东物流可信供应链物流服务平台的运营模式。你认为通过该案例能为我国企业提供怎样的示范作用。

建发股份钢铁集团供应链

建发股份钢铁集团（以下简称“建发钢铁”）实施的国际化战略是建发钢铁的核心发展战略之一，“走出去”是为了更好地连接全球钢铁产业优质资源，为全球钢铁产业客户提供全链路综合供应链服务。在全球化布局上，建发钢铁坚持“由近及远”的市场布局策略，从跨步东南亚地区到迈向全球市场，先后在20多个国家和地区开设子公司及办事处。

建发钢铁依托全球网络布局、行业领先的风控体系和专业运营团队，整合物流、信息、金融、商品、市场五大资源，摒弃传统贸易博弈理念，积极融入国内国际“双循环”，开拓

“双市场”，为海外100多个国家和地区的钢铁产业链上下游客户提供“LIFT全球供应链服务”，帮助客户降本增效，既保障了钢铁供应链业务的快捷与安全，又提升了钢铁供应链业务的弹性与韧性。

（1）连接全球物流资源，畅通物流通道，为客户提供全球化供应链运营物流服务。建发钢铁整合了船东、海外港口、海外仓库等物流资源，为客户提供集约化物流采购、物流方案规划、进出口通关、库存管理、逆向供应链等各类物流服务，发挥跨境物流管理能力和海外仓优势，规划高效的运输和仓储方案，为国内外客户打通全球物流新通道，保障物资的高效流转。

（2）聚合动态、精准的信息资源，为客户提供及时有效的供应链信息解决方案。建发钢铁拥有专业的全球信息收集团队和法务咨询团队，能及时掌握和动态分析市场行情、交易信息、物流信息、贸易政策信息等关键信息资源，并能通过专业的供应链管理平台提供技术支持和安全保障。此外，建发钢铁借助人工智能、大数据、物联网等新技术不断提升供应链数字化水平，开发了企业服务总线平台、仓库巡库盘点系统、电子签约平台、大数据分析平台，助力供应链运营效率及服务水平的全面提升。

（3）发挥金融资源赋能优势，为客户生产运营匹配供应链金融解决方案。建发钢铁依托国际化平台优势，整合多种金融工具，灵活使用远期信用证押汇、福费廷、远期锁汇等金融工具，帮助客户节约跨境融资成本。同时，建发钢铁拥有稳定合作的金融机构、充足的融资额度和丰富的国际结算管理经验，能有效应对错综复杂的贸易结算方式带来的收汇风险，帮助上下游产业伙伴客户节约跨境融资成本，优化运营成本。疫情期间，建发钢铁借助金融资源优势，灵活利用多种金融工具，有效缓解上下游企业生产现金流压力，支持其复工复产，保障供应链的韧性。

（4）深入洞察商品资源与市场资源供需情况，为钢铁产业上下游客户提供全链路商务服务。建发钢铁凭借领先行业的供应链风控体系，通过全面的客户资信评估与出口信用风险管理，保障供应链运营全链条在具备韧性的同时保持相应的弹性。当前，建发钢铁全球供应链运营涉及的不仅有钢材成品，还包括海外废钢及铁合金资源等冶金原料，通过拓展多元化的原料进口渠道，保证上游生产的各类原料高效、安全交付。

未来，建发钢铁将深化“走出去”战略，积极融入国内国际“双循环”的新发展格局中，继续紧随“一带一路”倡议、“RCEP协议”等，布局国际市场，助力海内外市场的畅通互联和全球钢铁产业的繁荣。

（资料来源：作者根据相关资料整理）

思考题

通过该案例的分析，请阐述建发钢铁是如何发挥金融资源赋能优势，为客户生产运营匹配供应链金融解决方案的？

3.6 业务流程管理(BPM)

部署业务流程管理(Business Process Management，BPM)是企业提高组织内部敏捷性、促进业务流程改进、增强组织灵活性和适应性的关键且带有战略性的决策。尽管BPM技术在国内从概念、方法、产品到客户认识等方面还存在诸多问题，但BPM技术和客户认知正在以不可逆转的速度高速成长，这将会成为企业部署BPM的关键阶段。

3.6.1 BPM概述

1.BPM的定义

业务流程管理(BPM)是一套达成企业各种业务环节整合的全面管理模式。BPM是指根据业务环境的变化，推进人与人之间、人与系统之间及系统与系统之间的整合及调整的经营方法与解决方案的IT工具，通常以Internet方式实现信息传递、数据同步、业务监控和企业业务流程的持续升级优化，从而实现跨应用、跨部门、跨合作伙伴与客户的企业运作。显而易见，BPM不但涵盖了传统“工作流”的流程传递、流程监控的范畴，而且突破了传统“工作流”技术的瓶颈。通过对企业内部及外部的业务流程的整个生命周期进行建模、自动化、管理监控和优化，使企业成本降低，利润得以大幅提升。BPM的推出，是企业管理理念的一次划时代飞跃。

2.BPM与ERP的不同点

BPM与ERP的不同主要体现在以下几个方面。

(1)在管理理念上，ERP以MRP、MRP Ⅱ为核心，其管理思想一般以供应链、生产制造和财务为核心；而BPM则从提升企业整体业务绩效、降低反馈周期和适应变化调整为目标，以流程为导向，聚焦客户体验和核心价值。

(2)在实施范围上，ERP以企业的业务职能部门为核心，而BPM则自上而下，贯穿企业内部与外部组织。ERP和BPM存在截然不同的管理结构特征：ERP属于面向业务交易类(作业层)的微观紧密集成，如ERP制造策略按订单介入时间点，提供面向库存生产、面向订单生产、面向订单装配、面向订单设计；而BPM则面向战略决策、运营管理类(高层)提供宏观敏捷协作，以提升企业整体业务绩效、降低反馈周期和适应变化调整为目标，如围绕客户订单满意度的采购、设计、生产、配送、安装、售后等一系列过程化流程管理。

(3)在实施过程上，BPM更关注为企业树立一种理念，对现有业务进行全面分析梳理，确定重要流程持续化；而ERP则是对企业进行深度变革，创造一个新的业务、组织模型。将企业的经营活动分为战略层、运营层和作业层，完整的IT信息系统规划提供了对这三个层面的支持，BPM得以有效集成ERP作业层管理，这将使企业战略、决策和作业的敏捷化、自动化提升到一个前所未有的新高度。

3.BPM与OA的不同点

BPM与OA的不同主要体现在以下几个方面。

（1）OA旨在使企业内部人员方便快捷地共享信息，高效地协同工作。OA在我国企业管理软件领域将以人为本的高效协作发挥到极致，成为企业部署协同管理的基础。

（2）企业经营管控是对企业的组织（人）和业务过程（事）的管控。OA重在强调以个人为中心的信息协作，自主发散、行为无序地将信息通过协作工具进行传递和沟通；而BPM则是以端到端（人与人、人与系统、系统与系统）为中心的协作，重视企业从战略到执行自上而下的流程化、规范化管理，重视全局的管控模式并不断优化，在管理结构上通常以流程为主线，提倡规范化、持续优化的绩效管理模式。

（3）BPM能够弥补OA在管理规范性和管控方面的不足，由于OA概念的边界模糊，管控观念和技术手段缺乏统一，随着协同市场的成熟，在未来可能会被作为BPM整体解决方案的一部分融合其中，继而BPM将进一步完善协同管理理念，BPM技术将成为未来协同产品的核心技术，成为企业跨组织、组织内、跨部门、部门内、个人的统一协作流程管控平台。

3.6.2 BPM的基本类型

目前，企业所采用的BPM主要有以下四种类型。

（1）面向工作流的BPM。工作流描述了在BPM中人与人的交互和人与系统的交互。根据独立分析师桑迪·凯姆斯利所述，工作流就是我们所熟知的BPM的初始阶段。凯姆斯利指出，一开始就有工作流，更确切地说，在预先确定的流程图中有一个扫描过的人与人之间交互的路由文档。

在当代BPM的大背景下，工作流和企业应用集成（Enterprise Application Integration，EAI）一样重要，并在某种程度上可以看作人的集成。工作流BPM旨在优化业务流程中以人为本的活动，这些措施包括活动监控、流程治理，正如BPM的成因，其是对未完成文档向下进一步处理的编制。

（2）面向文档的BPM。文档管理和工作流齐头并进。当文件穿过工作流时，追踪文件的去向及其变动，维护文档记录的可靠性、安全性、可用性等成为业务的必要元素。今天的企业文档管理系统利用计算机技术提供存储、安全、索引和检索选项，其可用性正日益重要，因为多方参与者经常需要凭借多个应用使用同一个文件。因此，依靠现有业务系统的集成是面向文档BPM成功的一个主要元素。

（3）面向业务规则的BPM。业务规则管理系统承担了类似以建模为中心的BPM工具的角色。以建模为中心的方法起初倾向于自上而下地工作，这些工作就是在模型中用特殊符号描述一个组织或组织的改进。近年来，一些工具厂商已经完成对可执行模型的支持，他们的模型可以生成或者帮助形成可用的业务逻辑代码。与上述介绍的其他类型的BPM系统相比，业务规则引擎在纯BPM系统中的规模将变得更大。

（4）面向EAI的BPM。在20世纪90年代，不同系统对集成可操作型数据方法的改进，采取的是EAI的形式。虽然这些往往是一对一的集成，但许多架构师都倾向于把数据集成问题看成业务流程问题。同样地，一些架构师期望根据B2B或EDI集成的过程自动化。

3.6.3 企业实施BPM的方法及作用

1.企业实施BPM的方法

企业实施BPM应从以下几个方面入手。

（1）需要企业高度确定对BPM的需求有多大。某个成功企业解决方案只是一次具体的实施应用，同样的方案未必适合另一个企业，因为每个企业都有不同的文化、市场定位及自己的战略目标。BPM尽管在众多的企业应用中已经取得良好的效果，但在实施之前，仍然需要企业决策层对企业当前的业务流程进行全面分析，确定需要实施BPM后，方可进行BPM产品的选型。

（2）实施BPM系统从流程梳理开始。BPM与业务流程重组[①]（Business Process Reengineering，BPR）不同，BPM为企业提供一种持续的流程梳理、优化理念，从梳理现有流程着手分析有价值流程，并评估其可被自动化的可能，继而通过IT系统的运行、监控持续分析和改进优化。

流程是将输入和输出串联起来的一系列活动。因为某些活动为了达到一定、可重复的产出，需要消耗一定的资源，所以需要建立流程予以规范化和优化。

（3）对企业流程的分层梳理。对企业流程的分层梳理需要统一企业的业务流程管理平台，即所有的业务流程都在一个统一的平台上建立和发布，从而有效避免了不同管理项目建立的管理体制之间产生冲突。

（4）建立统一的业务流程描述语言。建立一套统一的业务流程描述语言可以使所有的业务人员使用统一的方式描述业务流程，避免各行其是、各说各话，这样才能描述出一套没有断点的、完整的业务流程。同时，应该对现有流程进行评估和诊断，并进行企业流程的总体设计。

（5）建立业务流程管理部门。业务流程管理部门的职责主要是制定和不断完善相应的业务流程管理平台的规章和描述语言；当流程发生变更时，统一各相关部门进行协商，协同工作；建立业务流程的规范审核制度；通过管理信息化固化业务流程，避免管理和流程之间的脱节。

（6）建立自己的BPM团队。

（7）重视人的因素，重视企业文化建设。BPM管理的不仅是流程，多数情况下，还要求改变人的习惯，这也将带来企业管理理念的变化。因此，在BPM实施的过程中，企业要关注人的思想和意识，避免抵触情绪影响BPM系统最大限度地发挥作用，同时也要重视企业文化的建设。

（8）持续改进，不断完善。实施BPM系统就像企业信息化实施工程一样，是一项长期艰巨的工程，不可能一蹴而就，企业要有意识地不断自我完善，对流程不断优化，才能获得实施BPM带来的效益。

① 业务流程重组的内容将在第5章介绍。

2.企业实施BPM的作用

企业实施BPM的作用主要体现在以下几个方面。

（1）固化企业流程。通过把企业的关键流程导入BPM系统，由系统定义流程的流转规则，满足企业的管理需求及对服务质量的要求，真正达到规范化管理的可控阶段。

（2）实现流程自动化。信息只有唯一录入口，BPM系统按照企业需要定义流转规则，使流程自动流转，提高了工作效率和工作质量。利用BPM系统可以将重复、有规则的事件转换成系统自动处理，使流程“增值”。

（3）实现团队合作。BPM系统以流程处理为面向，自动串起各部门业务，达到业务的高效协作，形成企业协同工作的团队意识，从而实现团队合作。

（4）优化流程。BPM系统可以随着流程的执行流转，以数据、直观的图形报表报告哪些流程制定得好，哪些流程需要改善，以便提供给决策者进行科学合理决策的依据，并借助图形化工具不断进行优化调整。

（5）向知识型企业转变。BPM系统通过固化流程，将随着流程流动的知识固化在企业里，并可以随着流程的不断执行和优化，形成企业自己的知识库。

3.6.4 BPM应用案例

应用案例

泰尔茂医疗深化BPM平台应用

2021年，微宏与泰尔茂医疗产品（杭州）有限公司（以下简称“泰尔茂”）签约，正式开展深度合作，进一步提高和加强泰尔茂BPM平台应用的广度和深度，全力打造具有泰尔茂管理特色的BPM平台。

随着企业信息化需求的变革和管理需求的不断加强，泰尔茂管理层决定再次与微宏进行深度合作，提高和加强泰尔茂BPM平台在企业应用方面的广度和深度。

泰尔茂与微宏合作的重点：首先是所有流程的改进优化和功能更新。通过流程效率分析和数据挖掘，对E化流程沉淀的数据进行时效分析，对所有流程进行逐一优化改进和功能更新。其次，通过数据报表的优化，对表单进行数据挖掘和穿透，形成各类统计报表，进一步加强对流程的执行管控，为流程优化提供依据。最后，进一步深化流程管理平台与各系统之间的应用集成，包括基于样品管理系统的集成、合同文件的流程集成，形成以流程管理平台为数据交换和展示的核心。

微宏与泰尔茂BPM平台项目的深度合作，显示了微宏流程管理平台在泰尔茂日常各项运作管理和IT架构中的重要性和核心地位。相信通过双方的长期合作和应用深化，泰尔茂BPM平台必将成为医疗器械行业流程管理应用的典范。

（资料来源：杭州微宏科技有限公司官网）

思考题

通过该案例的分析，请阐述泰尔茂实施BPM所带来的企业变化。你认为企业实施BPM的意义是什么？

3.7 产品生命周期管理（PLM）

客户需求的个性化、市场竞争的白热化、市场全球化对企业的研发能力提出了新的挑战，因此缩短产品上市周期、提高产品质量和服务质量、降低产品成本已成为企业生存和发展必须考虑的关键问题。而客户发现，企业原有的信息化系统（如ERP、CRM、SCM）并不能解决他们的问题，随着企业信息化建设的不断深入，一个新的概念——产品生命周期管理（Product Lifecycle Management，PLM）在继ERP、CRM、SCM之后（尤其在制造业）正在逐渐成为新的热点。近年来，众多的CAD/PDM厂商及一些专业的ERP厂商都开始向PLM领域扩展。

3.7.1 PLM的定义

美国制造业信息咨询公司CIMdata对PLM的定义为：PLM是一种应用于集中在单一地点的企业内部、分散在多个地点的企业内部及在产品研发领域具有协作关系的企业之间的、支持产品全生命周期（包括培育期、成长期、成熟期、衰退期、结束期五个阶段）信息的创建、管理、分发和应用的一系列解决方案，能够集成与产品相关的人力资源、流程、应用系统和信息。

按照CIMdata的定义，PLM主要包含三个部分，即CAX软件（产品创新的工具类软件）、CPDM软件（产品创新的管理类软件，包括PDM和在网上共享产品模型信息的协同软件等）和相关的咨询服务。实质上，PLM与我国提出的C4P（CAD/CAPP/CAM/CAE/PDM），或者技术信息化基本上指的是同样的领域，即与产品创新有关的信息技术的总称。

从另一个角度而言，PLM是一种理念，即对产品从创建到使用，再到最终报废的全生命周期的产品数据信息进行管理的理念。在PLM理念产生前，PDM主要是针对产品研发过程的数据和管理；而在PLM理念下，PDM的概念得到延伸，成为CPDM，即基于协同的PDM，可以实现研发部门、企业各相关部门甚至企业间对产品数据的协同应用。

PLM通过培育期的研发成本最小化和成长期至结束期的企业利润最大化，达到降低成本和增加利润的目的。

实质上PLM有三个层面的概念，即PLM领域、PLM理念和PLM软件。其中，PLM软件的功能是对PDM软件的扩展和延伸，即PLM软件的核心是PDM软件。软件厂商推出的PLM软件是PLM第三个层面的概念。这些软件部分地覆盖了CIMdata定义中CPDM应包含的功能，即不仅针对研发过程中的产品数据进行管理，也包括产品数据在生产、营销、采购、服务、维修等部门的应用。通常PLM包含以下几个方面的内容。

（1）基础技术和标准，如ETA、XML、可视化、协同工作等。

（2）信息创建和分析的工具，如AutoCAD、CAM、CAE、CASE、信息发布工具等。

（3）核心功能，如数据仓库、文档和内容管理、工作流和任务管理等。

（4）应用功能，如配置管理等。

（5）面向业务/行业的解决方案和咨询服务，如面向汽车行业、家电行业及高科技行业等。

3.7.2 PLM对企业的作用

企业信息化包括ERP、SCM、CRM和PLM，其中实施PLM已经成为企业增加收入和降低成本有效的方式和手段。PLM系统对企业动态资源进行全程管理的重点是协同工作，并贯穿新产品从概念设计到产品退役的全生命周期。企业有了PLM，包括设计、研制在内的所有工序都可以在信息系统中同时进行设计和测试等工作，因此工程师在产品还处于设计阶段就能设置生产布局。PLM像一个不间断环路，它从制造到售后服务各阶段都能跟踪产品整个生产过程，然后返回到设计理念和生产阶段等环节，以重新设计或升级产品。这种闭环方法可能会把原来平庸的产品转变成货真价实的行业主导产品。对于企业来说，信息化是使其把规模优势转变为质量优势的前提，而采用PLM则是企业信息化的一个重要标志。

PLM对企业的作用包括以下几个方面。

1.PLM能管理与产品相关的所有数据和业务应用流程

工程变更是对处于预发布状态或发布状态的产品数据的修改，变更流程属于产品研制流程中的一部分流程，因此工程变更管理所涉及的产品数据和变更流程是PLM系统管理的产品数据和业务流程的一部分。

2.提高企业的核心竞争力

PLM系统可以有效地提高企业的收入和降低直接成本。它找到了增加企业收入和降低直接成本的真正源头，即如何有效地在一个连续稳定的基础上搞好产品的研发与创新，在第一时间和第一地点找出产品成本的真正成因，尽早做出如何开发产品的决定，让正确的产品及早入市，以提高企业的核心竞争力。如果在产品生命周期的早期阶段就能把影响产品生命周期下游的研发成本锁定，并最大限度地予以优化，那么企业的效益就会大幅度提高。

3.促进突破性的产品创新

“创新或者是死亡”，这是当今大多数企业形成的共识，因为对于认识到产品创新重要性的企业来说，这是一个生死攸关的战略。然而，企业不但要搞产品创新，还要准确把握产品创新的种类。为了规避商业风险，很多企业把大多数产品开发项目和投资“倾斜”于那些小规模的、修修改改类的创新，即“线性创新”。虽然这样也为企业带来了一定的效益，但产品创新的速度和质量都较低，如果以此为企业的创新策略，那么企业的竞争力显然是不够的。以战略的眼光，具有前瞻性地承担较大的风险，并将更多的产品开发资源用于高难度的产品创新研发，才能给企业带来丰厚和持久的回报。这样的研发创新，属于客户驱动的创新和突破性创新。

4.缩短产品上市周期

PLM是一种极具潜力的商业IT战略，它专注于解决企业如何在可持续发展的基础上，开发和交付与创新产品关联的所有重大问题。建立PLM体系，可以让企业有能力快速适应或改变产品特征，或快速把来自供应商和业务合作伙伴有优势的产品特征结合到自己的产品中，不仅可以让自己的产品快速上市，而且可以让正确的产品快速上市，以适应不断变化的市场需求，从而取得有利的竞争地位。

5.改善产品质量

在产品开发过程中，修改错误的成本随着产品开发阶段的推进会有巨大的变化。PLM的解决方案可以使企业在设计阶段发现错误，避免在制造阶段产生昂贵的修改费用。要想加快企业对市场变化的响应速度，并在全球数字化经济中对业务进行重组改进，企业应充分考虑PLM系统的作用并把PLM的实施作为企业战略的一部分，将是一个非常明智的选择。PLM系统正迅速成为企业战略实施的关键，并帮助企业保持竞争优势，协助企业以创新的方式应对不断变化的全球市场环境，最终为企业最大限度地获利发挥作用并实现自己的使命。

3.7.3 企业实施PLM的方法

企业应如何建设PLM系统？能实现企业信息化的四种主要信息系统如下。

①ERP系统主要是面向企业的物质资源，侧重对有形资产进行管理和整合，涉及生产、销售、库存、供应、财务、人力资源等环节。

②SCM系统主要是优化企业供应链，让企业更好地采购制造产品和提供服务所需的原材料和服务，并将产品送达客户，涉及供应商、仓储、运输和销售渠道等环节。

③CRM系统主要是以企业的客户为中心，从获取和保存客户资料到跟踪客户、签单、售后服务、记录缺陷、反馈客户需求等业务，支持产品研发、营销和服务流程。

④PLM系统主要侧重对无形资产进行管理，以企业的产品为核心，在其全生命周期内，横跨整个企业和供应链，协同化支持产品定义信息的生成、管理、分发和使用，充分利用企业现有智力资产推动创新产品的研发。

以上这四种信息系统的有机结合应用，构成了企业信息化的重要组成部分。在建设企业信息化系统的过程中，要针对企业的实际情况合理配置各种系统。对于以产品为导向的制造业企业来说，早日建立PLM系统是更为合理的选择，因为可以把PLM系统理解成为实现企业信息化的基础。由于企业各自的特点和问题不同，在实施PLM系统时也不必要求以上四种系统全部上马，合理的方式是针对企业具体需求为其提供系统组合的入门方案，即“统一规划、按需建设、重点受益”。

3.7.4 PLM应用案例

应用案例

天意机械：基于PLM构建研发制造高效协同平台

山东天意机械股份有限公司（以下简称“天意机械”）创建于1998年，是技术主导型制造企业，专注于装配式建筑成套装备的研发与制造，并提供固体废弃物综合利用的一体化解决方案。天意机械的主导产品包括PC智能装备、轻质墙板智能装备、蒸压加气混凝土板材智能装备、保温装饰一体化板智能装备等系列，产品出口德国、沙特阿拉伯、南非等100多个国家和地区。

天意机械副总经理孙总说：“PLM厂商的选择确实是公司一次慎重的决定。我们在国内外众多供应商中，多番求证、层层筛选，最终从产品成熟度、研发实力、实施服务、成功案例几个角度选择了华天软件。”

2021年9月30日，天意机械PLM项目完成验证，这一天也代表华天软件“天意实施团队”完成为期四个月的驻场工作。

系统上线后，华天软件PLM为天意机械带来了以下明显效果。

（1）依托柔性便捷的流程管理，实现了图纸、零组件、物料清单的在线浏览、审批、发布及变更过程的闭环管理。

（2）图纸借用率提升30%，缩短了设计周期。

（3）图纸下发和物料清单表准确度提升20%，减少成本10%。沟通时间更短，问题处理更及时，让工程师有更多时间专注于产品研发。

（4）车间生产准备能够以零件为单位、工时为依据，为公司降本增效提供了数据支持，为后续车间的信息化建设提供了明确指引。

（5）项目进度更透明，以报表形式展示研发计划进度，为研发进度管控及公司战略调整做出数据支持。

同时，项目管理、工艺管理、分类管理等功能的使用也使天意机械的研发管理更轻松，从根本上解决了企业扩大规模导致数据版本不一致、物料清单不准确及人才流失造成技术资料无法沉淀等企业的痛点问题。

（资料来源：数字化企业网）

思考题

通过该案例的分析，请阐述天意机械实施PLM系统后对企业的发展有何意义。你认为对我国企业有什么启示作用？

3.8 知识管理（KM）

3.8.1 KM的定义

1. 知识

知识是对解决实践问题的观点、经验和程序等正确真实信息的归纳和总结，并可用来进一步改造客观世界。

（1）知识的特点。

①知识的创造和应用与人的活动紧密相关。

②知识是可以被认知和学习的。

③知识的表述具有层次性。

（2）知识的分类。

①按知识结构化程度划分，可分为结构化知识、半结构化知识、非结构化知识。

②根据知识存在的形态划分，可分为显性知识、隐性知识。

2. 知识管理

20 世纪 90 年代中期，全球兴起了学术与商业应用的主题——知识管理（Knowledge Management，KM）的热潮。KM 可以针对个人、组织或团体所拥有知识的确认、创造、掌握、使用及传播分享等活动进行积极有效的管理。人们对 KM 研究的重点集中在对 KM 范围的界定、知识的组织及 IT 技术在 KM 中的应用等方面。

KM 是以知识作为组织发展的关键因素，采用现代信息技术和管理思想，对知识进行有序整合、有效吸收和传播及不断创新，并回馈到组织知识系统内，使得知识不断积累和循环，从而成为组织管理与应用的智力资本，最终提高组织核心竞争力的过程。

3. KM的主要作用

（1）鼓励思想的自由流动，促进了组织创新。

（2）缩短了组织的反应时间，改进了客户服务。

（3）促使产品和服务更快地投放市场，提高了收入。

（4）肯定员工知识的价值并给予奖励，提高了员工保持率。

（5）取消了多余的或不必要的步骤，精简了业务，降低了成本。

4. KM与企业发展战略的关系

企业采用知识管理的理念和方法可以提升组织管理效率，并能够促进其长远发展，以实现组织的远景规划，增强企业的核心竞争力，能更灵活地应付企业内部及外界环境的变化。

企业之间的区别越来越体现在组织的知识水平上。企业产品的附加值主要与企业拥有的知识有关，如企业先进的技术、创新的产品设计、有效的市场需求和优良的客户服务等。因此，知识管理对于企业的生存和发展具有重要的意义。

5.KM对组织的影响

（1）在管理过程中实现优化组织运作。

（2）可以提升企业的竞争力。

（3）可以增加企业的价值。

（4）可以使组织灵活调整发展策略。

6.知识价值链

在企业中，价值链和知识链相互交织，形成一个复杂的系统，并产生了一种新的企业运营模式——知识价值链。企业知识价值链应该具备以下特征。

（1）以顾客需求为导向。

（2）以企业业务流程为基础。

（3）以价值流和知识流为分析对象。

（4）以知识的价值分析为手段。

（5）以形成知识创新及其价值转化为目标。

3.8.2 企业中的KM系统

1.企业内容管理系统

现在的企业管理需要的信息大多是结构化和非结构化的知识，因此企业必须借助内容管理系统对这两种类型的信息进行组织和管理。

企业内容管理系统（图3-9）为企业提供了一种管理文字、音频、视频和图片等各种形式商业信息的应用软件。企业内容管理系统具有存储文件、报告、演示文稿和最佳实践等结构化知识，以及收集并组织半结构化知识的能力，为企业决策层进行正确决策，提升企业核心竞争力提供所需的信息和知识。

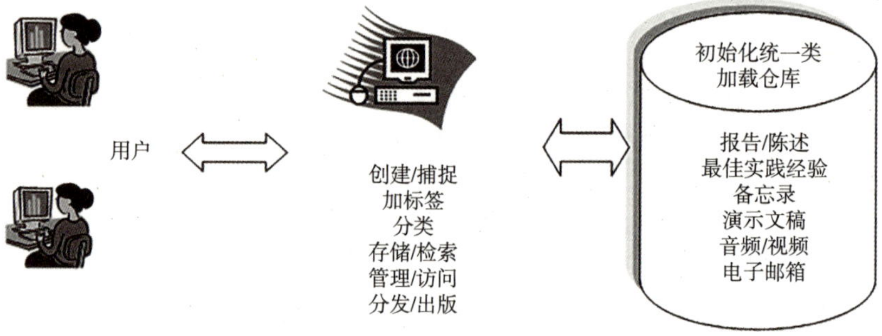

图3-9 企业内容管理系统

2. 知识网络系统

知识网络系统也被称为知识定位和管理系统，是对KM过程的有效支持。它提供待解决问题领域的专家在线目录，并将目录在网络中共享，以便组织成员在需要时容易搜索到。

在知识网络系统中，领域问题专家的解决方案被系统化，并且被存储在问题解决方案的数据库中。当用户需要解决某一类问题时，可以到数据库中检索，找到解决此类问题的最佳方案，从而提高决策质量和决策水平，缩短决策时间。

3. 学习管理系统

学习管理系统（Learning Management System，LMS）又称为在线培训系统或在线教育系统。在企业知识管理系统中，可以将学习管理系统看成知识管理系统的一个重要组成部分。

学习管理系统为企业的员工提供了知识传授、技能培训和再教育的数字化教育平台。支持学习管理系统的形式是多样的，常见的有CD-ROM、可下载的视频课件、网络教育平台和在线论坛等。

3.8.3 KM智能技术应用

智能技术也称为人工智能（Artificial Intelligence，AI），是计算机学科的一个分支，被认为是20世纪70年代以来世界三大尖端技术之一。

20世纪80年代以后，人工智能研究从计算机学科扩展到其他学科，并引发了许多相互交叉和彼此渗透的新学科。

20世纪90年代以后，大数据时代到来，常规发现和获取知识的方法与模式已经难以满足需求。这要求人们必须从多层次和多角度去发现和获取隐藏于海量数据中的新颖和潜在的知识，从而将智能技术逐渐引入信息管理的领域。

1. 专家系统

专家系统（Expert System，ES）是人工智能的一个分支，也是人工智能成功应用的典型。它的主要目标就是让计算机在某一特定的专业领域中具有与专家同等水平的解决问题能力，从而将人类专家从解决许多问题的过程中解放出来。可以认为，专家系统是模拟人类专家解决某领域问题的系统或计算机程序。

第一个专家系统是由斯坦福大学费根鲍姆教授于1965年开发出的Dendral系统，主要被用于推断化学分子的结构。目前，专家系统被认为是人工智能领域中最活跃、影响最大和倍受重视的一个分支。

专家系统主要由六个部分组成，包括人机交互界面、知识库、推理引擎、解释工具、综合数据库和知识库管理系统，如图3-10所示。

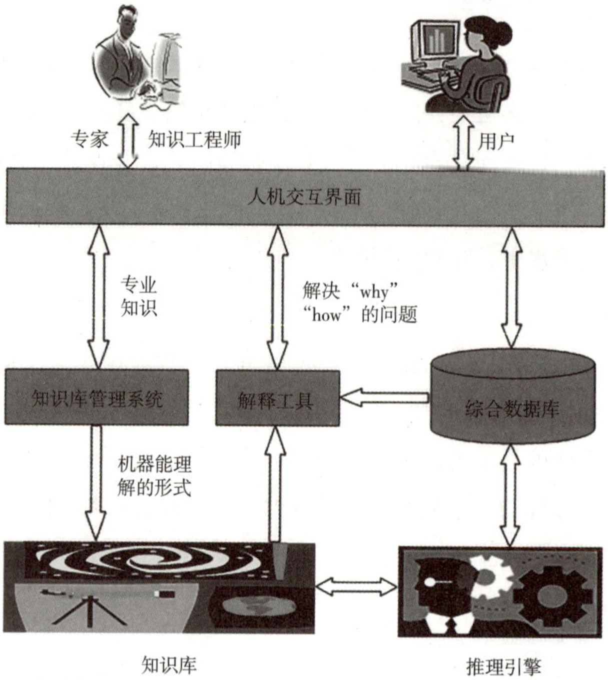

图 3-10　专家系统的组成

专家系统作为智能技术的典型应用，其优点表现在以下几个方面。

（1）可以将企业员工从单调、枯燥的重复劳动中解脱出来。

（2）可以将珍贵的专业知识存储起来，并将很多专家的知识集中整合起来，为解决企业某领域的问题给出更加科学、合理的解决方案。

（3）可以对企业的知识进行积累。

（4）可以为非专业的决策者提供专业决策方案，并降低决策过程中的不确定性因素带来的决策失误。

2.基于案例的推理

专家系统的推理过程实际上是从规则库中提取规则并进行演绎推理的过程，有人将这个过程定义为反复执行“认识—行动”的循环过程。推理的过程大致包括以下三个步骤。

（1）模式匹配。

（2）竞选归结。

（3）更新数据库。

在基于案例的推理过程中，把当前拟解决的新问题或新情况称为目标案例，而把存储在数据库中已解决的问题或情况称为源案例。那么，基于案例的推理过程可以被简单地认为是由目标案例的提示获得记忆中的源案例，并由源案例指导目标案例求解的过程。

3.模糊逻辑系统

模糊逻辑（Fuzzy Logic，FL）也称为弗晰逻辑，是采用美国数学家扎德在 1965 年提出的弗晰集合的方法研究模糊性思维及其规律的科学。模糊逻辑能够将人类自然的不精确词汇与计算机的精确词汇之间实现平稳的、逐渐的过渡，并使用隶属度处理语意与词汇的变化。也就是说，模糊逻辑使计算机能够使用近似或模糊的数据得出清楚明确的答案，其主要目的就是使计算机能够解决模糊和不确定的问题。

模糊逻辑的应用非常广泛，在管理信息系统中主要被用于决策和组织的控制，并且效果非常好。模糊逻辑运行的基础是某元素在集合中的隶属度。隶属度也称隶属度函数，是指描述了某个元素隶属于某个模糊集合的程度，图 3-11 中的隶属度百分比越接近 100，表示身高属于矮或高类别的程度越高。

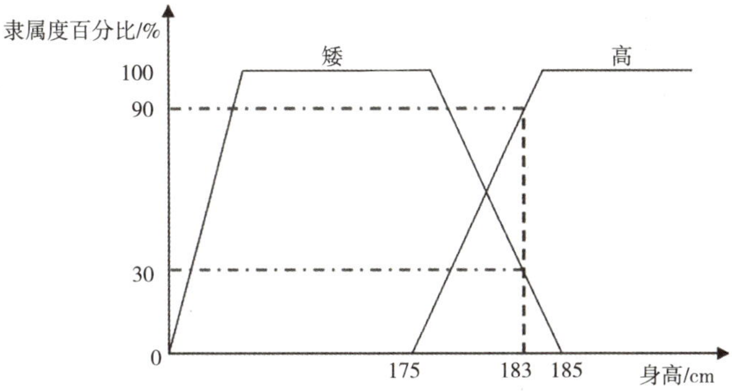

图 3-11　模糊逻辑的隶属度

4. 智能代理

智能代理（Intelligent Agent，IA）是近年来计算机科学和智能技术领域中一个重要的分支，目前在电子商务领域的应用比较广泛。IA 主要是对企业面临的海量数据按照设定的规则进行过滤，从而找出重要信息。

IA 具有以下四个方面的特点。

（1）自治性。

（2）适应性。

（3）协作性。

（4）智能性。

目前，IA 大多被应用于电子商务领域（图 3-12），可以使企业获得更多智能化和个性化的信息服务，从而改善了电子商务企业的事务处理效率。

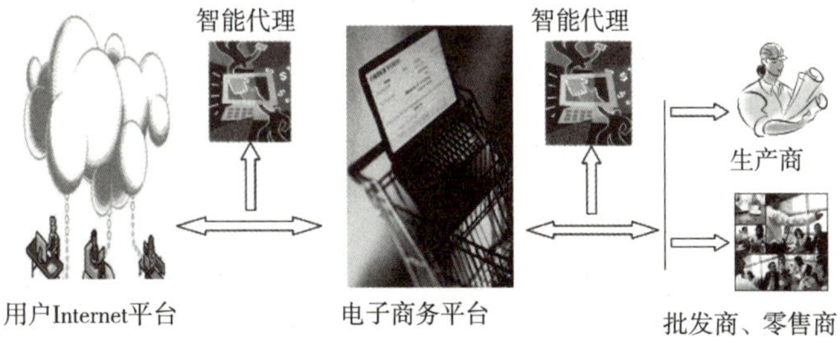

图 3-12　应用IA的电子商务

5. 人工神经网络

人工神经网络的研究几乎与人工智能的研究同步，1943年美国心理学家沃伦·麦卡洛克和数理逻辑学家沃尔特·皮茨在合作的《神经活动中内在思想的逻辑演算》(*A Logical Calculus of the Ideas Immanent in Nervous Activity*)论文中提出并给出了人工神经网络的概念及人工神经元的数学模型，从而开创了人工神经网络研究的时代。但是，直到20世纪80年代，人工神经网络才具有切实可行的算法。

人工神经网络(Artificial Neural Network，ANN)简称神经网络，有时也将其称为连接模型。ANN是通过对人脑或自然神经网络诸多特性的抽象和模拟，能够进行学习并执行传统计算机不能执行的任务的一种网络系统。

ANN具有以下四个特点。

(1)可以充分逼近和处理比较复杂的非线性关系。

(2)具有自我学习功能，并具有自适应性。

(3)可以同时采用定性和定量的方法解决非结构化问题。

(4)可以在短时间内寻找问题的最优解。

ANN往往处理的是模拟复杂、难以理解，并可获得海量数据的非结构化问题。它采用自我学习的机制，使用计算机硬件和软件模拟人类大脑处理问题的模式，从海量的数据中筛选数据、建立模型和校正模型的错误。

3.8.4 KM应用案例

应用案例

上汽通用五菱知识管理

上汽通用五菱公司(以下简称SGMW)成立于2002年，由上汽(占股50.1%)、通用汽车(占股44%)和广西汽车集团(占股5.9%)组成。2022年，SGWM营业收入1 000亿元。相信在SGMW惊人业绩的背后，一定蕴含着强大的自主研发的技术力量。我们来到这家企业的技术中心学习知识管理案例，了解知识管理如何帮助SGMW的技术持续创新。

SGWM技术中心在2022年启动知识管理系统，期望为员工提供一个便捷存储、快速查阅及应用知识资源的平台。

该技术中心在没有任何知识管理IT工具的环境下，启动了很多看似不起眼的知识管理工作，包括知识管理最佳实践案例征集和推广、新员工常见犯错案例总结、线下知识集市活动等，这里举两个例子。

(1) KM最佳实践案例征集活动不到3个月就收集900余份，这些案例都是帮助员工提高效率的好方法和工具。可能你会认为，技术中心应该有像PLM、办公OA这样的管理工具。很抱歉，SGWM没有。这是一家传统、朴素的企业，靠着微小的传统IT工具执行着每项工作，文件审批基本靠跑，但这完全不影响企业的技术创新及效率提升。有一个例子，有位员工分享了一个桌面分类工具，让每个员工的桌面都按照自己的习惯分类，大大提高了桌面文件查找效率。这个知识管理的最佳实践被推广到全技术中心，你会发现今天每个员工都在用桌面分类工具管理自己的桌面文件。

（2）线下知识集市活动非常成功，不仅做到了分享，还让员工吸收了知识。每年技术中心都会选取比较好的知识管理案例做成海报，在公司内开展知识分享活动。知识贡献者会站在自己的海报旁边，等着员工前来提问，并当场回答解决。知识贡献者非常乐意参与这种活动，不仅能获得物质激励，还因自己的知识被传递出去而自豪，也可以在公司内广交朋友。

2022年开始，技术中心开始建设新的知识管理平台，不仅导入知识库和知识社区，同时还引入任务跟踪（Check List）和经验教训总结（lesson learned）工具，可以更好地把研发和开发过程中的任务执行下去，对技术和管理方面的经验教训进行总结，分享给更多的员工。

当然，除了以上知识管理实践之外，SGWM技术中心的知识管理目前已经走向体系化，有KM业务框架、KM分享文化建设、制度体系建设、组织建设、工具和方法。对未来的KM也做了规划，如KM运营计划、“鲜肉”计划（新员工培训计划）等。相信SGWM技术中心在KM的支撑下，能发挥最大的知识价值，开发出更多更好的汽车产品和服务。

（资料来源：共生运营网）

思考题

结合案例阐述如何通过知识管理构造企业竞争力。

3.9 决策支持（DS）

3.9.1 DS的定义

1.决策

（1）决策的概念。决策的概念大致可以归纳为以下三种。

①将决策看作提出问题、确定目标、设计并选择方案的过程，这种理解是对决策的广义理解。

②将决策看作从几个备选方案中选择出最符合自己需要的方案的活动。这种理解是对决策的狭义理解。

③决策是在不确定的外界条件下做出的决定，这种决定没有先例可以依照，也没有规律可以遵循，因此具有很高的风险性。

对决策的理解，应把握以下三个方面的内容。

①决策目标要明确。

②有两个以上的备选方案供决策者选择。

③选择的最优方案应付诸实施。

（2）决策的分类。

①按照决策问题的性质分类，可以分为结构化决策、半结构化决策和非结构化决策。

②按照决策目标分类，可以分为单目标决策和多目标决策。

③按照决策问题的重要性和影响分类，可以分为战略决策、战术决策和作业决策。

（3）决策的一般过程，可分为以下四个阶段。

①情报阶段。

②设计阶段。

③选择阶段。

④实现阶段。

2.决策支持

（1）决策支持的概念。所谓决策支持（Decision Suport，DS）就是指利用计算机及相关软件技术实现对半结构化和非结构化决策问题进行决策，支持企业经理人的决策（但不能替代决策），改进决策效果，提高决策正确率。也有人将决策支持看作技术、决策过程和行为的结合。技术方面，主要包括决策算法的效率、优化能力和数据通信能力；决策过程方面，主要是高效率方法的应用，对个人创造力和学习能力提高的支持；行为方面，主要包括促进和激励群体决策的过程。

（2）决策支持的分类。决策支持可分为以下四种类型。

①消极的支持。消极的支持并不考虑决策处置的方法，也不设定具体的目标，而是给决策者极大的自由和自主权。

②传统的支持。传统的支持为决策者提供若干可行的方案，让决策者根据实际情况和外界的条件进行优化和改进，从而进行最优方案的选择。

③扩展的支持。扩展的支持具有很强的主动性，也就是给决策者提供一些可供选择的方案，同时也给出不同标准下选择方案的建议。

④标准化支持。标准化支持是理想化的支持，因为它只要求决策者提供数据和详细的说明，而将整个决策过程交由系统执行。

3.决策支持系统

（1）决策支持系统的概念。决策支持系统（Decision Support System，DSS）的概念是在 20 世纪 70 年代提出的，并在 80 年代得到发展。在对DSS概念的界定上体现了以下三个规律。

①DSS被认为是管理信息系统的进一步发展，并使人在系统管理中的地位得到很大提高。

②DSS的发展原因是企业面临的环境不断发生变化，并且企业管理的更高层次需要直接的

决策支持。

③DSS的实施需要以较高的计算机应用技术为前提和基础。

因此，DSS就是在利用计算机进行信息处理并利用分析优化方法的基础上建立起来的人机交互的计算机系统，利用数据库、模型库、知识库、友好的人机对话部分和图形部分，帮助决策者解决半结构化或非结构化的问题。

（2）DSS的基本特征。

①支持企业高层管理人员解决面临的非结构化和半结构化的决策问题。

②集成了模型或分析技术、传统数据存取技术及检索技术。

③使用人机交互系统，为非计算机专业的用户提供较为友好的人机界面。

④当决策者所处的环境改变时，DSS可以灵活地为决策者调整决策方法。

⑤DSS只是辅助决策者进行决策，而不是代替决策者进行决策。

⑥充分利用先进信息技术快速传递和处理信息。

3.9.2 DSS的基本结构与特点

1. DSS的基本结构

结合当前国内外的研究成果和现状，可以认为DSS的基本结构主要由数据部分、模型部分、推理部分和人机交互部分四个部分组成。

2. DSS的特点

（1）系统的使用面向决策者，在运用DSS的过程中，参与者都是决策者。

（2）系统需要解决的问题是针对半结构化的决策问题，模型和方法的使用都是确定的，但是决策者对问题的理解存在差异，系统的使用有特定的环境，问题的条件也不确定和唯一，这些都使得决策结果具有不确定性。

（3）系统强调的是支持的概念，帮助提升决策者做出科学决策的能力。

（4）系统的驱动力来自模型和用户，人是系统运行的发起者，模型是系统完成各环节转换的核心。

（5）系统运行强调交互式的处理方式，一个问题的决策要经过反复的、大量的、经常的人机对话，人的因素如偏好、主观判断、能力、经验、价值观等对系统的决策结果有重要的影响。

3.9.3 DSS的工作原理

DSS将数据库系统、方法库系统、模型库系统以及人机交互系统组成了统一的有机整体，为决策者提供辅助决策的信息。

（1）数据库系统。数据库系统主要是对DSS中需要用到的数据和信息进行管理和维护，并为一些决策模型提供数据，然后将运行结果进行保存。

（2）方法库系统。在DSS中，通常将决策过程中的常用方法以子程序的形式存储到方法库系统中。

（3）模型库系统。模型库系统主要为DSS提供解决问题的模型，而这些模型也是实现解决问题的算法程序。

（4）人机交互系统。人机交互系统是DSS与用户之间进行信息交互的桥梁，其主要由用户界面和相关的信息处理部件组成。

3.9.4 DSS的功能

DSS的功能主要有管理决策所需要内外部信息、存储和运行各种模型、存储和运行各种方法以及提供方便的人机对话接口和图形输出等。

（1）管理并随时提供与决策问题有关的组织内部信息。如：订单要求、库存状况、生产能力与财务报表等。

（2）收集、管理并提供与决策问题有关的组织外部信息。如：政策法规、经济统计、市场行情、同行动态与科技进展等。

（3）收集、管理并提供各项决策方案执行情况的反馈信息。如：订单或合同执行进程、物料供应计划落实情况、生产计划完成情况等。

（4）能以一定的方式存储和管理与决策问题有关的各种数学模型。如：定价模型、库存控制模型与生产调度模型等。

（5）能够存储并提供常用的数学方法及算法。如：回归分析方法、线性规划、最短路径算法等。

（6）各种数据、模型与方法能容易地修改和添加。如：数据模式的变更、模型的连接或修改、各种方法的修改等。

（7）能灵活地运用模型与方法对数据进行加工、汇总、分析、预测，得出所需的综合信息与预测信息。

（8）具有方便的人机对话和图像输出功能，能满足随机的数据查询要求，回答"如果……则……"之类的问题。

（9）提供良好的数据通信功能，以保证及时收集所需数据并将加工结果传送给使用者。

3.9.5 DSS应用案例

应用案例

森马以智能决策驱动多工厂生产排单优化

随着消费者口味越来越多元化，服装上新周期越来越"卷"，从季度上新一次，到每月上新两次，再到每周上新两次，服装行业的竞争正从规模到质量及速度转变。

对于服装企业而言，供应链就是生命线，每一个营销订单的背后都隐藏着复杂的供应链网络，通过数字化供应链撬动营收增长是服装企业转型升级的重要突破口。为了提升经营韧性和增长动力，本土服装公司森马近几年对供应链进行了大刀阔斧的数字化变革。

2022年，在杉数科技助力下，森马将智能决策技术和服装生产场景结合，打造了服装供应链智能排单系统，从生产端推动供应链效率和质量提升，为其前端市场营销提供了强有力的后盾和支撑。

智能决策思路下的问题拆解，疏通生产管理三大要塞：

第一，将工厂数据及分配规则统一化和标准化，避免散乱管理带来的浪费。全面分析加工厂管理策略，区分加工厂等级和能力，通过系统集中管理加工厂有关基础数据，统一配置管理不同等级加工厂的分单规则，包括品类规则、产能分配规则、加翻单规则等。

第二，将排单因子模型化，提升计划决策的科学性。深入调研当前排产规则，结合实际数据对比分析，考虑未来变化，整理排产因子适用场景、权重、所需数据要求等，支持按不同产品特性建立不同数学模型抽象化因子，进入目标/约束条件库。

第三，利用求解器优化求解，优化排单计划效率和效果。根据不同阶段的计划需求，建立对应的优化求解模型，利用COPT求解器进行高效求解，实现长中短周期的智能化排单，全面支持预测型计划和实际订单计划。

以智能排单系统为“指挥中心”，驱动大供应链决策升级，该系统根据优化后的工厂数据和分配规则，自动综合考虑影响分配和生产的各种因素，通过智能算法和求解器建模求解，得到更优的排单计划，然后连接多系统将计划传输给不同部门和环节人员，通过全局协同决策提升供应链柔性。

智能排单系统如同“指挥决策中心”，打通了供应链管理系统（SCM）、产品生命周期管理系统（PLM）、企业资源管理系统（SAP-ERP）等系统，以智能决策技术为引擎，驱动森马整体供应链运营决策全面升级。通过整合大供应链资源，助力各个品牌均衡产能、提升订单满足率、降低成本，实现订单与资源的优化配置。

智能排单系统主要包括产能规划、初版排单、齐色排单、大货排单四大模块，分别对应着服装生产的不同时间周期，尽管每个模块排单的影响因素有差异，但基本优化思路是一致的，即通过建模和求解得到优化的生产计划，最终将每个款式按品牌、面种、渠道、岁段、品类等标签分配到具有对应生产能力的供应商。

通过智能排单系统，森马的产能规划颗粒度更加精细，订单响应速度倍增，排单效率大幅提升，订单生产周期降低，接单率明显提升。同时，森马对数百个加工厂的管理更加轻松高效，供应商黏性全面增强，生产成本大幅降低。

从数据到决策的升级，不只是技术的创新应用，更是对业务模式的重构。从森马的实践可以看到，对内，智能排单系统打通了不同品牌、不同环节之间的数据鸿沟，进一步激发了多元数据价值；对外，则促进了多工厂的统一协同和标准化管理，实现了供应资源的智能化和精准化分配。通过内外联动的资源配置优化，森马的大供应链系统更加敏捷和流畅，运营管理模式更加协同和富有柔性，为其数字化的下一步进阶打下了坚实的基础。

随着数字化浪潮加剧，智能决策已经成为各行各业转型升级的新动力，潜藏在智能决策技术中的无限价值正待万千企业一起去挖掘。杉数科技助力森马打造的智能排单系统，是一次积极的探索，激活了智能决策在传统工业制造领域的更多想象力，未来杉数科技将进一步拓展技术应用边界，助力更多工业企业加速向数智化的深海前进。

（资料来源：中国商报网）

思考题

从支持决策到智能决策，传统行业如何实现数字化转型？

思政案例

全球“芯片荒”

芯片的本质是半导体集成电路，是现代电子产品不可或缺的核心部件，是接收信号、发布指令的“大脑”。芯片可用于计算机、手机、数码相机、家电、汽车等几乎所有的电子产品上，遍布人们衣食住行的每个角落。

当下全球正上演一场“芯片荒”：电子信息化、智能化的社会发展与芯片短缺之间的矛盾，制约着中下游各个行业的脚步。以汽车行业为例，因为芯片供应不足，奥迪、戴姆勒、奔驰、丰田、柯斯达、通用等众多车企减产、延迟交付订单，甚至关闭部分工厂。2021 年，英特尔的CEO称，半导体行业可能需要一到两年的时间才能恢复供需平衡，全球芯片短缺可能会持续到 2023 年。芯片代工巨头台积电（TSM.US）也宣布，为增加产能，于 2023 年在日本建立第一家芯片厂，为其最大的日本客户索尼生产图像传感器，并计划在日本建立第二家芯片厂。

全球芯片供需严重不平衡，是众多原因综合作用下的结果，我们可以先来了解芯片的产业链，以便找到造成芯片短缺的环节。

芯片产业的上游，是半导体原材料和半导体设备；中游是芯片产业，包含芯片设计、制造、封装、测试四个环节；下游是应用终端，即消费电子、通信、汽车等领域的所有电子产品。

从产业链的角度分析全球“芯片荒”的主要原因有如下几个方面。

1. 上游原材料价格上涨

作为芯片产业的核心原材料，硅片贯穿半导体制造业的始终，90%以上的半导体产品制造过程都需要用到硅材料。上游原材料短缺和价格上涨是导致芯片供应不足的重要原因之一。2021 年以来，硅材料的价格疯狂上涨，6 月已涨至每吨 20.6 万元，是 2020 年年底的 2.4 倍，继而引发原材料抢购、囤积和投机。原材料价格上涨的压力不断向下传导，从而影响芯片产业的产能释放。

2. 半导体设备供应不足

芯片的生产制造是一个极其复杂的高精尖工艺流程，需要用到精密的生产设备，其中就包括光刻机。目前台积电和三星虽然都具备了量产 5 nm 芯片的能力，但他们却不能随意扩大产能。工艺制程进步，制造难度也跟着提高，生产 7 nm和 5 nm芯片的光刻机只有荷兰的ASML公司能生产，而ASML公司一年也只能生产几台，光刻机的产能也掣肘芯片的产量。

3. 全球芯片产能下降

芯片制造企业的减产原因有天灾也有人祸。2020 年以来，新冠疫情席卷全球，各行业的生产均受到不同程度的影响，国内外众多晶圆制造厂暂时停产，芯片的供给下降；2021 年一季度，美国重要芯片产地得克萨斯州也遭遇百年难遇的冰雪和风暴，当地许多晶圆制造厂被迫停工；2021 年 2 月，日本半导体巨头瑞萨电子发生火灾，部分生产设备遭到损坏。因此造成全球芯片的短缺。

4. 下游需求旺盛，芯片供不应求

在芯片产能下降的情况下，下游的需求却非常旺盛，这进一步加剧了芯片的短缺。首先，在新冠肺炎感染疫情的肆虐下，下游的需求不减反增。由于防疫要求改变了大家的生活和工作方式，线上办公、线上学习兴起，需要用到包括笔记本、平板、显示器等，使得相关电子产品的销量快速增长，芯片的需求也快速上涨。其次，汽车行业是芯片的重要应用领域，当前全球汽车市场正朝着电动化、智能化的方向转型，汽车行业对芯片需求的激增也扩大了芯片供给不足的缺口。最后，5G时代的到来，促使通信行业也将迎来巨大的变革，对中高端芯片的需求也将持续增加。

5. 芯片囤积潮加剧芯片紧缺

在供需不平衡的恐慌下，许多终端厂商也相继加入囤芯片的行列中，目前国内芯片的供给已经到了“极度紧缺”的局面。

整体来看，全球“芯片荒”的产生是综合因素作用下的结果，如果芯片紧缺的情况持续，将会掣肘我国产业的发展。其根本解决办法，还是要提高我国相关企业的研发和生产能力，提高芯片的国产替代率，这将是一个漫长的过程。

（资料来源：作者根据相关资料整理）

思考题

结合案例，分析自主研发制造的重要性。

练习题

1. 供应链管理系统如何与供应商协调计划、生产和物流？
2. 思考客户关系管理系统如何帮助公司提升客户亲密度。
3. 知识管理系统在企业中的角色是什么？
4. 使用智能技术进行知识管理的商业价值是什么？
5. 决策的类型有哪些？决策的一般过程是怎样的？
6. 商务智能和商业分析如何支持决策？

7. ERP系统的管理思想是什么？其发展趋势是什么？

8. 简述PDM的基本定义及主要功能。

9. 论述PLM实施对我国企业信息化建设的意义。

10. 收集有关企业应用ERP的案例，论述ERP应用对我国经济发展方式转变的作用和意义。

第 4 章 企业信息管理

知识目标

了解信息对现代企业管理产生的影响，了解企业信息管理的概念，知晓知识管理是企业信息管理发展的新阶段；了解企业信息战略规划制定的基本方法和流程；掌握企业信息系统建设规划、信息系统开发项目管理、信息系统运行与维护管理等的相关知识与方法。

能力目标

培养自主学习能力，提升企业信息管理的实践能力。

素质目标

逐步养成系统思维，建立信息资源管理的思想；培养自信心和社会责任意识。

本章主要介绍企业信息管理的概念与内涵、企业知识管理、企业信息战略规划与业务流程重组、企业信息部门的组织，以及企业信息系统建设管理等相关知识。知识要点包括以下几个方面。

（1）企业信息管理是为了实现企业目标，对企业信息资源、信息活动以及信息化建设工作等实施全面管理。

（2）企业知识管理是利用现代信息技术开发企业知识资源，建立学习型组织，推进企业现代化进程，提高企业核心竞争力和经济效益的管理过程。只有建立一个适合的知识管理体系，运用一定的知识管理工具，并借助适当的知识管理系统，企业才能进行有效的知识管理。

（3）企业信息战略规划是企业为了满足经营管理需求，实现企业战略目标，结合信息资源和信息活动的内外部环境条件，对企业信息化的发展目标、方向及信息化建设所制定的总体框架。要做好企业信息战略规划，前提是做好调研与分析。

（4）为了推进企业信息化建设，现代企业正在逐步建成一个完善的信息管理组织体系。企业信息部门不仅需要设立相应的岗位，规定各个岗位的职责和权利，同时还需要对企业全体人员开展信息化培训。

（5）企业信息系统建设是企业信息化的基础性工作，需要从计划、组织、控制、人员等方面加强企业信息系统的建设管理。

4.1 企业信息管理概述

企业信息化是指利用现代信息技术，通过先进的计算机网络整合企业现有的生产、经营、设计、制造等各个环节，实现企业生产过程的自动化、管理方式的网络化、决策支持的智能化和商务运营的电子化，从而提高企业经济效益和企业竞争力的过程。

企业信息化的目标包括：建立完善的信息管理体制，建立稳定可靠的信息系统，建立信息管理的组织机构和队伍，提高信息资源的利用和管理水平。这些目标和任务都要通过信息管理活动实现，因此企业信息化进程体现为一系列的信息管理活动，而信息管理所依靠的方法和手段是各级信息系统。

信息管理（Information Management，IM）是人类为了有效地开发和利用信息资源，以现代信息技术为手段，对信息资源（信息生产者、信息和信息技术）进行计划、组织、领导和控制的社会活动。它既包括微观上对信息内容的管理——信息的组织、检索、加工、服务等，又包括宏观上对信息机构和信息系统的管理。

企业信息管理（Enterprise Information Management，EIM）是信息管理的一种形式，是企业管理者对企业的信息资源、信息活动和信息化建设项目进行计划、组织、领导、协调和控制的管理工作，为了实现企业目标而建立、运行和维护的一套集成化的信息系统。EIM的核心任务是实现企业信息资源的有效开发与利用。

4.1.1 企业信息的含义和特征

1. 企业信息的含义

所谓企业信息是指产生于企业内部或应用于企业部门的信息。企业信息是社会信息的重要组成部分，是企业管理工作中管理人员之间、管理人员与员工之间、企业人员与外部人员之间传递的，反映企业管理活动和管理对象的状态、特征以及反映企业目标、需求、行为的消息、情报、数据、语言、符号等的总称。在企业管理活动中形成的文件、报表、簿册、档案等都是企业信息的物化表现形式。

2. 企业信息的特征

企业信息不仅具有一般信息的特征，如信息的事实性、层次性、价值性、共享性、可再生性、可传输性、可存储性、可压缩性等，而且具有自身独有的特征。

（1）社会性。企业的一切活动都是社会活动，企业信息来源于企业的活动。企业为了生存发展，需要不断从社会中获取各种信息加以利用，同时又不断地向社会提供信息，以满足社会的需要。

可见，企业活动的主体是人，企业信息是人与人之间传递的一种社会信息，并借助信息的发出者和接受者都能够理解的文字、数据、符号、图表、音像等媒介，为了企业的一定目的在社会上传播。所以，在某一个社会环境中传播的企业信息，总是带着那个社会的痕迹。例如，计划经济时期中国企业产生的信息和社会主义市场经济条件下中国企业产生的信息就表现出不同的形式，这就是企业信息的社会性。

（2）经济性。企业的一切活动都是为了创造经济价值，赢得经济利益，因此反映企业经济活动的特征、状况及其发展变化的企业信息，自然也就带有极强的经济性。

企业信息的经济性特征表现在两个方面：一是指企业信息是来自经济组织、经济活动、经济领域的信息，二是指企业信息本身具有经济价值。企业信息的获取和利用需要付费，企业使用信息之后可以为企业增加利润，给企业带来经济效益。例如，信息咨询公司为企业的经营管理出谋划策，提供解决方案及辅助预测、决策等各种有价值的数据，这种信息要向提出咨询的企业收费，因为企业可能因方案的实施而获得巨大的经济效益。

当然，企业信息具有的经济性特征并不表示企业信息必然是经济信息。许多非经济信息，如政治信息、科技成果信息、社会文化信息等社会信息和水旱灾害、地震、台风等自然信息，当它们进入并影响企业管理活动时，就有可能转变为企业信息。

（3）连续性。企业的生存和发展是在与内外系统相互协调的不断循环和螺旋式上升的过程中实现的。企业信息管理活动过程也是一个连续的过程。因此，社会的企业信息也会源源不断地产生和流动。它绝不会中断，即使这个企业消亡了，新的企业也会诞生。信息的连续性反映了事物发生、发展的过程，反映了事物发展前后不同阶段之间的相互关系。正因为如此，企业可以根据信息分析竞争对手的状况，预测自己的未来发展趋势。

（4）时效性。时效性指的是企业信息对企业管理产生有效作用具有时间限制的特征。它包括两层含义：一是信息本身具有生命周期。信息一经生成，企业管理者获得它的时间越短，其使用价值越高。时间的延误会导致信息使用价值的衰减，甚至消失。二是有些信息虽然是很早就生成的信息，但是企业管理者在决策过程中仍需要这一信息，该信息仍然具有使用价值。正因为这种情形的存在，所以要求企业管理者做好信息管理工作，在需要某一信息时能够及时地得到它。

4.1.2 企业信息资源的分类

在现代企业管理中，可以从不同的角度对企业信息资源进行分类。

1.按企业信息的来源分类

根据企业信息的来源，可以将其划分为内部信息和外部信息。

（1）内部信息。内部信息多为生产经营活动和日常管理活动中产生的数据及对数据进行的汇总，如产品数据、原材料数据以及各种采购清单和生产进度表，下级部门向上级递交的销售报告、财务报表等。这类信息是企业管理者管理企业的主要手段，一般通过正式传播渠道传递。

（2）外部信息。外部信息是企业从经济环境中获得的信息，如重大的国家经济活动、政府发布的政策法规、市场价格和发展趋势、供应商和销售商的行为、合作伙伴和竞争对手的情况等。这类信息通过各种渠道进入企业内部，为企业管理决策服务。外部信息既是企业了解国家经济和社会运行状况的重要依据，也是一种重要的反馈信息，有助于企业及时抓住机会、避免外部变化带来的威胁，是调整和改进企业管理的依据之一。

2.按企业信息资源的内容分类

根据信息的内容，可以将企业信息划分为企业技术信息、企业管理信息和企业文化信息。

（1）企业技术信息，是指关于企业所需的技术进步或技术开发方面的信息。例如，生产技术、产品技术及其标准、设计图纸、实验数据、技术动向、产品开发等。

（2）企业管理信息，又可分为企业生产管理信息、企业经营管理信息和企业行政管理信息。

①企业生产管理信息，是指关于企业生产过程组织、质量管理、人力资源开发与管理、物资及设备管理等方面的信息。

②企业经营管理信息，是指关于企业经营思想和战略、市场营销和企业财务等方面的信息。例如，原材料的价格、产品销售情况、市场动态以及企业的资产、利税、负债、会计报表等。

③企业行政管理信息，是指企业行政管理过程中产生的各种信息。例如，上级的指示、政策、文件，企业向上级的请示、报告，企业制定的管理制度等。

（3）企业文化信息，是指企业内部多数成员在企业长期发展过程中形成的、共同拥有的价值观念、行为方式、企业道德、企业精神、企业形象、企业习俗、企业规范等。

3.按企业信息的价值程度分类

根据企业信息的价值程度，可以将其划分为高值信息、潜值信息、低值信息、无值信息和负值信息。

（1）高值信息。高值信息是指信息量很大、使用价值很高的一类信息，是企业竭力寻求的信息。它具体又可以分为机会信息、战略信息、竞争信息、环境变动信息、反馈信息等。

①机会信息是指对于企业来说是可能获得大好发展机会的信息，如与企业相关的新产品、新技术、新资源、新材料、新市场等的信息。机会信息的使用价值在于它可以创造机会收益。

②战略信息是指企业战略管理过程中需要及产生的信息总和，是决定企业命运、关系企业发展全局和远期规划的信息。

③竞争信息是指关于已知的竞争对手、潜在的竞争对手和竞争环境等方面的信息。

④环境变动信息是指社会经济环境的不断变化可能给企业发展带来不确定性的信息，涉及社会、政治、经济、科技、文化、观念等，这些都是企业生存的重要外部环境。

⑤反馈信息是指企业在生产、经营管理过程中实施各种决策和管理措施后的结果信息。它是企业管理者总结经验、发现问题、调整决策方案的重要依据。

（2）潜值信息。潜值信息是指具有潜在使用价值的信息，如平时收集的各种与企业生产、发展有关的文献、资料，各级管理者在实践中形成的经验、体会等。潜值信息和高值信息是相对的，二者可以相互转化。潜值信息的存在要求企业管理者平时要注意信息的积累，只有实现了潜值信息的大量储备，在机遇出现的时候，才可以把握机遇，获得成功。

（3）低值信息。低值信息是指仅能维持企业正常运转的信息，如企业日常活动中的通知、报告、订单、报表、广告、信函等。这些信息虽不可或缺，但它们只能使企业维持现状，不能使企业获得发展。企业内这类信息较多，如果企业管理者把主要精力放在处理这些低值信息上，必定是对时间和精力的极大浪费，会影响企业竞争力的提升，阻碍企业的发展。

（4）无值信息和负值信息。无值信息和负值信息是指没有使用价值，甚至起负面作用的信息。这类信息可能是故意制造的假信息，也可能是信息传播过程中的失真信息，还可能是信息采集者理解不当造成的失真信息，这些信息对企业的决策没有益处，需要信息管理者能够予以识别并排除。

4.1.3 EIM的概念与基本任务

1. EIM的概念

在EIM中，信息和信息活动是信息管理的主要对象。企业所有活动的情况都要转变成信息，以“信息流”的形式在企业信息系统中运行，以便实现信息的传播、存储、共享、创新和利用。企业传统管理中的信息流、物质流、资金流、价值流等也要转变成各种“信息流”被并入信息管理中。EIM的原则是必须遵循信息活动的固有规律，并建立相应的管理方法和制度。

2. EIM的基本任务

EIM的基本任务包括以下几个方面。

（1）有效组织企业现有信息资源，围绕企业战略、经营、管理、生产等开展信息处理工作，为企业各层次各部门提供所需的信息。

（2）不断地收集最新的经济信息，提高信息产品和信息服务的质量，努力提高信息工作的系统性、时效性、科学性。

（3）使企业信息按照一定的权限在企业部门之间、员工之间和合作伙伴之间进行资源共享。

（4）实现企业信息资源的开发与利用，将潜在的信息资源变成现实的信息资源，使现实的信息资源发挥作用、产生效益。

4.1.4 EIM的内容

EIM的内容主要包括：企业信息资源的管理、企业信息活动的管理以及企业信息化建设项目的管理。

1. 企业信息资源的管理

企业信息资源的管理，通常是指对企业经营活动产生的数据及其有利用价值的各类信息进行统一规划、收集、加工、存储、传递和使用的管理，其核心任务是充分开发和利用信息资源。

企业在一定的时间阶段需要对生产经营和日常管理活动中产生的数据进行汇总并形成报表，或加工形成信息。例如，财务报表、生产进度表、采购清单等。

广义的信息资源还包括信息生产者和信息技术。信息生产者多数是企业各个岗位的工作人员，也有部分专职信息收集人员，需要建立相应的制度并通过培训等对他们进行管理。信息技术包括计算机、网络等硬件和数据库管理系统等软件，也包括信息处理技术。因此，对信息技术的管理包括计算机设备管理、网络管理、数据库管理和应用系统管理等。

2. 企业信息活动的管理

信息活动是指人类社会围绕信息资源的形成、传递和利用而开展的管理活动与服务活动。信息活动从过程上可以分为两个阶段：一是信息资源形成阶段，以信息的产生、采集、传播、存储、加工等作为活动特点，目的在于形成可供利用的信息资源；二是信息资源开发利用阶段，以对信息资源的检索、传递、分析、评价、利用等活动为特征，目的是实现信息资源的价值，达到信息管理的目标。

企业信息活动管理同企业管理一样，分为三个不同的层次。

（1）战略管理层。企业高层管理人员对信息资源在整体上进行把握和控制。

（2）管理控制层。企业中层管理人员负责设计、组织、协调与企业业务相关的信息活动，使各种业务活动有效开展。

（3）操作管理层。企业基层管理人员对业务处理过程中的信息进行管理。

企业信息活动主要包括信息的收集、存储、加工、传递和使用五个环节。因此，信息活动的管理针对信息管理的动态方面，是对相关环节进行计划、组织、领导、协调和控制，所关注的是信息资源开发利用的过程和效果。

由于信息活动的五个环节紧密相关，而不同的管理层次所使用的信息又有所不同，从而决定了对信息的收集和加工方法也不同。例如，在操作管理层面，企业收集的大多是每项业务的数据，按照数据库组织方式进行存储管理。在管理控制层面，企业往往需要某些业务的周报表或月报表，这些信息的产生需要对数据库中的原始数据进行多表复合查询、统计计算等。在战略管理层面，企业一般需要收集竞争对手信息、行业发展和市场信息等外部信息，进行高度综合和加工汇总，并提出预测或决策等建议信息。

因此，企业对于信息活动的管理实际上是从管理层次、信息活动环节和管理职能等方面进行综合考虑的系统性工作。

3. 企业信息化建设项目的管理

企业信息化是通过数个信息化项目建设实现的，包括各部门计算机配置、网络工程项目、机房建设和改造项目、应用系统项目、信息资源规划等。每个信息化项目建设都是一套完整的管理过程，包括项目规划、申请和审批、招标、施工建设、试运行、验收等。

在 EIM 中开展相关信息化项目的管理，目的是保证项目工程质量，保证工期，节约成本，提高工作效率。

4.2 企业知识管理

4.2.1 企业知识管理概述

1. 企业知识管理的概念

知识管理是近年来一个非常热门的话题。20 世纪末，随着科学技术的飞速发展和市场经济条件下竞争的加剧，许多企业处于动态的不确定环境之中，迫切需要利用知识资产进行产品创新、服务创新和管理创新，因此对知识管理的研究逐渐为许多企业所重视。

当前，人类社会已经进入了知识经济时代，知识已经成为企业获取竞争优势的基础和重要的稀缺资产。知识管理是知识经济时代涌现出的一种最新管理思想与方法，它融合了现代信息技术、知识经济理论、企业管理思想和现代管理理念，是企业管理的一项重要内容。

目前，国内外对知识管理尚无统一的定义。美国生产力和质量中心（American Productivity and Quality Center，APQC）认为，知识管理应该是组织有意识采取的一种战略，它保证能够在最需要的时间将最需要的知识传送给最需要的人。这样可以帮助人们共享信息，并将之通过不同的方式付诸实践，最终达到提高组织业绩的目的。

我国著名经济学家乌家培教授认为，信息管理是知识管理的基础，知识管理是信息管理的延伸与发展；知识管理是信息管理发展的新阶段，信息管理以往各阶段不同，它要求把信息与信息、信息与活动、信息与人连接起来，在人际交流的互动过程中，通过信息与知识（除显性知识外还包括隐性知识）的共享，运用群体的智慧进行创新，以赢得竞争优势。

综上所述，企业知识管理（Enterprise Knowledge Management，EKM）是指企业利用现代信息技术，开发企业知识资源，建立学习型组织，推进企业现代化进程，提高企业核心竞争力和经济效益的管理过程。EKM是以“知识资源”为核心，通过知识共享实现的企业管理活动，目标是使企业知识在运动中不断增值。

2.企业知识管理的内容

EKM要对企业纷杂的知识内容（方案、策划、制度等）和格式（图片、word、excel、ppt、pdf等）进行分门别类的管理，构建相应的知识库。知识管理关注的是企业内外部显性和隐性的知识，显性知识包括研究报告、标准规范、程序文档和数据等，隐性知识包括隐藏在人的大脑中的经验和隐含在企业业务中未被发现的知识。同时，知识管理还需要对知识活动（知识沉淀、共享、应用、学习、创新等）进行管理，并延伸到对人的知识行为的管理——管理制度、企业文化等方面。

（1）企业外部知识包括相关的经济、法律、行业知识，竞争对手知识等宏观知识和相关的业务知识等微观知识。这部分知识可以通过与企业有关的人，如顾客、业务伙伴、咨询顾问、朋友等获得，也可以通过相关的资料，如期刊、论文、书籍、公司的调查报告等获得，还可以通过一些活动，如考察、会议、展览会等获得。

（2）企业内部知识包括显性知识和隐性知识两种。

①企业内部的显性知识主要指信息化、文字化、数字化的知识，其中包括规章制度、各种数据、总结报告、实物资料。它们存在于公司的各种档案材料之中，如文件、报告、内部报刊、文章、手册、专利、图片、视频资料、音频资料、软件等。一般企业都有档案室专门从事这部分知识的收集和整理。

②企业内部的隐性知识是指存在于员工个体和企业内部各级组织（团队、部门、企业层次等）中难以规范化、难以被模仿，不易交流与共享，也不易被复制或窃取，尚未编码的知识。主要包括员工个人知识、经验、技能，业务流程知识，关系（企业跟客户、政府、员工等的关系）知识。这部分知识往往更为重要，与企业的发展壮大息息相关，所以在企业中使隐性知识显性化是很重要的工作。

4.2.2 EKM体系

企业要进行有效的知识管理，关键在于建立起一个适合的知识管理体系。

1.EKM体系的划分

知识管理体系总体上可分为知识管理理念和知识管理软硬件两个部分。

（1）知识管理理念。知识管理理念涉及企业制度和企业文化两个方面。

①企业制度方面包括确立企业的知识资产和制定员工激励机制，从而加强管理者对知识管

理的重视并鼓励员工积极共享和学习知识。

②企业文化方面包括企业共享文化、团队文化和学习文化，员工要破除传统的独占观念，加强协作和学习。

（2）知识管理软硬件。

①知识管理软件。知识管理软件对应的是知识管理系统，它是一个建立在管理信息系统基础之上，实现知识获取、存储、共享和应用的综合系统，通过文件管理系统、群件技术、搜索引擎、专家系统和知识库等技术工具，企业的显性知识和隐性知识能够得到相互转化。

②知识管理硬件。知识管理硬件对应的是知识管理平台，它是一个支撑企业知识收集、加工、存储、传递和利用的平台，通过因特网、内联网、外联网和知识门户等技术工具将知识和应用有机整合。

2.EKM 体系的实施

EKM 体系研究已成为知识管理研究的发展趋势之一。许多知名公司已经建立了自己的知识管理体系，利用知识资源获得竞争优势，巩固其行业领袖地位。

企业要想实施成功的知识管理，关键在于以下几个方面。

（1）制定 EKM 战略，建立知识创新激励机制，塑造知识共享的企业文化氛围。

（2）设置知识主管专门负责 EKM 工作，开发知识创新能力。

（3）与企业的业务流程相结合，调整企业知识结构。

（4）建立 EKM 系统，管理知识生产、交换、整合和内化。

（5）根据一定的原则和方法对知识管理活动进行评价，以期改进。

制定知识管理战略规划是知识管理的重要工作之一，是对企业建立知识管理体系的全面策划：一是通过分析 EKM 的现状，找出差距、分清重点，确定企业建立知识管理系统可选择的方向；二是通过分析企业的战略规划，确定知识管理的战略与目标。

3.EKM 体系的人员配置

为了推动知识管理的有效实施和正常运作，企业需要设置相应的知识管理部门并配备相关管理人员，赋予他们相应的管理权力和责任，否则知识管理很难坚持到底。一般情况下，知识管理部门的组织以知识管理委员会为领导和实施机构，企业负责知识管理的最高层负责人可以被称为首席知识官（Chief Knowledge Officer，CKO）；在公司各部门设置专（兼）职知识经理，负责组织知识管理与推动应用，确定 1~2 名专（兼）职知识管理人员，负责具体的实施工作。知识管理不仅需要知识管理委员会组织推动相关工作的开展，还需要公司每一个员工的参与和支持。

4.EKM 的影响因素

制定 EKM 制度，是知识管理工作的重要环节，可以使知识管理工作从物质上得到保证，从操作上有章可循。同时，通过这一途径可在企业内部形成支持知识共享的良好企业文化。影响知识管理活动的关键因素主要包括两个部分：一是组织管理制度，二是操作管理制度。组织管理制度主要涉及知识管理的组织设置、知识管理的投入力度、知识管理的岗位描述、知识管理人员的技能要求、对公司全员的知识管理要求、业绩指标、业绩评估、激励措施等。操作管理制度主要涉及知识管理的工作流程、知识管理流程与经营流程的互动等。

4.2.3 EKM工具

企业实施知识管理，需要运用一定的工具。知识管理工具和数据、信息管理工具的重要区别在于，它能为使用者提供理解信息的语境，以及各种信息之间的相互关系。

例如，如果没有相应的历史知识，那么世界名画《蒙娜丽莎》对于观赏者来说仅仅是一幅肖像画，但这幅画所要表达的内容绝不仅仅如此。知识管理工具的作用在于，它不仅帮助人们完整地保存这幅画像，更重要的是，它能够帮助人们理解这幅名画。

从企业知识的生命周期来看，对知识的处理可以分为知识的生成、知识的编码和知识的转移。因此，可将知识管理工具分为生成、编码和转移工具三类。

1.知识生成工具

知识的创造对于企业来说是极其重要的，它是企业具有长久生命力的保证。知识的生成包括产生新的想法、发现新的商业模式、发明新的生产流程以及对原有知识的重新合成。企业内部的知识产生有多种模式，如知识的获取、合成、创新等，不同的知识产生模式有不同的工具支持。

（1）知识获取。新的知识不会突然产生，创新总是需要在已有知识的基础上进行，组织或个人实现创新的第一步是要获取大量的相关知识，最具代表性的知识获取工具就是搜索引擎。

互联网和其他技术的产生，将人类获取知识的能力提高到了一个崭新的阶段。虽然搜索引擎不能直接给人们带来知识，但是它们却提供了知识的存放位置，如果忽略搜索质量，像百度这样的搜索引擎的确能使人们十分方便地获取各种知识。最新的技术发展已经使网络搜索引擎具有了初步的智能，它能够根据用户输入的关键字实现模糊搜索，并且能够根据用户对各条搜索结果的使用频率，自动更新搜索结果。

互联网上的搜索引擎是企业获取外部知识的重要工具，现在已经有不少成熟的软件支持企业内部知识的获取。例如，Lotus Notes R5 提供的搜索器，能够在Notes文档中实现高效率的全文检索，并且能够实现检索条件的任意组合，使用户能够迅速地查找所需要的资料。Lotus Notes R5 提供的搜索器还整合了互联网搜索引擎和专家搜索器，使用户在Notes的环境下也能方便地获取其他资源。

另一种常被用于知识获取的工具是数据挖掘技术。数据挖掘，也可以称为数据库中的知识发现（Knowledge Discovery in Database，KDD），是从大量数据中提取出可信、新颖、有效的知识并形成能被人理解模式的高级处理过程。数据挖掘运用选定的知识发现算法，从大量数据中提取出用户所需要的知识，这些知识可以用一种特定的或常用的方式表示。数据挖掘的主要功能包括数据描述、数据分类、数据聚类和数据关联。通过数据挖掘工具，企业可以在各种繁杂的数据中找到有用的知识。

（2）知识的合成。大多数的发明并不是仅仅基于单一想法，而是具有多个创新点的综合产品。对于大多数的搜索引擎，在使用者提供了明确的搜索条件的情况下，能够高效率地搜索与关键词相关的条目。但搜索结果之间是无序且相互独立的，即使最强大的搜索引擎也不能实现完全智能的互动搜索。因此，常规搜索引擎的缺陷在于不能搜索与人脑想法相关的知识。但现在有一些工具能够帮助人们实现，如IdeaFisher等工具能够将相关的词句组合起来，帮助人们将分散的创新观点整合起来。另外一种工具名为Inspiration，能够帮助用户形成一个概念图，从而提高使用者对知识合成的能力。

（3）知识的创新。就目前的技术水平而言，虽然人们可以通过搜索引擎大大提高搜索效率，通过一定程度的人工智能实现简单的知识推理，但实现自动化的知识创新还十分困难，只能实现辅助性的知识创新。例如，名为IdeaGenerator 和 MindLink的工具通过引导人们突破思维定式提高创新能力。知识的创新是人类最复杂的思维活动，要求机器像人类一样思维是不太可能的，但人类可以设计出一些软件模拟人类思维。

2.知识编码工具

如果仅有知识生成工具，那么它的作用是微乎其微的。知识在产生出来后，只有通过共享和交流才能发挥其价值。知识编码则是通过标准的形式表现知识，使知识能够方便地被共享和交流。

知识编码的困难在于，知识几乎不能以离散的形式表现。如果数据类似一条记录，信息类似一条消息，那么知识更像一个仓库。知识的不断积累和改变，使人们很难对其进行清晰的区分，因此对知识进行审核和分类是十分困难的。

简单来说，知识编码工具可以分为以下两类。

（1）知识仓库。知识仓库是一种特殊的信息库，库中的元数据有相关的语境和经验作为参考。许多人用“知识仓库”这个术语代替数据库和信息库，以此迎接知识管理的浪潮，而真正的知识仓库远比这两个概念复杂。知识仓库拥有更多的实体，它不仅存储着知识的条目，而且存储着与之相关的事件、知识的使用记录、来源线索等相关信息。正确运用知识不仅需要人们了解表示知识的信息、数据，还要了解与该知识相关的语境，因此在帮助人们利用知识的作用上，知识仓库要比数据库更有效率。

知识仓库通常收集了各种经验、备选的技术方案及各种用于支持决策的知识。知识仓库通过模式识别、优化算法和人工智能等方法，对成千上万的信息、知识加以分类，并提供决策支持。这样，知识仓库不仅可以避免重新获取知识带来的成本，而且通过提供对协作的支持加快企业创新速度。当与专家系统、友好的应用界面相结合时，知识仓库将成为十分有用的工具。

知识仓库的一个简单例子是“资源下载管理系统”。这个系统被用于存储管理项目组成员各自从互联网上下载的文档、软件和网络资源，同时要使项目的各个成员能够共享其他成员下载的资源。

知识仓库与数据库的另外一个区别是，一方面，知识仓库是一个有机体，其生命力在于不断地更新。当决策人不断地从知识仓库中提取有用的数据、放入新的内容时，知识仓库将会保持活力；相反，长期不使用知识仓库将会降低知识仓库的可用性。另一方面，不断地周期性地对知识仓库的知识内容进行评价，对数据库的可用性十分重要。原因在于，从知识的可用性来看，有些知识的可用周期很长，但有些知识的可用周期很短，如果不对知识仓库中的知识定期进行评价，那么库内的知识不仅不能支持员工高效率工作，而且还会产生误导。

（2）知识地图。知识地图是被用于帮助人们知道在哪里能够找到知识的知识管理工具。知识地图的作用还在于帮助人们在短时间内找到所需的知识资源。和目前企业面临的信息过量一样，企业将来也会面临知识过量的问题。即使为使用者提供高效率的搜索引擎，也不能使使用者摆脱在寻找知识过程中的混乱状态，因此需要有一个指引使用者的工具。如果要求知识地图能够指出企业所有的知识所在，这将是徒劳无功的，因为过多的细节将喧宾夺主，使使用者更没有方向感。因此，知识地图设计的关键是指出对企业的业务或流程有关键作用的知识。知识地图的形态可以多种多样，但有一点是相同的，即无论知识地图的最终指向是人、地点还是时间，它都必须指出在何处能够找到所需要的知识。

3.知识转移工具

知识的价值在于流动。许多案例表明，如果不同的部门之间相互利用各自的经验和知识，将会产生巨大的效益，因此知识的传播对于发挥知识的能量十分重要。这个规律普遍适用于组织或个人。一般认为，企业内的知识产生、流动过程为：隐性/个人知识—显性/个人知识—显性/集体知识—隐性/集体知识。在知识流动过程中存在许多障碍，使知识不能毫无阻力地任意流动。这些障碍可分成三类：时间差异、空间差异和社会差异。企业需要根据各种障碍的特点设计相应的制度和工具，使企业的知识更加有效地流动。

（1）时间差异。时间差异产生的障碍表现在历史性和实时性两个方面。

①历史性。对于组织来说，除非能够捕捉知识，将其编码化，并且在需要时及时提供给员工，否则许多有用的知识就会转瞬即逝。例如，在“头脑风暴”会议上，员工提出的想法如果没有文字记录或录音记录，那么随着时间的流逝，“头脑风暴”会议形成的知识将会迅速消失。

②实时性。实时性的时间障碍多存在于如何保持两种工作之间的协调上，以保证合作者之间进行充分的知识交流。用于实现实时远程交流的工具对克服实时性的时间障碍大有帮助。在这类工具中，目前最流行的是基于互联网的论坛或新闻组和被称为群件的软件包。群件的特点在于它能够提供虚拟的工作平台，在这个平台上，员工可以交流看法，协同工作。在员工交流的过程中，群件系统不仅能保存所形成的文档，还能捕捉交流和互动的线索，保留了知识的语境；在克服了知识交流的实时性困难的同时，也克服了历史性困难。

（2）空间差异。随着企业国际化的发展，现代企业已经很少局限于本地化。随着公司在地理拓展上的不断增强，企业必须与客户、供应商进行远程交流和合作。从交流活动中的知识交换效率来看，通常情况下，面对面交谈的知识交换效率是最高的，而随着交流过程中面对面交互程度的降低，知识交换的效率也会随之降低。

许多公司采用会谈室的方式激发员工的创新热情。在会谈室中，员工可以就自己的想法畅所欲言，发表对项目或产品的看法。通过在会谈室中交流想法，员工可以增进相互的了解和信任，同时在交流过程中，知识也得到共享和流通。但常规的会谈室有两个缺陷：一是在会谈室中，员工必须面对面地交流，这需要有开放、民主的企业文化支持；二是它不能适应企业在地理上分布性的要求。

随着网络的发展，人们已经可以建立起许多虚拟的交谈室来克服常规交谈室的不足。例如，利用群件技术可以在企业网上或者是互联网上建立交谈室，与项目相关的员工可以在交谈室中发表意见，每个交谈室由项目经理或指定人员负责主持讨论，员工可以以文字或网络会议的方式参与讨论，在讨论结束后，由系统自动形成会议档案。

（3）社会差异。社会差异包括了员工在层级、分工和文化上的差异。这种差异源于个人的经历各不相同，使得员工对相同的信息产生不同的反映，即使是完全相同的学习过程，不同生活背景的员工获取的知识也是不相同的。这些差异在很大程度上影响员工交流和共享知识，同时这种差异也是最难克服的。

无论采用何种工具促进知识共享和交流，由于形式最丰富的知识储存在人脑中，最有价值的知识传送还是在人与人的交流中发生，因此解决知识传送问题的关键还是如何促进员工之间相互交流知识。

认知研究采用一种被称为交流团队的概念描述组织内部的交互网。交流团队是企业的一种非正式组织，其中团队角色根据成员的能力或技巧决定，而不是根据成员在正式组织层级中的地位决定，这样知识的传播能够在企业交流团队中发生。企业交流团队更强调员工共享知识和经验。由于团队内的员工有相近的知识背景和工作经验，因此他们之间能够更好地理解知识的语境，使知识的交流更容易发生。从组织的本质来看，交流团队比其他组织更容易激励员工在企业中共享知识。

4.2.4 EKM系统

知识管理系统中，EKM系统是收集、处理、分享企业全部知识的信息系统，通常由计算机系统支持。例如，专家系统、知识库系统、问答系统，甚至简单到是一种能够利用索引访问关键商业资料（如销售状况或客户信息）的文档管理系统。

知识管理系统（Knowledge Management System，KMS）主要由操作系统和知识数据库组成，是一套B/S结构的软件，知识数据库是核心，客户端程序实现浏览/查找/互动/数据库管理等功能。

EKM系统能够利用软件系统或其他工具，对企业大量有价值的方案、策划、成果、经验、业务技能等知识进行分类存储和管理，积累知识资产，避免知识流失，促进知识学习、共享、培训、再利用和创新，有效降低企业运营成本，强化企业核心竞争力。

比如，北京深蓝海域信息科技有限公司自主研发的KMPRO知识管理系统是国内应用最为广泛的知识管理软件平台之一。该系统结合国内企业实际需求，基于B/S架构，构建起相应的知识管理平台，能快速分析企业知识结构，分类存储知识数据，共享知识应用，提升企业管理效率，有助于企业知识资产增值，提升企业核心竞争力。目前，该系统已经成功地应用于金融业、制造业、咨询业、快速消费品业、汽车业、旅游业等多个领域，运行效果良好，受到客户广泛的好评。

4.3 企业信息战略规划与业务流程重组

4.3.1 企业信息战略规划

企业信息战略需要研究信息技术如何与企业的中长期规划和发展战略相适应、相融合，如何有效地保障企业可持续发展，如何利用信息技术规划企业业务流程、提升企业竞争力等问题。

企业信息战略规划是指为了满足企业经营管理需求、实现企业战略目标，由企业高层管理人员、信息化技术专家等对企业信息化的发展目标、发展方向及信息化建设制定的总体计划框架。

企业信息战略规划需要对企业信息资源和信息活动所面临的内外部环境条件进行分析，使企业信息管理全面满足企业业务发展需要，合理规避信息技术投资风险，着眼于企业中长期信息化建设的全局问题，按照问题的轻重缓急、关键程度设立信息化建设项目，以及计划投入的资源等。

1.制定企业信息战略规划的方法

制定企业信息战略规划的方法主要包括：基础信息调研、能力和现状分析、信息战略目标设计和战略制定。

（1）基础信息调研。基础信息包括企业内部和外部与企业生存发展和信息化有关的各类信息。调研就是要在明确企业总体战略对信息化要求的前提下，准确把握企业内外部环境和条件，目的是要明确本企业的信息化需求、条件和制约因素。

（2）能力和现状分析。分析内容包括企业信息化的基本现状、存在的问题、行业和竞争对手情况，具体到各项业务的信息需求，企业所面临的机会和威胁、所具有的优势和劣势条件等。

（3）信息战略目标设计和战略制定。通过分析企业外部环境、发展战略及竞争能力，确定信息战略的远景目标、价值、规模和步骤，制定信息战略规划，使其能够有效支持企业经营管理、控制和决策。

2.企业信息战略规划报告模板

制定企业信息战略规划的工作成果呈现是信息战略规划报告，一般包括以下三部分内容。

（1）环境分析。环境分析是信息战略规划的依据。要明确企业发展目标，明确企业各项业务流程、各部门目标对信息化的需求，从外部环境和内部条件分析企业所处的环境。外部环境主要包括行业发展情况和信息技术发展情况，内部条件主要包括企业内部资源条件、管理方法和信息化现状等。

（2）信息战略规划。在环境分析的基础上，制定企业信息化战略的总目标和使命，各项目具体的目标、经费投入和完成期限等。

（3）信息化总体框架。企业设计的信息化总体框架应明确表达企业信息化的各个组成部分、各部分所处的层次及其相互关系等，要分轻重缓急、分步骤实施，表达方式可以多样化。

4.3.2 企业业务流程重组

对大多数企业而言，决定建设一个管理信息系统是一件相对容易的事情，但是在信息系统实施过程中却充满了挑战与风险，许多企业斥巨资于管理信息系统建设项目却收效甚微。近几年来有大量的企业成功实施并且充分利用了它们的管理信息系统，如联想集团、海尔等。这些企业的成功正是由于遵循了一个简单可行的实施方式，即首先理解业务流程，其次进行简化、重组，最后实现操作自动化。在这看似简单的实施方式中，蕴含了一个十分重要的概念，也是近年来在企业信息化建设实施过程中谈论最多的概念——业务流程重组。

业务流程重组（Business Process Restructuring，BPR）最早由美国著名企业管理大师、原麻省理工学院教授迈克尔·哈默于 1990 年在“Reengineering Work：Don't Automate，But Obliterate”一文中提出。企业界把它视为获得竞争优势的重要战略，看成一场工业管理革命。

BPR 是对企业的业务流程做根本性的思考和彻底重组，其目的是在成本、质量、服务和速度等方面取得巨大改变，使得企业能最大限度地适应以顾客、竞争、变化为特征的现代企业经营环境。BPR 是近年企业管理界在全面质量管理、准时生产、工作流管理、团队管理、标杆管理等一系列管理理论与实践全面展开并获得成功的基础上产生的。

1. BPR的基本点

BPR 的基本点包括根本性、彻底性、巨大改善和流程四个方面。

（1）根本性。根本性表明 BPR 所关注的是企业核心问题，通过对根本性问题的仔细思考，企业可能发现自己赖以存在或运转的商业假设是过时的，甚至是错误的。

（2）彻底性。彻底性再设计意味着对事物追根溯源，对既定的现存事物不是进行肤浅的改变或调整修补，而是抛弃所有的陈规陋习及忽视一切规定的结构与过程，创造发明全新的完成工作的方法。它是对企业流程进行重新构造，而不是对企业进行改良、增强或调整。

（3）巨大改善。巨大改善意味着 BPR 追求的不是一般意义上的业绩提升或略有改善、稍有好转等，进行重组就是要使企业业绩有显著的增长、极大的飞跃。业绩的显著增长是 BPR 的标志与特点。

（4）流程。流程指的是企业业务流程。BPR 关注的是企业的整个业务流程，一切“重组”工作都是围绕业务流程展开的。业务流程是指一组共同为顾客创造价值又相互关联的活动。

2. BPR的基本原则

BPR 的基本思想是人们对其本质及内在规律的一些基本看法，是解决 BPR 问题的指导思想。从本质上说，BPR的思想是一种系统思想，突出联系、运动和发展的观点，强调主要矛盾和矛盾的主要方面，所以BPR思想是一种着眼于长远和全局，突出发展与合作的变革理念。归纳起来，企业实施BPR时有如下基本原则。

（1）组织结构应该以产出为中心，而不是以任务为中心。在企业业务活动过程中，应该由一个人或一个小组来完成流程中的所有步骤，围绕目标或产出而不是单个任务来设计人员的工作。

（2）让需要得到流程产出的人自己执行流程。过去，由于专业化精密分工，企业的各个专业化部门只做一项工作，因此它们同时又是其他部门的顾客。当与流程关系最密切的人自己可以完成流程时，大大消除了原有各工作组之间的摩擦，从而减少了管理费用。但是，这并不意味着要取消所有专业部门的专业职能，如对于企业的主要设备和原材料，还是需要由采购部门完成的，具体如何安排，还是要以全局最优为标准。

（3）将信息处理工作纳入产生这些信息的实际工作中。过去，大部分企业都建立了一些部门，它们的工作仅仅是收集和处理其他部门产生的信息。这种安排反映了一种旧的管理思想，即认为低层组织的员工没有能力处理自己产生的信息。如今，伴随着IT的运用和员工素质的提高，信息处理工作完全可以由低层组织的员工自己完成。

（4）将各地分散的资源视为一体。集权和分权的矛盾是长期困扰企业的问题。集权的优点在于规模效益，缺点是缺乏灵活性。分权，即将人、设备、资金等资源分散开，能够满足更大范围的服务，但随之可能带来冗员、丧失规模效益的不良结果。企业管理实施信息化，并应用远程通信网络及标准处理系统，使其完全可以在保持灵活服务的同时获得规模效益。

（5）将并行工作联系起来，而不是仅仅联系它们的产出。企业存在着两种形式并行：一种是各独立部门从事相同的工作，另一种是各独立部门从事不同的工作，而这些工作最终必须组合到一起。并行的好处在于将研究开发工作分割成一个个任务并同时进行，可以缩短开发周期。但是传统的并行流程由于缺乏各部门间的协作，因此在组装和测试阶段就会暴露出各种问题，从而延误了新产品的上市。现在通过应用企业管理信息系统，企业可以协调并行的各独立部门的工作，而不是在最后才进行简单的组合，这样可以缩短产品开发周期，减少不必要的浪费。

（6）使决策点位于工作执行的地方，在业务流程中建立控制程序。在大多数企业中，执行者、监控者和决策者是严格分开的。这是基于一种传统的假设，即认为一线工人既没有时间也没有意愿监控流程，同时，他们也没有足够的知识水平和眼界做出决策。这种假设就构成了金字塔式管理结构的基础。如今，信息技术能够捕捉和处理信息，管理信息系统中的辅助决策功能又拓展了人们的知识水平，于是一线工作者不仅可以自行决策，还可以在流程中建立控制，这就为压缩管理层次和实现扁平组织提供了技术支持。一旦员工成为自我管理者、自我决策者，金字塔式组织结构及其伴随的官僚主义就会消失。

（7）从信息来源地一次性地获取信息。在信息难以传递的时代，人们往往会重复采集信息。但是，由于不同人、不同部门和组织对于信息有各自的要求和格式，不可避免地造成企业业务延迟、输入错误和产生额外费用。今天，在采集一条信息之后，可以将它储存在管理信息系统中，与所有需要的人实现共享。

3. 管理信息系统实施中进行BPR的必要性

根据前文所述，可能有人会问：实施企业管理信息系统建设为什么非要进行企业流程重组呢？其实，企业管理信息系统建设和在企业管理工作中的应用，不仅是引入一套现代化的管理软件，使企业的日常经营管理活动自动化，更重要的是要对企业传统的经营方式进行根本性的变革，使其更加合理化、科学化，使企业的各项资源更加优化，从而大幅度地提高企业的经营效益。通过多年的实践，企业应用管理信息系统后效益的提高，一方面来自企业管理软件本身，另一方面得益于业务流程重组。这也就是为什么要强调在企业管理信息系统应用中进行BPR的重要性。具体说来，它的必要性体现在以下三个方面。

（1）企业管理软件的设计背景通常要求企业进行相应的业务流程重组。例如，ERP等企业管理软件是在典型的市场经济运行模式下开发和应用的，是为适应市场状况和管理要求而设计的先进的企业管理信息系统。要进行业务流程的重组，企业应根据先进的企业管理软件的具体要求，对现有的企业业务流程进行根本性的改造。只有通过这种根本性的改造，才可能发挥企业管理软件的作用和提高企业管理信息系统的应用效益。

（2）企业管理软件的功能实现，要求企业必须进行一定的业务流程重组。企业管理软件的应用改变了企业传统的经营管理方式，它将企业的经营管理活动按照功能分为制造、分销、财务、人力资源管理等几大模块，它们的功能实现要求企业对原有的组织机构、人员设置、工作流程进行重新安排。例如，在企业管理信息系统的运行过程中需要大量、有效的基础数据，而系统自身是无法判断这些数据准确与否的，这就需要对基础数据进行优化分析，也就是说，企业在应用企业管理信息系统前一定要开展管理咨询和业务流程重组工作，通过强化企业管理来确保基础数据的准确性。因此，对于实施企业管理信息化的企业，对企业流程进行重组是不可忽视的。

（3）企业管理信息系统的应用目的要求企业实施业务流程重组。从根本上讲，企业应用企业管理信息系统的目的在于改善企业经营管理，提高企业经济效益。最终目的就是企业能够借助企业管理信息系统的实施应用，不断地优化它的业务流程，使企业的经营活动更加符合科学管理的要求。因为对任何企业来说，在它现有的业务流程中或多或少都会存在一些不合理的地方，如果不能首先对这些不合理的流程进行彻底改造，而是盲目地将原有的业务流程通过企业管理信息系统进行自动转变，则其实施的效果可想而知。因为利用企业管理信息系统使复杂的或者不产生价值的流程自动化并不能提高生产力或企业的业绩，只会导致流程低效和资源浪费。

由此可见，业务流程重组是促进企业成功应用企业管理信息系统的重要因素，它的作用不容忽视。

4. 实施企业流程重组的方法

BPR的实施结构可以被设想成一个多层次的立体结构，整个实施体系由观念重建、流程重建和组织重建三个层次构成，其中以流程重建为主导，而且每个层次内部又有各自相应的步骤过程，各层次之间也交织着彼此作用的关联关系。

（1）BPR的观念重建。观念重建所要解决的是企业决策人员、管理人员和所有员工有关BPR的观念问题，即要在整个企业内部树立实施BPR的正确观念，使企业的员工理解BPR对于企业管理、应用企业管理信息系统的重要性。它主要涉及以下三个方面的工作。

①组建BPR实施小组。由于BPR要求大幅度地变革基本信念、转变经营机制、重建企业文化、重塑行为方式和重构企业的组织形式，所以需要有很好的领导和组织的保证。在企业内部要成立专门的领导小组负责企业管理信息系统实施中的业务流程重组工作，通常可在企业管理信息系统建设项目管理委员会的实施小组中设置BPR实施领导小组，因为BPR工作是在项目的实施阶段进行的。

②前期的宣传准备工作。为提高BPR工作的效率和成功率，企业在开展BPR工作前有必要进行一定的宣传，它可以帮助企业的员工从客观的和企业发展的角度看待并理解企业流程重组对于本企业的重要作用和深远意义。若是员工对BPR工作不理解或不配合，势必会对工作的顺利进行产生不利影响，将会影响到整个项目的实施，因此，应重视此项工作。

③设置合理目标和实施步骤。这是为了给企业流程重组工作设置一个明确的目标，以便做到“心中有数”。常见的目标有降低成本、缩短时间、增加产量、提高质量、提高顾客满意度等。同时，还要考虑到整个BPR工作的基本步骤和实施的进度等问题，特别是由于整个信息系统建设是分步进行的，因此实施BPR时要考虑到实施的内容要与系统建设的具体项目相一致，也就是说，企业管理信息系统建设暂时不会涉及的部分可暂缓进行BPR工作。对于我国的企业，采取分步实施BPR是比较可行的一种方法。

（2）BPR的流程重建。流程重建是指对企业的现有流程进行调研、分析、诊断、再设计，然后构建新的流程的过程。它主要包括以下三个环节。

①业务流程分析与诊断。它是对企业现有的业务流程进行描述，分析其中存在的问题，并给予诊断。

②业务流程的再设计。针对前面分析诊断的结果，重新设计现有流程，使其趋于合理化。设计流程可以表现为：经多道工序合并，归于一人完成；将完成多道工序的人员组合成小组或团队共同工作；将串行式流程改为同步工程；等等。

③企业流程重建的实施。这一阶段是将重新设计的流程真正落实到企业的经营管理中，我国企业在实施企业重组时要采取循序渐进的方法。

（3）BPR的组织重建。组织重建的目的是要给业务流程重建提供制度上的维护和保证，并追求不断改进。其主要的工作如下。

①评估BPR实施的效果。与事先确定的绩效目标进行对照，评价是否达到既定的目标，如在时间、成本、品质等方面的改进有多少，流程信息管理的效率如何等。

②建立长期有效的组织保障，这样才能保证流程持续改善的长期进行。具体包括：建立流程管理机构，明确其责权范围；制定各流程内部的运转规则与各流程之间的关系规则，逐步用流程管理图取代传统企业中的组织机构图。

③文化与人才建设。企业必须建立与其流程管理相适应的企业文化，加强团队精神建设，培养员工的主人翁意识。同时，新的业务流程也对员工提出了更高的要求，要求企业注重内部的人才建设，以培养出适应流程管理的复合型人才。

4.4 企业信息部门的组织

企业信息化是一项涉及范围广泛、占用资源庞大的系统工程。通常对于规模较大、实力较强的企业，都要设立专门的信息部门负责此项工作，还要设立相应的岗位，并规定各个岗位的职责和权利。同时，为了更好地推动信息化工作，企业信息部门往往还需要对企业全体人员开展信息化培训。

伴随着企业信息化建设的发展，信息部门在企业内部的地位越来越重要。根据信息化基础设施及软件的应用与推广，企业信息部门发展的大致过程为：计算机操作岗位（附属于其他部门）、计算中心、网络中心、信息中心、决策支持部门。目前，企业信息部门正在逐步建成完善的信息管理组织体系。

4.4.1 现代企业信息管理组织体系

现代企业负责信息管理的部门和人员已经逐步形成一个以企业信息主管为核心，以信息技术部门为支撑，以业务部门信息化实施、运行为主体，专职、兼职相结合的信息化管理人员组织结构体系。该体系包括以下几个方面。

1. 首席信息主管

首席信息主管（Chief Information Officer，CIO）处于组织的战略决策层，参与组织的整体战略规划，具体负责本企业的信息化建设规划、实施，全面协调各部门的信息化建设。

2. 信息化管理领导小组

信息化管理领导小组也称为信息化管理委员会，是领导企业信息化建设的最高机构，也是一个临时机构，一般由组织的高层负责人和部门负责人共同组成，有时还会包括外聘专家。该机构主要负责组织的信息化战略规划，论证重大的信息化建设方案，研究企业的管理流程和业务流程改革，审批与信息化相关的项目、方案、经费投入、管理制度和标准规范等。

3. 信息技术支持中心

信息技术支持中心作为企业信息化建设的主要力量，其主要工作职责包括：负责信息化基础设施及信息系统建设与维护工作；根据企业发展战略和信息战略要求，负责企业内外部信息资源的开发利用；引入知识管理，组织建立与企业基础数据、产业政策、竞争对手、供应商及客户相关的信息资源库；负责各类信息采集、综合与分析，为管理决策提供所需的信息；为其他业务部门提供信息技术支持，并负责企业全员信息化培训等工作。

4. 业务部门或基层部门的信息管理岗位

各部门的专(兼)职信息管理人员主要负责具体的数据管理和系统维护等工作。

4.4.2 全员信息化培训

现代企业的信息化建设不仅由IT人员负责，而且涉及企业每一个员工及各个管理与业务领域，因此需要全员参与、全员配合及全员培训。就信息化建设工作岗位培训而言，大体可以分为决策层、管理控制层和执行层三个层次。不同层次的人员需求不同，培训的目的和内容也有所不同。

1. 决策层

对决策层的培训，其目的主要在于使相关人员理解本企业信息化的目的、意义，理解各级信息系统对于组织管理的作用，充分认识到信息资源的开发利用对于提高企业经济效益和竞争力的重要作用，能够在信息化建设过程中发现企业所需的决策信息。

2. 管理控制层

对管理控制层的培训，其目的主要在于使相关人员熟悉本企业的信息化环境，能够利用相应的信息系统管理业务流程、分析工作绩效等。

3. 执行层

对执行层人员的信息化培训，其目的主要在于使相关人员学会使用具体的应用软件功能。

4.5 企业信息系统建设管理

企业信息管理的核心任务是建立、运行并维护高效的信息系统。信息系统建设是实现信息管理和企业信息化的基础性工作。对信息系统生存周期的各个阶段实施有效的管理控制，有助于提高信息系统的开发质量和效率。

4.5.1 信息系统建设总体规划

企业信息系统的建设是一个投资大、历时较长的项目，如果规划不好不仅会给企业造成直接经济损失，而且给企业带来的间接经济损失将会更大，因此需要把信息系统建设规划放到重要的战略位置上。

在企业信息系统建设开始之前，应该根据企业信息战略规划对其进行全面的规划，制定信息系统建设总体方案，以确保开发的信息系统符合企业总的战略目标，保证建成的信息系统满足企业各部门的需求，使其真正成为提高企业竞争力的有力工具。

企业信息系统建设总体规划是在企业信息战略规划的指导下，考虑管理环境和信息技术对信息系统的影响，对企业内部的信息技术和信息资源开发工作进行合理安排，确定信息系统在组织中的地位及结构关系，制定出分阶段的建设目标、关键任务和主要内容。

信息系统建设总体规划的主要内容包括以下几个方面。

（1）企业需要哪些信息系统，即信息系统由哪些部分组成，包括子系统和主要模块。

（2）如何获得这些系统，即要考虑信息系统的建设方式：自主开发、购买软件（服务）、委托开发（外包）、合作开发。

（3）现有系统和管理环境的变化。

（4）系统应急计划，即解决问题的其他设想和方案。

可以用于信息系统规划的方法很多，较为常用的方法主要有关键成功因素法（Critical Success Factors，CSF）、企业系统规划法（Business System Planning，BSP）等。

企业信息系统建设总体规划的一般步骤如下。

（1）初步调查。信息系统是在当前管理系统基础之上的提高和扩展，因此作为总体规划的第一步，必须对当前管理系统进行初步调查，从总体上了解组织结构情况、基本功能、信息需求和基础条件等。

（2）确定信息系统建设总目标。通过对现行管理系统的分析，提出其存在的问题和薄弱环节，从总体上明确各管理层次的需求，提出新系统建设的总体目标。一般需要明确以下几个问题。

①新系统将解决什么管理问题？如解决销售、采购和库存的集成管理问题，开展电子商务的一系列工作等。

②新系统要达到什么管理目标？如节约生产成本 10%，降低库存 20% 等。

③新系统的基本功能是什么？为了完成这些功能，新系统由哪些部分组成（即子系统和主要模块）？如生产计划子系统、库存管理子系统、采购子系统等。

④新系统的总体结构如何？需要大致描述子系统之间，子系统与数据之间的关系。

（3）制定信息系统建设总体方案。信息系统建设总体方案包括系统的综合平台（系统架构）、开发团队的组织方式、系统开发建设方式、分阶段建设计划、投资规模等。

（4）可行性分析。可行性分析主要考虑是否具备相应的开发条件，一般应从经济、技术、管理及开发环境等方面进行分析评估。

4.5.2 信息系统开发管理

信息系统开发是一个复杂的过程，为了使各项工作能够顺利实施，需要对其进行有效的组织和管理。信息系统开发管理的目的是提高开发工作效率、保障开发进度、控制开发风险、确保开发质量，主要包括以下几个环节。

（1）建立项目开发组织。信息系统的开发只有在用户和各类人员的共同努力下才能完成，因此必须组成相应的项目开发团队共同完成整个系统的开发过程。项目组通常设置有专职人员和兼职人员，由项目组长或项目经理总体负责，其他人员包括用户、质量经理、配置管理人员、网络设计人员、系统分析人员、系统设计人员、数据库管理员、程序员和测试人员等。对于大型的、复杂的信息系统建设，根据需要可以建立多个不同的项目小组。

（2）制订信息系统开发计划。信息系统开发计划包括项目任务分解，涉及网络工程项目、数据库开发项目、各子系统开发项目等；针对不同的项目选择开发策略（建设方式），如自主开发、联合开发、委托开发、购买软件等；制订各个方面的计划，如进度计划、投资计划、采购计划等。

（3）实施信息系统开发项目管理。无论是整个信息系统建设项目，还是系统中的某个子项目，当用户需求明确以后，每一个项目都有明确的目标、时间要求和质量要求。为了完成项目，企业需要投入一定的人力、物力、财力等资源，但企业资源是有限的，因此需要引入项目管理的方法进行具体管理。

信息系统开发项目管理总体上可以分为项目立项与可行性研究、项目实施管理两个阶段。在信息系统开发过程中，实施项目管理应包括的主要内容有任务划分、计划安排、经费管理、审计控制、风险管理和质量管理等。

4.5.3 信息系统运行与维护管理

信息系统运行与维护管理是指在信息系统上线后，对系统运行过程中的人员、硬件、软件、数据、操作规程及相关文档等进行管理的活动。人员管理的重点在于培训相关人员并落实管理责任；软硬件的管理，主要是对软硬件系统的运行进行监测、记录、维护、评价和审计；数据的管理，主要是对系统数据库进行日常管理和维护；操作规程的管理，主要是制定和修订各种管理规章制度。

企业信息主管要全面综合考虑信息系统运行的管理与维护工作，组织开展相关人员培训，使各类人员认真履行自己的工作职责，落实相应的管理制度，确保系统安全、稳定运行。

1.信息系统运行管理

信息系统运行管理主要包括对系统日常运行的管理，以及对系统运行情况进行记录、检查与评价等管理活动。信息系统运行管理的主要目标是使信息系统真正符合管理决策的需要，为管理决策者服务。

（1）信息系统运行管理制度建设。完善的管理制度是保证信息系统正常运行的必要条件之一。只有建立了完善的管理制度，企业信息系统在日常运行中才能做到有章可循，才能有效地对系统运行情况进行监督和控制，为企业的生产、经营和管理奠定基础。

从制度建设来看，信息系统的运行管理制度体系主要包括机房管理制度、数据及软件管理制度、系统运行日志记录制度、档案管理制度等。

①机房管理制度。机房管理制度主要包括用户操作规程、人员出入管理规定、机房安全防火制度、计算机病毒防治制度（措施）、硬件设备保养维修制度，以及机房环境卫生管理制度等。

②数据及软件管理制度。数据及软件管理制度主要包括数据及信息安全保密制度、数据备份与恢复制度、重要软件的保管制度、系统软硬件运行异常情况报告制度、系统软件升级、应用软件更新管理办法等。

③系统运行日志记录制度。系统运行日志不仅可以为信息系统的运行情况提供历史资料，还能为查找系统故障提供线索。因此，企业需要建立相应的制度并认真组织落实，确保及时准确地记录好系统运行日志。

④档案管理制度。信息系统运行过程中涉及的文档资料主要包括用户手册、操作规程、系统运行日志、维护记录、审核评价报告、各种管理制度等，它们都是信息系统的重要组成部分。因此，要建立相关的档案管理制度，做好分类、归档工作并妥善保管。同时，对档案的借阅要有严格的规定和必要的管理手段。

（2）信息系统日常运行管理。信息系统日常运行管理工作是系统运行过程中的常规性管理工作，它主要是对系统日常运行的控制和系统运行情况的记录。信息系统投入使用后，其日常运行管理的任务主要包括以下几个方面。

①数据准备。数据准备具体包括数据收集、数据校验和数据录入。这项工作往往由分散在企业各业务部门的业务管理人员（数据录入人员）和数据库管理人员共同完成，为系统的信息处理和信息服务奠定基础。

②信息处理与信息服务。信息处理与信息服务是在保证基本数据完整、准确的情况下，信息系统能够实现的、例行的信息管理工作，通常由软件操作人员完成。常见的工作包括例行的数据更新、统计分析、报表生成、数据备份、数据交流等。

③设备运行与维护。为了完成系统数据录入和信息处理等相关工作，要求各种设备始终处于正常运行状态。因此，需要一定的硬件操作人员负责相关设备的日常运行、管理与维护。

④系统安全管理。在信息系统日常运行中，安全管理工作也是一项常规管理任务。

⑤系统运行情况的记录。信息系统运行情况记录对系统管理、维护和评价都是十分重要和宝贵的资料。信息系统主管人员必须从系统运行之初就组织、协调、安排好相关人员对系统的各种工作情况在系统运行日志中进行详细的记录。

对于信息系统而言，要准确详细地记录系统运行情况是一项非常烦琐的任务，各岗位人员都应该担负起记录系统运行信息的责任。例如，硬件操作人员主要记录硬件的运行和维护情况；软件操作人员应记录各种程序的运行及维护情况，包括完成信息处理情况与信息服务的数量、质量、完成时间等。尤其对于软硬件系统运行中出现的故障或异常情况，相关人员更应该及时记录其发生时间、故障或异常现象、原因分析、处理方法及结果、处理人员等相关信息。

系统运行日志中每条记录的格式都会因工作性质不同而产生一定差异，但至少需要记录登记时间和操作（登记）人员。系统运行日志通常还需要检查人（或负责人）签字。

（3）信息系统运行情况检查与评价。在信息系统运行过程中，除了要进行大量的管理和维护工作外，还需要组织相关人员定期对系统的运行情况进行检查、审核与评价。其目的是评估信息系统的技术能力、工作性能，以及系统的利用率，为信息系统的改进和扩展提供依据。

2. 信息系统维护管理

信息系统维护管理是指为了适应系统环境和其他因素的变化，保证系统正常可靠地运行而有计划、有组织地对系统进行必要的改动，以确保系统中各个要素始终处于最新和正确的工作状态。信息系统维护管理包括系统功能的改进及解决系统在运行过程中发生的问题。

信息系统维护管理面向系统中的各种构成因素。按照维护对象的不同，信息系统维护包括应用软件维护、数据维护、代码维护、硬件设备维护、机构和人员变动维护、系统文档维护等方面的内容。

（1）应用软件维护。应用软件的维护，即对程序的维护。当程序运行出现问题或企业业务流程发生某些变化时，就必然要修改和调整相关应用软件，以适应新的变化。应用软件维护是信息系统维护管理的一项主要内容，是系统维护的重点工作。

根据软件维护的不同性质，可将其分为纠错性维护、完善性维护、适应性维护和预防性维护四种类型。

①纠错性维护。众所周知，系统测试未必能发现系统中的所有错误，可能还有许多潜在的错误只有在系统运行过程中具备一定的激发条件才会出现，具体表现为应用软件发生异常或者出现故障。因此，人们把诊断和修正信息系统中遗留的各种错误的维护工作称为纠错性维护。软件系统运行过程中遇到的错误，无论严重程度如何都要设法改正。修改工作需要制订修改计划，提出修改要求，经负责人审查批准后，在严格的管理和控制下进行。

②完善性维护。完善性维护是指为了满足用户对现有系统提出的新要求，如修改某些功能、增加新的功能、提高某些功能界面的可操作性、增加一些安全措施等进行的维护工作。其目的是改善和加强信息系统的功能，适时进行应用软件的更新和信息系统的升级。

③适应性维护。适应性维护是为了使信息系统适应外部环境的变化而进行的维护工作。计算机技术（包括硬件和软件技术）的发展速度非常快，硬件系统的更新、操作系统的升级换代、数据环境的变化（如数据库管理系统升级、数据存储介质的变动）等往往要求对软件系统进行相应的维护。适应性维护工作也要制订维护计划，有步骤、分阶段地组织实施。

④预防性维护。预防性维护是一种主动的预防措施，是对将要发生变化或调整的信息系统进行维护工作。比如，对一些使用时间较长，目前虽能正常运行，但可能要发生变化的软件模块进行修改，以适应将来的变化或调整。与前三种维护类型相比，预防性维护工作相对较少。

（2）数据维护。在信息系统运行过程中，随着业务流程的变化，对数据的要求也在不断改变。数据维护工作主要针对系统数据库进行，包括删除过时数据、增加新数据、更改部分数据、调整数据结构、数据备份和恢复等。

（3）代码维护。由于信息系统应用范围和应用环境发生变化，系统中的各种代码需要进行一定程度的增加、修改、删除，或设置一些新的代码，这些工作均属于代码维护。

（4）硬件设备维护。计算机硬件系统是保障信息系统运行的物质基础，硬件设备维护是指维护人员对主机、外设的硬件设备进行日常维护和管理。例如，一般故障的处理、故障设备的检修、易损部件的更换、备用设备（配件）的准备，以及日常消耗品的补充等。

信息系统维护管理涉及的范围较广，是一项长期而复杂的工作，企业要为信息系统的正常运行配备好相应的维护人员，并对维护任务进行统一安排和有效管理。在信息系统运行过程中，有的维护任务很紧急，有的维护任务可以推迟一段时间。因此，首先要有一个共同的标准评价每一项维护任务的紧迫性和重要程度，赋予它们一定的优先级，然后对各种任务进行分类和排序，等待维护处理。

（5）机构和人员变动维护。信息系统是人机系统，人工处理也很重要，人的作用仍占主导地位。

（6）系统文档维护。要保证信息系统的可维护性，文档是必要的，其中包括：①系统设计说明书；②源代码说明；③数据库设计说明书；④接口设计说明书；⑤用户手册；⑥系统截图。在某个维护目标确定以后，维护人员必须先熟悉要维护的系统，然后建立一个维护方案。由于程序的修改涉及面较广，某个模块的修改很可能会影响其他模块，所以建立维护方案后要考虑的重要问题是修改的影响范围和波及面的大小，然后按预定维护方案修改程序，还要对程序和系统的有关部分重新测试。若测试发现较大问题，则要重复上述步骤；若通过测试，则可修改相应文档并交付使用，结束本次维护工作。

思政案例

构建自主信息技术体系势在必行

2022 年 4 月 19 日，第五届关键信息基础设施自主安全创新论坛在北京召开，龙芯中科技术股份有限公司（以下简称龙芯中科）董事长胡伟武在本次论坛上发表了主题为“LoongArch 生态建设”的演讲。

龙芯中科于 2021 年正式发布了自主指令系统架构 LoongArch，恰逢 LoongArch 发布一周年之际，胡伟武详细分享了构建自主信息技术体系的必要性以及 LoongArch 指令系统生态发展情况。

就我国信息产业发展现状而言，一方面，国际贸易的不确定性倒逼国内企业使用自主研发的 CPU 和操作系统。自 2021 年 9 月 1 日起正式施行的《关键信息基础设施安全保护条例》中提出，对行业关键信息基础设施稳定运行提供重要支撑及资源保障，在电信、能源、交通、水利、金融等八大行业的信息系统中使用国产 CPU 和操作系统有助于为关键信息基础设施的安全运行提供重点保障，以上因素推动我国自主信息产业快速发展。另一方面，我国信息产业呈现着技术快速迭代、产业链深度融合和资本高度活跃的特点。

在这一发展过程中催生了两条技术路线上的多款 CPU：一是获得 ARM 授权的 IP 或者指令系统，在此基础上研发芯片；二是坚持自主研发，做我国自己的技术体系。

胡伟武形象地说明了二者的区别：“采用授权的指令系统虽然可以研制产品，但不可能构建自主的信息技术体系。我们购买国外的 IP 来设计芯片相当于‘租房子’，不但要交租金，而且很多部分不能改动，自由度很低；而坚持自主研发指令系统和 IP 做芯片相当于‘盖房子’，虽然从 0 到 1 的过程很艰难，但能实现真正意义上的自主可控。”“我国信息产业面临改革开放以来最大的变局，推出自主指令系统，是建立自主体系的需要，更是实现技术自由的必要条件。”

最后，胡伟武表示，龙芯中科在“十四五”期间要努力完成三个转变：一是从技术“补课”到生态建设的转变；二是从政策性市场到开放市场的转变；三是从跟随发展的“必然王国”到自主发展的“自由王国”的转变。

（资料来源：作者根据相关资料整理）

思考题

作为未来的信息管理类人才，你认为自己目前最缺乏的是什么？

练习题

1.为什么说企业信息管理不仅仅是对“企业信息”的管理？

2.企业知识管理主要包括哪些内容？

3.简述企业信息战略规划的重要性。

4.在企业管理信息化过程中为什么要进行业务流程重组？

5.信息系统维护管理主要包括哪些内容？

第 5 章 企业管理信息系统建设

知识目标

了解管理信息系统的建设方法，理解系统生命周期和信息系统开发方法，掌握信息系统建设实施流程，了解企业管理信息系统更新的基本思路，理解企业管理信息系统建设中用户和管理者的角色和作用。

能力目标

培养学生的数字思维能力、工程思维能力与管理信息系统建设实施能力。

能力目标

培养学生的创新意识与精益求精的工匠精神，通过课程思政激发学生的使命感和责任心，增强学生的家国情怀与文化自信。

我国企业的传统发展模式依赖资金和资源的投入，随着信息技术的广泛应用，各企业都在加快信息化建设，现代企业的发展更加依赖科学技术和人才素质。企业管理信息系统的建设就是把信息技术融入企业管理中，以此提高企业管理水平与决策水平，引导企业向健康方向发展。

本章从开发人员的角度介绍企业管理信息系统建设的方法、实施流程、现有信息系统更新的基本思路等内容。

5.1 企业管理信息系统的建设方法

企业管理信息系统的建设是一项投资规模大、建设周期长、技术复杂的系统工程，在建设过程中应遵循一定的科学方法。

5.1.1 系统生命周期

什么是系统的生命周期？任何一个系统都存在产生、发展、成熟、消亡或更新换代的过程，这个过程就叫作系统生命周期（System Life Cycle）。企业管理信息系统也具有生命周期，即存在一个从产生到消亡或更新换代的过程。当新系统要代替旧系统时，旧系统的生命周期就结束了，而这种代替不是简单的代替，应该是管理信息系统从功能到所采用技术质的飞跃。

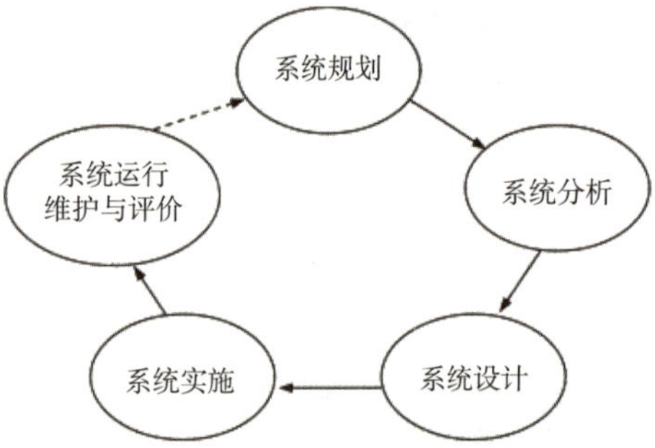

图 5-1 管理信息系统的生命周期

生命周期的观点把信息系统的建设分为系统规划、系统分析、系统设计、系统实施、系统运行维护与评价等五个阶段（图 5-1），强调用系统的思想、系统工程的方法，严格区分上述工作阶段来完成信息系统的开发过程，每一个阶段的工作都要有明确的要求和具体的标准，同时要在开发过程中强调文档的规范化与标准化。

在企业管理信息系统建设工作中，为何要引入系统生命周期的概念呢？我们知道，开发建设企业管理信息系统是一项十分复杂的任务，为更加有序地开展系统建设工作，建设者需正确认识系统的发展规律，合理划分系统开发的各个阶段，掌握各阶段的工作特点和各阶段之间的相互关系。同时，企业管理信息系统建设不可能一次完成。一方面，企业管理信息系统是根据企业目前的经营和管理状况及对信息系统的要求设计和建设的，随着时间的推移，企业会发展壮大，经营和管理状况及对信息的要求也会发生变化，这时原系统已经不能满足企业的需求，企业将对系统进行更新，以满足发展需要；另一方面，现代信息技术发展飞快，社会不断变革和进步，企业为能得到进一步的发展，以适应社会的需要，现有的系统所采用的技术和数据处理的方法可能已不能适应未来的需要，因而需对系统进行更新，以提高企业的管理水平。

5.1.2 信息系统开发方法

信息系统开发的方法是指人们在信息系统开发过程中总结出的指导系统完成开发的科学方法。迄今为止，信息系统开发方法发生了很大的变化，从早期的原始方法到结构化方法，以及后来出现的快速原型法、面向对象方法和组件化方法等，每一种方法都有自己的特点和适用环境。下面主要介绍结构化法和快速原型法以。

1. 结构化方法

基于系统开发生命周期的结构化方法产生于 20 世纪 70 年代中期，是信息系统开发方法中较为传统的方法，也是应用相对普遍、成熟的一种方法。

结构化方法的开发策略是采用“自顶向下”的顺序完成管理信息系统的规划、分析与设计工作，然后采用“自底向上”的顺序实现。结构化方法注重开发过程的整体性和全局性，开发出的系统整体性强，适合开发大型的信息系统。该方法强调区分每个工作阶段的工作内容，尽量避免各阶段工作的重叠，如在进行系统规划之前，不允许进行系统的详细调查研究；在进行系统分析之前，不允许进行系统设计工作；在完成系统详细设计之前，不急于编写程序。另外，结构化方法还需注意充分预测可能发生的管理过程变化。

正是由于上述特点，应用结构化方法进行管理信息系统开发所需的周期较长。另外，用结构化方法开发管理信息系统，用户只有到系统实施阶段才能看到系统的模样，而在这之前的很长时间内开发人员只能在技术层面与用户交流，造成交流较为困难。

2. 快速原型法

快速原型法是指随着开发工具软件的不断强大及人们希望克服结构化方法存在的不足的背景下，产生的与结构化方法思路完全不同的信息系统开发方法。

与传统的结构化方法相比，快速原型法放弃了严格区分信息系统生命周期各个阶段的做法，而是一开始就凭借开发人员对用户需求的理解，利用强有力的开发工具实现一个可见的系统模型（称为原型），即开发一个不太完善，也不一定完全符合用户需求的管理信息系统（或整个系统的一部分），这个模型是开发人员对用户要求的理解和他认为系统实现后的形式。然后，开发人员和用户共同对这个模型进行评价，并以用户为主对模型的不足之处提出改进意见。开发人员根据评价结果对模型进行修改，如此反复直到用户完全满意为止。

快速原型法从原理到流程都十分简单，克服了结构化方法的大部分缺点（如过程复杂、开发周期长、与用户交流困难等）。

快速原型法的特点使其在实际应用中获得了巨大成功，其原因主要有如下几个方面。

（1）通过原型系统可以与用户更好地交流，获取用户的真正需求。快速原型法顺应了人们认识事物的自然规律，通过开发人员与用户共同对系统原型不断进行修改而完成最后的系统模型。在这个过程中，用户往往通过对系统原型批评的方式提出改进意见，这要比空泛地描述自己的设想容易得多，因为改进性工作要比创造性工作更容易做到。

（2）在快速原型法中，系统原型是对真实系统或目标系统的一种模拟，这种方式能使系统开发人员和用户较早地发现系统实现后潜在的问题，并且这些问题的解决方案是经过双方共同讨论确认的。

（3）用快速原型法开发企业管理信息系统，加强了用户的参与程度，开发人员在得到客户的初始需求后，能快速通过原型反馈满足用户基本要求，使用户在试用过程中受到启发，对需求进行补充和精确化，消除不协调的需求，最终使系统完成后更加符合用户要求。

应用快速原型法进行管理信息系统开发也必须具备适合的条件。

（1）需要具有能够快速生成系统原型和方便修改系统原型的开发工具。由于近年来出现了大量的计算机辅助软件工程（CASE）类工具，使得开发者不再需要通过编制代码来完成开发工作，而是借助功能强大的辅助开发工具像搭积木一样快速生成系统原型，使系统原型的生成和修改变得越来越容易。

（2）需要用户参与管理信息系统开发的全过程。

当然，使用快速原型法进行信息系统开发也有一定的局限性，主要体现在以下两个方面。

（1）对于规模较大的管理信息系统，不经过系统地规划、分析、设计，很难保证系统的全局性，因此大型管理信息系统的开发不适合采用快速原型法。

（2）由于快速原型法强调用户从局部细节之处对原型提供修改意见，而多数用户很难跳出自己原有的工作习惯，因此容易使新系统的建设走上机械地模拟原系统的轨道。

在实际管理信息系统的开发过程中，有时将上述两种方法有机结合起来，可以更好地完成系统开发工作。一般情况下，对于大型系统，从整体上可用结构化方法保障系统的整体性；但在某些局部，则充分利用快速原型法的优势获取用户需求和加强开发人员与用户的沟通。

5.2 企业管理信息系统的建设实施

在企业管理信息系统建设项目规划工作结束后，拟定的规划报告通过企业主要管理层认可并经项目经理同意后，在项目经理的直接领导下，以项目管理委员会中的项目实施小组为主，其他项目管理小组人员参与，完成项目实施的具体工作。在实施工作中要进行企业管理软件、硬件设备、系统集成商的选择，要完成运行信息系统的必要准备和系统初始化等一些具体工作，而这一过程中许多具体工作不仅是解决技术问题，更涉及企业管理、质量监督、系统评估、投资效益分析等诸多方面的问题。因此，在实施过程中应充分发挥项目管理咨询小组、监督小组、评估小组成员和企业各层管理人员的作用。在工作中应注意规范化、科学化和民主化，协调好项目管理委员会成员之间，项目成员与集成商、软件开发商以及企业管理人员之间的关系。

企业管理信息系统的建设实施需要完成的主要工作如图 5-2 所示。将整个实施工作划分为几个阶段，在实施过程中，应对每个阶段工作制定时间表，以便对实施进度加以有效的控制和管理。其中，对企业管理人员的培训是一项重要且贯穿整个实施过程的工作。只有将企业相关人员的思想统一，使其掌握一定的信息技术以及对所选软件的功能熟悉并熟练操作后，才有可能使企业管理信息系统实施工作正常进行，并为以后的系统维持正常运行奠定基础。

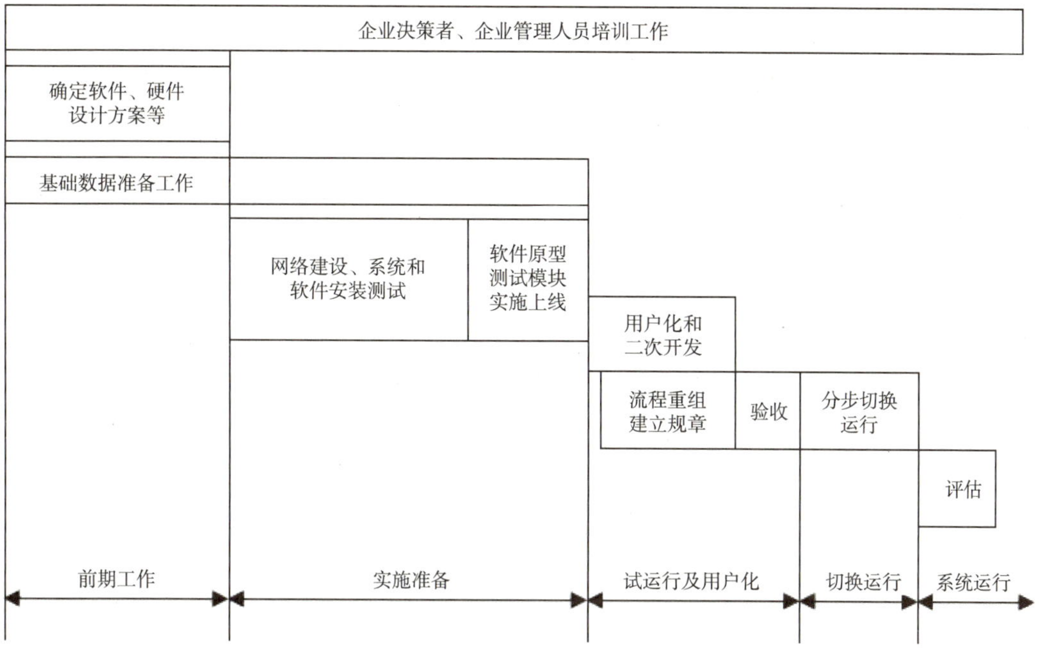

图 5-2　管理信息系统的建设实施

5.2.1　企业管理软件开发模型的选择

开发一套现代企业管理软件是一项十分复杂、技术难度较大、涉及面广、投资风险大的项目，大多数传统企业不具备条件完成软件开发工作。因此，企业要针对自己的条件和具体要求选择管理软件开发模式，或选择购买企业管理软件，这将决定企业信息系统建设的效益、系统功能和所要承担的投资风险等。

1. 企业管理软件开发模型

（1）委托开发模型。委托软件开发商为企业开发管理软件，企业只需将对软件的功能要求告知开发商即可，由开发商完成具体的开发工作。委托开发模型的特点如下。

①所开发的软件能满足企业的特殊需要。由于是按照企业对软件的具体要求开发的，因此通常情况下企业可将软件开发与企业管理信息系统建设一起完成，边建设系统边对软件的开发提出相应的要求，使软件更加适应企业的需要。企业是否拥有软件的全部或部分版权，对软件的推广转让是否具有全部或部分转让权力和获益权利，这些内容都由企业与开发商在委托开发协议书中共同规定。

②开发的软件使用方便。由于采用模型开发出的软件具有较强的针对性，所以在开发工作中可将许多参数设定工作一次性完成，免去企业在应用中的许多初始化工作，而且所有功能，甚至界面的设置均是根据企业的要求完成的，因此软件的使用较为方便。

③企业无须拥有具备软件开发技术的人员，对企业信息技术人才的要求较低。

④投资大、投资风险大。一套现代企业管理软件的开发费用是庞大的，对企业来说投资风

险也较大。而且，在软件开发上投资过大将会影响整个系统建设经费的使用，或重大企业信息系统建设投资负担。

⑤投资效益低。采用委托开发模型开发的软件虽具有较强的针对性，但它只适合某企业使用和某一段时期内使用，很难被广泛推广应用。因此，投资效益低。

⑥软件开发周期较长。一套现代企业管理软件不论是软件功能的复杂程度，还是数据处理的难度都很高，而且软件开发工作基本完成后，还需进行必要的测试，检测各功能是否达到企业期望的效果，因而软件的开发周期较长。从国内外企业管理软件的开发经验来看，一套较为成熟的大型企业管理软件的开发需要 3~5 年，甚至更长的时间。

⑦软件质量难以保证。由于现代企业管理软件具有很复杂的结构，因此软件开发不仅是信息技术的问题，还涉及现代企业管理理论、管理方法、管理模式等一系列问题。而企业选择的软件开发商是否具备这方面的条件和能力，企业与开发商之间的沟通是否顺畅等都会影响到软件的质量。

如果企业选择委托开发模型，那么首先要对自己的信息需求有很明确的认识，对软件的功能、技术、性能、规模和质量以及软件开发完成日期等方面有明确的规定和要求，以便对软件验收时有相应验收标准。要对开发的软件版权和转让权进行约定，以免发生纠纷。企业要对软件开发商进行严格的调查核实，确认其信誉度，并充分了解开发商的技术能力、服务质量、培训能力和相应的培训计划，还要了解其开发过的软件功能和客户意见等。签订委托开发合同，在合同中要明确企业对软件质量，软件应达到的技术指标、功能，软件运行平台，售后服务以及完成时间的要求等基本内容。

（2）自主开发模型。自主开发模型是指管理软件的开发工作由企业软件开发人员（包括软件技术人员、管理人员等）完成。与委托开发模型相似，自主开发模型所开发的软件也能满足企业的特殊需要，具有较强的针对性、适用性，同时具有项目投资风险大、投资效益低、软件开发周期较长、软件质量难保证的特点。所不同的是，自主开发模型要求企业拥有软件开发技术人员，对企业信息技术人才的要求较高；由于企业内部 IT 人员参与管理软件开发全过程，一旦系统出现问题或需要改进，能够快速进行自我支持与维护；同时，使得企业 IT 部门锻炼了一支队伍，人员素质在计算机应用、管理水平、团队协作等方面都会得到较大提升。

企业如果选择自主开发模型，那么首先要对企业信息技术人员的软件开发能力有准确的评估，这些技术人员应具有开发软件的经验。由于开发周期较长，因此还要考虑人员流动因素，要保证开发工作的顺利完成。

（3）购买软件的开发模型。所谓购买软件的开发模型主要是指企业直接从市场购买较为成熟或已经被推广应用的软件。该模型的基本特点如下。

①软件质量有保障。一般在市场上流行的软件或已经被推广应用的软件质量会有所保障，负责任的软件开发商，当其开发的软件要进入市场应用时，都会对软件进行检测和基本的维护工作，以确保软件的质量。

②售后服务和软件升级有保障。目前，国内的企业管理软件开发商已经较为重视软件的售

后服务工作，主要包括软件的安装调试、运行期间的基本维护、人员培训等。同时，随着技术进步及开发商软件开发能力和技术的逐步成熟，所开发的企业管理软件也更加成熟、性能更趋完善，必然能够为使用该管理软件的用户升级服务。

③投资低，投资风险小。通常一套企业管理软件的开发费用远高于购买软件的费用。由于是通过购买软件实现企业管理信息化的，所以企业只需支付购买软件的费用和其他收费服务的费用即可，无须支付开发费用。并且，企业在实施管理信息化过程中无须承担软件开发风险。因此，采取购买软件的方式比自己开发更经济，投资风险较低。

④投资效益高、见效快，软件易于维护。

⑤软件较难完全满足企业的需要。在市场销售的企业管理软件，其开发商主要针对行业开发，而每一个企业除具有该行业的共性外，还具有自己的特点，不同企业有不同的要求，而购买的软件就很难满足各企业的特殊要求，也就是说，购买的软件较难完全满足企业的需要。

由此可以看出，企业在管理信息系统建设实施过程中，采用购买管理软件的方式是较为理想的。而且，企业在购买管理软件时，应对软件开发商进行多方考察和论证，主要应了解其技术力量和开发能力，同时要了解开发过程是否规范、开发方法是否科学，以确保企业管理软件的质量。

但是这种开发模型也存在一些问题，主要是企业的一些特殊要求不能完全得到满足，给信息系统建设造成一些困难和问题，因此为满足企业的特殊需要可同时购买不同软件开发商的软件。不同的软件存在数据接口和数据转换等方面的问题，要解决这些问题又会增加企业的投资；同时，各软件的界面、操作规程等的不同也容易造成管理工作不便等问题。

（4）购买软件与二次开发相结合的开发模型。购买软件与二次开发相结合的开发模型即购买软件与自主开发或委托开发相结合的开发模型，其特点如下。

①软件的质量有保障。由于是以购买软件为主，因而所购买的软件质量可得到保障。

②软件的售后服务和升级有保障。对于所购买的软件，开发商均会提供售后服务和软件升级服务。

③投资小及投资风险较低。由于在该模型中软件的自主开发或委托开发的部分较少，软件的大量开发工作已经由软件开发商完成，作为企业只需投资和承担二次开发的费用和投资风险即可。因此，与完全自主开发或委托开发模型相比，采用购买与二次开发的模型投资费用和投资风险都较小。

④二次开发能满足企业的具体需要。由于在二次开发工作中主要针对所购买软件不能满足企业特殊需要的部分完善其功能，因而可以充分满足企业的具体需要。

⑤二次开发会增加企业的投资。不论是自主二次开发还是委托二次开发，企业都要对二次开发进行投资，其中委托开发的费用较高。

⑥二次开发对企业信息技术人才的要求较高。无论二次开发是由企业自主完成还是委托软件开发商完成，都要求企业从事系统管理的技术人员掌握软件开发的基本方法并具有一定的开发能力。只有企业信息管理人员应具有较高的信息技术专业水平，才能完成或辅助完成管理软

件的二次开发。

⑦二次开发会给企业信息系统建设增加工作难度和建设周期。由于需要进行管理软件的二次开发，同时在开发过程中可能会出现事先无法预料的问题，因此将会增加企业信息系统建设工作难度，影响信息系统建设周期。

⑧二次开发会影响整个项目的实施进度和完成时间。如果软件的二次开发工作不能顺利结束，那么将延误整个企业管理信息系统建设项目的进程。因此，在系统建设规划工作中要为软件的二次开发工作留出足够的时间，并要制定软件二次开发时间表。

目前，我国企业较多，而且整体管理水平较低，信息技术的普及程度还有待提高。对多数企业来说，要自主完成管理软件开发或委托软件开发商开发，直接参与和监督都是较为困难和不现实的。通过多年的努力和发展，我国企业管理软件的开发工作已日趋成熟，一些著名的软件开发商如用友、金蝶、国强等都相继开发出适合我国企业的管理软件，而且功能日趋完善，市场占有率也在逐步提高。

2. 选择企业管理软件

选择合适的企业管理软件是从企业的信息需求分析开始的。在系统规划阶段，企业要对自身的信息需求进行分析，在企业管理信息化咨询专家的指导下进行管理软件的选择。企业管理信息系统项目的实施是带入一个新的管理思想的过程，如何选择适合企业发展的管理软件是项目实施小组面临的重要问题。

要评价和选择商品化的企业管理软件，可以从以下几个方面考虑。

(1)软件功能。软件功能是指所要选择的企业管理软件的功能是否能满足企业对信息当前和今后的需求，是否符合企业在规划中提出的对软件功能的具体要求。多余的功能只会增加软件使用和维护的复杂程度。如果有些功能要在软件版本升级后才能实现，那么必须了解升级的可能性、时间及条件等能否满足系统实施的进度要求。一方面，软件的可用比率取决于用户对企业管理软件基本原理接受的程度、企业深化改革的程度及软件功能对用户的适用程度。另一方面，不仅要考察该软件对硬件和网络的要求与企业拟定的硬件和网络要求是否匹配，还要了解所选择的企业管理软件的集成度如何，同时要考虑系统的技术稳定性、功能灵活性、系统开放性。

(2)开发系统使用的工具。任何商品软件或较为成熟的软件都会有用户化与二次开发的工作。随着应用范围的扩大和满足每个企业对信息需求的特殊性，企业必然会增补一些功能，即进行用户化与二次开发工作。因此，软件开发时所使用的开发工具必须方便用户掌握和使用，特别是用户化与二次开发工作由企业自己完成时，这个问题将更为突出。即使软件开发商使用4GL语言、CASE或面向对象的开发工具，也需要认真分析比较。

一方面，报表对企业管理工作或向上级汇报等都是十分重要的，而且各企业的报表格式会有不同、需要用户化，因此软件必须有方便用户生成自己所需报表格式的功能。另一方面，企业应在咨询专家的建议下尽量选择适用的软件，减少二次开发的工作量，以缩短实施周期。

（3）软件的文档。一个规范化、商品化或较为成熟的企业管理软件，文档应该齐备，文档资料的撰写应通俗易懂，软件应方便学习使用。如果是进口软件，软件的显示内容及方式、帮助文本和其他各种文档、教材都应当本地化，用词和语句必须通顺、符合中国国情。不论国产或进口软件，都要注意文档内容同软件产品具有一致性，这包括使用说明书的版本应与软件的版本相一致等。

（4）售后服务与支持。售后服务与支持直接关系到项目的成败。售后服务包括各种培训、项目管理、实施指导、用户化和二次开发等工作，这些可由咨询公司或企业管理软件开发公司承担。由熟悉企业管理、有实施经验的专家顾问做售后支持，这对保证项目正常进行、及早取得效益是非常必要的。

（5）工效学（Ergonomics）。工效学是工业工程学的一门重要科目，也称人类工程学。它关注环境、设备、工具、工作场地等与人的生理和心理之间的关系，选择软件时必须注意这些关系。比如，各模块显示格式的一致性，可减少使用人员的学习难度，减轻畏惧心理；使用频率高的数据被集中在同一屏幕中，方便使用和减少不必要的重复操作；显示格式要简练并突出重要数据；可任意翻页定位，操作简便，使操作人员易掌握；按固定顺序运行的事务所使用的屏幕也应按顺序串联等。也就是说，企业管理软件的操作应符合工效学的要求，尽量降低人与系统之间生理和心理的障碍，降低系统使用难度和提高企业管理信息系统的应用效益。

（6）软件的信誉与稳定性。软件开发商应当有长期经营战略，通过满足技术进步和用户需求的产品和高质量的服务赢得市场，企业应多考察该软件开发商的产品使用情况及其成功案例。从我国软件市场来看，一些更加开放、功能更完善、使用更方便的软件正在不断推出。选用软件还应考虑产品的寿命、周期、先进性、适用性与可扩展性。而且，一旦选择了某企业管理软件开发商的产品，就要争取同该软件开发商建立长期合作的关系，以适应企业管理信息系统的发展。

（7）价格问题。考察企业管理软件的价格，可将同种类型的企业管理软件进行比较分析，一方面要考虑软件的性能、质量及其所包括的内容（特别要注意的是，在软件开发商所报的价格基础上，其将提供的售后服务支持、人员培训及软件升级等条件如何）。另一方面应当做投资/效益分析。还要考虑实施周期，避免因售后支持不足或二次开发时间过长而影响效益回收。软件投资应当是软件费用、服务支持费用、二次开发费用和延误实施损失的收益之和。此外，在系统运行期间将对系统进行必要的日常维护工作，因此价格还应考虑日常维护费用，而日常维护费用一般来说都较高。

（8）选择软件的运行环境。对于开放型的软件来讲，硬件的选择余地较大。开放系统的主要标志是系统的可适应性，要采用符合工业标准的程序语言和工具、数据库、操作系统和通信界面。要从实用角度考虑硬件的耐用性、可靠性（企业的管理信息系统是不允许中断的），是否容易操作和维护。应结合数据处理量（如产品结构复杂程度、工艺路线的工序数量、每月的各种订单数、计划修改的频繁程度等）及响应速度选择计算机的型号档次（有的软件可提供确定硬件容量时参考的计算程序）。经验表明，由于资金准备不足而降低计算机档次绝不是上策，因为会在应用时由于响应速度过慢、不能对外界的变化及时做出决策而影响对系统的使用。在选择过程中，应在明确企业需求的基础上，按照先选软件再选硬件的顺序进行，避免软件选择受硬件条件的制约。

（9）企业原有资源的保护。这里所说的资源主要指的是企业在原有系统上运行的数据及硬件设备。是否有必要保护及如何保护，应在服从新系统长远需求的前提下考虑，不可削足适履。如原有数据不规范、不符合企业管理软件对数据的要求，或原有系统信息集成度不能满足要求时，从企业的长远利益着想只能推倒重来，不要迁就。这是进行企业管理信息系统更新时，通常会遇到的问题，可能会形成新系统建设的障碍。

3. 国内外企业管理软件

目前市场上的企业管理软件较多，企业在选择软件时有较大的余地，一方面国内企业管理软件的开发商进入成熟期，另一方面国外优秀的企业管理软件开发商纷纷进入我国软件市场，为我国企业选择软件提供了便利。那么，选择国产软件还是进口软件，企业应根据自己的要求和条件进行认真考察和对比研究。

（1）国外企业管理软件。企业管理软件源自西方国家，经过几十年的发展，国外软件开发商相对成熟，所开发的企业管理软件的先进性、功能性以及稳定性等方面表现较为出色。因此，国外软件进入中国市场后受到我国企业的青睐。国外企业管理软件的优点如下。

①为企业流程优化与重组提供了可借鉴的“参考模型”，能够较显著地提高企业流程优化与重组的效率。

②由于软件开发的发展时间较长，软件开发工作较为成熟，因此具有全面集成性、技术稳定性、功能灵活性、系统开放性较强等特点，为企业的不断发展与改变留有较大的空间。

③软件开发商重视售后服务，在问题响应等方面比较规范。

④软件开发商在升级维护方面的支持比较及时，有利于企业管理信息系统的维护和更新。

⑤由于国外企业管理信息化工作开展较早，而且重视企业管理信息化的咨询工作，企业管理信息化咨询业较为发达和健全，因而软件开发商的咨询合作伙伴较多，有助于企业找到合适的管理咨询伙伴。

对于国外软件开发商开发的企业管理软件，由于绝大多数的开发工作都是在国外完成的，而且主要是针对西方国家的经济情况及企业运营现状和企业需求开发的，而我国企业在各方面与国外企业存在较大差异，因此选择国外企业管理软件在我国企业中应用就会存在一些问题。

①软件购置费用与年维护费用较高。国外企业管理软件的购买费用与年维护费用一般高于国内企业管理软件的。过高的价格会直接影响国内企业对软件的选择，如果企业在资金的持续投入上不能及时到位，则势必会影响软件应用的效果。

进入我国市场的国外成熟的企业管理软件有数十种之多，有不同的规模和价位，在功能实现上也各有千秋。企业应对国外企业管理软件开发商有一个基本的了解，不可“一叶障目，不见泰山”，导致在这类大型投入上决策失误。而要做到对国外软件开发商及其所开发的软件有基本的了解和辨别，则需要专业的企业管理信息化咨询专家的参与和具体指导。

②并非所有的国外企业管理软件都适用于国内的企业。企业应把自己与国外规模相同或相近的企业做一个比较，选择适用于目前与将来一段时期发展的软件，不能一味求多求贵，为很多根本不必要的功能付费，最终导致企业资金被大量闲置与贬值。在软件的选择工作中企业应扩大信息渠道，与熟悉企业管理软件领域的专业咨询人员加强交流，避免信息不全导致做出片面决策。

③企业的管理水平不能适应软件的需要。任何一种企业管理软件都不是随用随灵的“万能药”，企业管理软件的成功实施是需要条件的。基础数据是否准确与完备、各部门的协同默契程度、企业管理人员的素质、信息技术及信息管理人员的素质水平等方面，都会对企业管理软件的应用效果产生影响。特别是国外企业管理软件的管理起点较高，设计比较复杂，这就对国内企业的管理水平提出了更高的要求。我国企业应清醒地认识到，企业管理信息系统的建设是一个长期的工程，将伴随企业未来发展的全过程。在这个长期的过程中，应在适当的时机选择与企业管理水平相配套的企业管理软件产品。

④用户化与二次开发的工作量太大，延误企业管理信息系统建设项目的进程。企业要把通用型的企业管理软件应用到位，同时考虑到适合本企业的因素，就要对国外企业管理软件或多或少地进行一些用户化，甚至二次开发的工作。如果用户化与二次开发的工作由于各种原因一直不能结束，必将延误企业管理信息系统建设项目的进程。企业一味地适应软件，或者软件一味地迁就企业，都是不可取的。企业应该在业务流程优化与重组的基础上，利用软件把经过优化的流程确定下来，成为企业各部门遵守的工作处理规程与方法。

寻求企业现状与国外企业管理软件模式之间的“平衡点”，是我国企业采用国外开发的企业管理软件时的一项重要又困难的工作，这主要是由于企业或软件开发商在考虑该问题时都从自身利益考虑，因此，由于切身利益不同，由企业或软件开发商决定是否进行用户化与二次开发的工作是很难有说服力的。应寻求既熟悉中国企业管理系统，又了解国外企业管理软件设计思想的咨询公司支持，避免企业陷入多次修改软件仍不能满足企业需要的困境。

⑤软件文档或资料没有汉化，企业人员学习与掌握起来难度大。国外企业管理软件的界面、文档及其他的支持资料可能存在没有汉化的问题。有些国外企业管理软件虽然界面是经过汉化的，但汉化的质量非常粗糙，令人不解其意。而且，企业人员要掌握企业管理软件，仅看界面是远远不够的。而有些国外企业管理软件的文档资料可能是非中文的，这必然给企业人员的学习和掌握软件带来很多困扰。

因此，国内企业在选择国外开发的企业管理软件时，还应对软件的文档资料汉化支持的数量与质量进行考察。

（2）国内企业管理软件。我国的企业管理软件开发商通过几十年的努力，在软件开发方面取得很大的进步和发展，特别是我国软件开发商在开发软件时能结合我国企业的实际需要和实际管理水平，因此受到国内企业的欢迎。就目前来讲，国内的企业管理软件具有一定的优势和特点，在国内市场具有较强的竞争力。国内企业管理软件的特点如下所示。

①软件的支持网点（如地区分公司或办事处）相较国外企业管理软件的更多，企业可以得到比较方便及时的响应，在响应人员的费用方面也会更节省。

②软件的复杂程度低，更符合中国人的思维习惯，在易学易用方面表现较为出色。

③软件的文档资料不存在与企业管理人员之间的语言障碍问题，可以直接应用。

④软件在适合我国企业的管理规范与处理惯例方面有较多的考虑，从而在这些方面的用户化工作与应用国外企业管理软件相比要少一些（但并不排除因功能方面的不完善而造成的用户二次开发工作）。

⑤软件在购置与维护方面的价位相对比较低，对企业的资金投入压力小。

（3）选择企业管理软件开发商的原则。企业在选择企业管理软件时，对软件开发商的选择十分重要，即在考查企业管理软件的同时也要对软件开发商进行必要的考察。对软件开发商的考查可从以下几个方面入手。

①软件开发商自己的管理是否严格，在某些行业是否有明显优势和发展方向。也就是说，软件开发商最好具有行业背景，对该行业有较深的了解和认识，所开发的管理软件才能体现该行业的特点和反映出该行业中企业管理对信息的基本需求。

②软件开发商是否具有ISO 9000认证或通过软件能力成熟度模型（CMM）等级评估，或至少有成功案例和很强的质量意识。企业投资建设企业管理信息系统，企业管理软件是该系统的灵魂，若要让系统发挥应有的作用，软件的质量就需要有保证。因此，企业在选择软件时一定要有较强的质量意识。

③软件开发商是否有长期自行开发的经验和经历。开发一套成功的企业管理软件不是一蹴而就的，它是软件开发商经过多年的努力逐步完善形成的。从某种意义上说，可通过软件开发商的自主开发能力和经历看出软件的成熟度。

④软件开发商是否有与世界一流IT软件商合作的资源。当今信息技术发展十分迅速，一个有发展前途的软件开发商会十分重视吸收和掌握最新技术。可以通过了解软件开发商与世界一流IT软件商合作的情况，间接地判断该软件开发商的开发工作是否与世界先进技术同步，同样这也反映出企业所选择的企业管理软件的先进性如何。

⑤软件开发商是否能够稳定发展。因为企业在购买企业管理软件的同时，也是购买了软件开发商的一些售后服务，如软件安装调试、人员培训、软件维护服务等，甚至包括今后软件的升级服务等。

阅读材料

企业软件开发新思路

数字化的起点，源于“一切业务数字化”，即匹配业务流程需要的软件。央企政治地位较高，对数字化响应率、准确率要求高，但其组织架构庞大，运营模式、人员编制相对固定等也恰恰引出其中的痛点。以软件开发为例，受限于软件开发部门人员编制等限制，大多数的信息化开发项目都要借助第三方厂商完成，代码质量、安全和性能把控较难，对于厂商的依赖较高。

2020 年，中国石油信息化团队开始建设企业大型电商平台，受限于开发人员数量，团队初期聘请了外部团队进行建设。

在项目上线后，随着需求的逐步扩增，依赖外部团队的弊病慢慢凸显，开发成本投入大、项目开发周期长、功能不完善等问题接踵而至，更重要的是，这些问题难以在短期内得到解决。为此，团队开发人员开始寻找解决方案。

“机缘巧合下，我了解到了SoFlu软件机器人”，团队负责人介绍道，抱着“了解了解，也许能行”的态度开始试用。

最初，对于通过拖拖拽拽就实现软件开发，中石油信息化团队是难以接受和信任的，但通过实践的检验，他们发现使用全自动开发工具的确在减少开发成本的同时提升了开发效率。“一个月后发现我们整体速度非常快，例如，前十天我们一天一个人只能写 3~4 个接口，后面我们对于不是特别复杂的接口，也能一天写 10~15 个。”

同时，在SoFlu软件机器人的协助下，极大减少了项目开发时间和人力的投入。“在与传统开发厂商的交流中得知，如果要进行商城的重构，需要 27 个人进行 300 多天的开发才能完成；而实际使用SoFlu软件机器人仅用了 9 人 +5 个‘软件机器人’，在 45 天内就完成了整个商城的重构。”团队负责人感慨道，“我们这个大型商城的商品、订单等业务的复杂程度远超普通电商，如此高效率、高质量地完成升级改造，这在以前是根本不可能的事。有了这次的经验，让我们有了更大的底气，真正实现了对于业务的自主开发”。

在SoFlu软件机器人的帮助下，中石油做到了软件研发的降本增效，实现自主开发，从而破解企业软件开发面临的两难选择局面。

据了解，SoFlu是一款通过人机协同，自动完成软件后端开发、前端开发、测试、运维，帮助开发者实现“一人一项目，十人抵百人”的软件机器人。能够替人完成重复繁琐的底层工作，开发者只要输入相关指令，机器人就能自动完成软件的全栈式开发和全生命周期管理。

其总设计师、飞算云智总裁陈定玮表示，“SoFlu软件机器人的设计理念是重设计，轻开发、轻测试和轻运维，通过平台赋能开发者，‘让人人都能开发软件’，助力即使开发能力并不强大的企业，也能轻松拥抱科技，提升研发能力”。

一方面，SoFlu软件机器人通过自动化、标准化的软件开发流程，可很大程度上降低软件开发的技术门槛，在提高软件开发效率的同时，降低软件开发成本。

另一方面，应用SoFlu软件机器人开发软件没有场景限制，开发出来的应用也不与平台做任何绑定，企业可以随意部署。也就是说，各行各业都可以通过SoFlu软件机器人提升自身科技能力，实现自主开发。

因此，有了SoFlu软件机器人，企业在面对软件开发需求时，再也不用纠结是要外购还是自主研发了，两难选择，一招破解！

正如中国工程院院士倪光南所说的，“SoFlu软件机器人的价值在于通过标准化、自动化的流程，降低了从开发、测试到运维的门槛，将敏捷管理制度落地，帮助企业做到降本增效，达到提升软件业创新速度的目标”。

截至目前，SoFlu软件机器人已为包括医疗、金融、制造、零售等在内的八大行业的上百家机构提供了技术服务，加速其数字化转型进程。

当数字化转型成为热词，“如何转”和“高效、低成本转”成为企业的焦虑和担忧，企业除了依靠数字化工具，从根源上解决软件稳定性及安全性缺陷、提升开发效率之外，其核心还需要自主开发的底气和信心，才能让企业迎接外界各种挑战。

（资料来源：搜狐网）

思考题

面对软件自主创新“卡脖子”，我们应如何解决？

5.2.2 硬件建设方案的制定

人们通常所指的硬件包括计算机系统、网络设备、通信设备以及外围设备等。所有的硬件都是企业管理信息系统物理组成的主要构件之一，它在企业管理信息系统建设的预算中占有较大的比例，且所选硬件的性能和所组成的网络性能好坏将直接影响整个系统的功能发挥。因此，对硬件的品牌、型号以及性能的要求等在选择上要特别慎重，应结合企业硬件方面的投资要求和今后信息系统发展的战略需要、所选择的软件对硬件系统的要求和硬件技术的发展前景等因素做整体规划，应在咨询专家的具体指导下完成硬件设备的选型配置工作。在硬件建设方案的制定工作中，不仅要重视所有设备的选型工作，还要完成企业管理信息系统网络结构的设计（包括逻辑结构设计和物理结构设计）和论证工作。为能保质保量地完成企业管理信息系统建设工作，还应重视对系统集成商的选择，要对集成商进行认真的考察和筛选，最终决定一家具有国家颁发的系统集成商资质证、实力雄厚、价格合理，以及服务好的集成商来完成企业管理信息系统的软硬件安装调试和集成工作。

企业管理信息系统项目的实施人员在该阶段主要完成硬件建设方案的提出和向管理委员会及项目经理提交项目，并对方案进行论证。在制定硬件建设方案时，方案制定人员的工作主要是了解企业在硬件方面的投资意向、对硬件市场进行必要的调查研究、对所需要的硬件设施进行对比研究、对目前的系统集成商进行必要的调查了解、在咨询专家和软件开发商的技术人员的帮助下了解软件对硬件设施的基本要求。

通常制定硬件建设方案应包括以下几项工作。

1. 确定企业管理信息系统建设的系统集成商

根据企业对系统的具体要求，制定出企业管理信息系统建设集成商的选择原则和方法。例如，对集成商有何要求、希望集成商对企业如何承诺（如系统集成商对企业系统维护人员的培训计划、对整个系统质量的承诺等）、所有硬件设备的购买方案，以及集成商的招投标方案的确立和实施细则等。

系统集成的承担者即系统集成商，系统集成商可能是最终用户、硬件商和软件商，也可能是独立的系统集成商。目前，我国从事系统集成的企业或机构有以下几种类型。

（1）企业内部的信息管理机构。某些大中型企业有自己的信息管理机构，如计算中心、信息中心等，如果它拥有较强的技术力量，就可以自己承担系统集成的任务。由于其是本企业的一个部门，因此最了解需要做什么和怎么做，这对企业管理信息系统的建设、管理和维护是十分有利的。但是，由于系统集成比较复杂，技术含量很高，它需要各方面的人才如系统分析员、计算机软硬件开发人员、网络通信技术人员等，以一般企业的技术力量较难胜任。

（2）国内的计算机专业化公司。目前具备从事系统集成工作资质的国内企业大致分为以下几类：①以硬件设备制造为主的计算机制造厂（集团）及其下属系统工程公司；②以销售硬件、网络产品为主的系统工程公司；③以开发生产自有软件为主，兼营系统集成的软件公司；④以系统集成为主要任务的系统工程公司、集团公司及其所属分公司。这些公司的优势是具有比较强的技术力量，熟悉国内的环境与条件。但是各公司之间的水平差距较大，部分公司对计算机网络技术掌握得不系统、不全面，具有非软即硬或非硬即软的局限性。总体上说，他们的技术力量较强，工程承包价格也比较合适，是目前系统集成的主要力量。

（3）外资企业和合资企业。目前国外的系统集成发展很快，参与我国系统集成的外资企业大约有20余家，其中有些是国际知名公司，有些是专业的系统集成商。他们大都有自己的软件、硬件、操作系统和网络产品。不足的是，他们对我国企业的状况不熟悉，而且价格较高，我国多数企业较难承受。目前他们大多是以后台的身份出现，销售其产品。合资企业中的系统集成队伍以中方雇员为主，内部管理严格，专攻某个领域，服务质量较高，近几年来占有了国内相当一部分市场，是一支具有竞争力的队伍。

（4）高等院校、科研院所和信息中心。高等院校、科研院所和信息中心有一批数量相当大的系统集成队伍。它们拥有不少富有实践经验的高级人才，并有不少可以担负起重任的高学历人才。它们的优势是人才充足、工程价格相对便宜，不足是人员不稳定，往往影响进度。

我国开始规范国内信息系统集成商的工作，原信息产业部发布《计算机信息系统集成资质管理办法（试行）》（信部规〔1999〕1047号，现已失效）文件以后，又发布了《计算机信息系统集成资质等级评定条件（修订）》（信部规〔2000〕821号，现已失效），从而使我国建立了系统集成商资质认证制度和具体实施方法。在资质认证时，主要考察企业的综合实力、软件开发能力、技术人员队伍、技术条件和装备、企业管理、质量管理和保证、客户服务、运营状况、经济实力以及业绩等方面，按照《计算机信息系统集成资质管理办法（试行）》中规定的具体条件进行等级评定。国家有关部门将不定期公布我国系统集成商的资质等级。因此，企业在选择信息系统集成商时，应选择具有国家颁发资质证书的，而不能选择虽报价低但还未获得资质证书的公司，这是关系到系统建设质量能否得到保障和今后的系统维护工作能否顺利进行的重要问题。

系统集成商的选择对企业管理信息系统建设的成效极为重要，各企业可根据各自的情况对系统集成商进行选择。但选择时应注意以下问题：如果自主完成系统集成工作，则首先要保证企业拥有一支较强的技术队伍，为此企业往往要花费很多时间、精力和金钱，用于培训和建立自己的系统集成队伍；如果把系统集成委托给软件或硬件厂商，需要注意的是，这些厂商可能会从自身的利益出发，尽量推荐自己的或代理的产品，而不是站在企业的立场上考虑这些产品是否最适合、最经济；如果把系统集成的任务委托给独立的系统集成商，他们能比较全面综合地考虑用户的需要，选用最适用、最经济的产品，并能协调所有分包商、供应商，以及用户间的关系。但目前系统集成商的技术力量参差不齐，总体实力和水平有待提高，因此在选择专业系统集成商时，要验证该集成商是否具有国家颁发的资质证明及资质等级。

2. 制定企业管理信息系统的网络逻辑结构

根据企业管理信息系统规划工作的具体要求、所选择的软件对网络的具体要求，在企业管理信息化咨询专家的指导下完成企业管理信息系统网络逻辑结构的设计工作。需要确定整个网络选用什么样的网络拓扑结构、网络类型、网络的传输方式和网络所采取的安全措施，如采用的防火墙结构或其他安全防范措施等。在制定系统的逻辑结构时，要根据企业的自身条件和今后发展的需要，以及所选择的软件对网络结构的具体要求等诸多因素。最终绘制出企业管理信息系统网络逻辑结构图。在网络设计工作中需要考虑以下几个基本因素。

（1）可靠性。网络的可靠性是指网络运行达到预期要求的能力。若网络建成之后经常出现网络崩溃或停机时间过长、停机次数频繁、网络服务低下、传输失真等问题，就是网络可靠性降低导致的结果。因此，在网络设计中与复杂性的增加伴随而来的是系统的崩溃，或传输失真的可能性增加。

（2）安全性。网络的安全性是指网络保护数据不被非法者或不正确操作者窃取，或防止数据崩溃的能力。适当对网络加以控制是保证网络安全性的关键。企业在设计网络时应注意使网络具有防止未经授权的个人或组织存取数据的能力。

（3）响应时间。网络的响应时间是指网络接收信息的时间，一般以秒计。通常人们要求平均响应时间不超过 10 秒，若平均响应时间达到 30 秒或超过 30 秒的话将可能招致用户的不满。而响应时间的长短与网络配置的复杂性以及网络的介质、设备和所使用软件的高精尖程度等密切相关。

（4）隐私问题。随着企业管理信息系统建设工作的日趋完善，企业管理工作和管理人员将更加依赖网络，而且网络的通信系统和存储设备是公共的和共享的，所以在网络的使用中就存在隐私和控制的问题。因此，在网络设计时要考虑对隐私的保护和控制问题。

（5）设备销售商的服务与技术支持。在选择网络设备时要充分考虑所选设备生产厂家的技术力量和售后服务等问题。

3. 制定企业管理信息系统的物理结构

在逻辑结构的基础上，根据企业的地理位置和环境制定整个网络的结构。这主要包括主机房的位置、各终端及外设的位置、整条系统线路走向及布线方案等具体内容。在完成系统物理结构的制定时，要充分考虑企业今后一段时期内的发展变化需要，适当预留终端接口，绘制结构图和详细的布线图。

4. 制定整个系统的硬件技术指标要求

根据企业管理软件、操作系统软件和其他应用软件对硬件系统的要求，以及制定的整个计算机网络结构对硬件的技术要求，制定所有硬件设备的技术指标要求。在制定这些技术指标要求时要实事求是，既要考虑系统对设备的技术要求，又要考虑信息技术的发展趋势和企业的发展需求，同时还要兼顾企业在硬件设备上的投资预算。因此，企业应在管理信息化咨询专家的指导下制定技术指标，并形成系统硬件技术指标体系指导性文件，该文件是下一步具体选型的技术依据。

5. 制订硬件选购计划

在硬件技术指标的指导下，确定硬件的具体生产厂家和型号。如果要完成这项工作，应对市场有一定的调查研究，对所需的硬件进行比较论证后，再选择理想的硬件设备。一般来讲，设备应选择知名厂家生产的产品，这些厂家的产品质量可靠，并且售后服务也要好一些。若企业将硬件设备的采购权交给系统集成商，企业也要提出对设备生产厂家和型号等的具体要求，并可与系统集成商研究整个硬件系统各类设备的采购计划。

将所有硬件建设方案以及相关的文档资料送交项目管理委员会和项目经理，由项目经理组织召开会议，并最终确定硬件建设方案和具体实施方案，为下一步的工作做准备。

5.2.3 基础数据的准备

基础数据的准备工作时间较长，特别是一些传统企业，由于历史较长、数据的积累较为丰富且企业管理水平参差不齐，因此部分企业的数据管理存在大量的问题，如管理不规范、数据的格式不统一导致数据比较混乱。而应用企业管理软件后，所有的数据必须是规范化的，从内容到具体的格式都有具体的要求，因此在数据的准备工作中需要结合所选用的企业管理软件进行。

所有参加基础数据准备工作的人员都要接受培训，由软件厂商或咨询机构人员对企业管理人员进行培训，培训的主要内容是针对企业管理软件对基础数据的具体要求，如软件对各类数据的精度、格式、代码的设置规则和方法，录入的基本内容等的具体要求，特别是要对物品、部门以及财务科目等的代码设置的内容。以往的企业较少使用这类代码，且比较混乱和不规范，而在计算机管理中，对代码的设置和应用都有具体的要求和规范化的设置，因此参与基础数据准备的人员应认真学习新的代码设置方法和具体应用的原则及方法，并对所做的工作认真负责，以确保基础数据的正确性。基础数据的准备工作主要有以下几方面。

（1）收集所有原始数据。数据的收集应根据企业管理信息系统建设的规划要求进行，也就是说，应针对项目实施涉及的相关数据进行收集。例如，企业若打算仅完成财务管理的信息化工作，那么主要收集的是与财务管理有关的基础数据。

（2）对数据进行核对和基本整理工作。由于在数据的收集工作中涉及的部门较多，参与数据收集的人员也较多，同时数据量大、内容繁杂，因此，为保证初始数据的正确性和完整性，当数据收集完成后应进行初步的核对，修正一些人为或其他原因造成的不正确数据，删除一些重复的数据，即完成基本的数据整理工作。

（3）对数据进行分类，并根据软件分类代码的设置要求完成相关数据代码的设置工作和建立数据词典。对所收集的大量数据要进行分类汇总及分类代码的设置工作，也就是要完成通常所说的数据转换工作。

（4）根据软件的具体著录要求完成所有数据著录工作并制成表格，以便进行校对和数据的输入工作。

（5）对所制作表格内的数据进行校对工作。这主要包括原始数据的正确性校对、格式的正确性校对、分类和代码设置的正确性校对、数据完整性校对等。校对工作人员应由非数据收集或整理人员担任，这样可减少数据的人为错误，易发现数据的错误并改正。

5.2.4 网络建设和系统安装调试

在完成网络结构设计的基础上，确定系统集成商的选择方案，即可完成系统集成商招标工作，同时项目监督员应积极投入招标和系统建设工作中，在整个系统建设过程中行使监督的职权，以确保项目能够保质保量完成。

在该阶段要完成企业管理信息系统的集成工作。“系统集成”这个概念涵盖的内容很广，迄今还没有统一明确的定义。普遍认为系统集成就是指根据应用的需要，将硬件平台、网络设备、系统软件、企业管理软件、工具软件及在企业管理工作使用的应用软件等组织成能够满足一定功能、具有优良性能价格比的计算机系统的全过程。计算机应用系统集成包括硬件集成、软件集成（含网络集成）、技术集成、信息集成、实现过程与功能集成等。企业管理信息系统集成实施的具体任务按照项目的不同以及企业对系统集成商的要求不同而不同。一般应包括方案设计、产品优选、网络设计、软件平台配置、应用软件开发或协助企业选择管理软件等工作，以及售后培训、技术咨询等服务，使企业能够得到一体化的解决方案。

在委托系统集成商完成企业管理信息系统集成时，要注意以下问题。

（1）提高企业负责人和所有管理人员的认识。不仅在规划企业管理信息系统的过程中需要业务人员参与，而且在企业管理信息系统集成过程中还需要企业负责人和管理人员的参与，因为管理人员和系统维护人员的参与可直接了解系统的结构和组建方法，了解系统的性能等，这对系统的应用和维护都是很有必要的。

（2）深入研究、科学决策。系统集成实施前，请系统集成和企业管理信息系统专家对与企业系统集成有关的重大问题进行全面、深入的研究，并在此基础上科学地制定系统集成工作方案和对集成商的具体要求。

（3）选好系统集成商。系统集成技术复杂、难度很大，因此一定要选择技术力量雄厚、信誉度高和责任心强的系统集成商。

（4）签好技术合同，把好质量关。在双方的技术合同（包括需求说明、概要、设计说明等）

中应提出明确、具体的系统功能和性能要求，这是保证企业有效管理信息系统建设质量的重要一环。

（5）项目经理负责制。系统集成是企业实施管理信息化的一项重要工作，许多问题需要项目经理决策。项目经理要特别注意协调各业务部门和系统集成商的关系，各业务部门也要积极配合系统集成商的工作。

在网络建设过程中，应要求系统集成商按照合同规定的硬件设备生产厂家、设备型号和具体技术要求进行配置，并要严格规范施工和进行阶段性测试工作，确保整个系统的性能指标达到企业的具体要求。当网络建设完成后，应进行软件系统的安装、操作系统的安装、企业管理软件的安装工作，并进行初步的调试工作。

5.2.5　软件原型测试和模块实施上线

1. 软件原型测试

在企业管理信息系统试运行之前，要将准备就绪的基础数据输入计算机中，这些数据不仅包括产品、工艺、库存等信息，还包括系统参数的设置，如系统安装调试信息、财务信息、需求信息。

在人员、基础数据准备好的基础上，可以进行系统安装调试工作。检测软件的各项功能，即进行软件原型测试。由于企业管理信息系统是信息集成系统，所以在测试时应当进行全系统测试，各个部门的管理人员都应该参与其中，这样才能理解各个数据、功能和流程之间的集成关系，从中找出不足的方面，提出解决问题的方案，以便企业进行用户化与二次开发。

模拟运行是在企业管理信息系统基本建成后，即将进入正常运行阶段前的一个重要过程。在进入该过程之前，所有的参与人员都要熟悉企业配置的软件功能及掌握基本操作。通过模拟运行过程可以为系统的真正应用奠定基础。这一过程的目标和相关任务是在基本掌握软件功能的基础上，选择企业具有代表性的业务，将各种必要的数据输入系统，带着企业日常工作中经常遇到的问题，组织项目实施小组进行实战模拟，通过实战模拟找出系统中存在的问题，并提出解决方案。解决方案应主要关注企业需要，而目前软件不能提供的功能，体现出软件功能方面需改进的问题，可通过二次开发增加该功能。模拟运行是在一定范围之内进行的，一般可集中在机房进行，也可在部分关键部门中进行，所以也称为会议室模拟。

经过业务流程的重新设计使需求与功能匹配后，企业对企业管理软件虽有了更进一步的认识，也了解了企业管理软件系统中的业务流程，但信息管理系统真正上线运行后，企业仍有可能对其没有感性认识，所以必须在系统真正上线前做模拟运行。其基本方法如下。

（1）实施顾问在企业管理信息系统测试环境中，根据企业实际情况对其进行初始化设置，如科目结构、供应商、客户、物料编码、物料清单。测试环境的初始化设置与系统真正的初始化不完全一样，相对来说测试环境的初始化要粗糙一些。

（2）输入必要的数据，如科目的期初余额。不要求使用企业的真实数据，可以采用假设的数据。

（3）在测试环境中做业务模拟测试。比如，针对采购业务，从使用部门提出采购申请，到采购申请得到审批，再到生成、审批采购订单等过程都要一一模拟。

（4）测试各种单据、报表的打印功能，判断其格式是否满足企业的需要。

建立测试原型后，实施顾问分模块对企业项目组成员进行计算机流程的培训。培训完成后，实施顾问和项目组成员一起讨论，判断这样的解决方案是否满足了企业的需要。如果发现问题，要充分沟通、及时提出解决方案。征求企业管理人员的意见，由企业项目管理委员会和项目经理进行审批。

2. 模块实施上线

所谓模块实施上线就是在总体方案的指导下，分模块（如财务、分销、制造等）进行产品环境的初始化，准备并转换基础数据，确认系统正常运行。具体工作内容包括制订模块实施上线计划、准备和校验基础数据、培训最终用户、配置系统参数、业务数据转换和确认新系统正常运作。

（1）制订模块实施上线计划。当企业管理信息系统建设进入上线阶段，一方面，很多业务部门将切实参与到企业管理信息系统实施工作中；另一方面，上线阶段工作量大，要准备和使用的基础数据较多，所以必须做好切实可行的上线计划，保证上线工作有序进行。在制订上线计划时，要注意以下几方面。

①计划要细分到日计划，要详细规定每天应完成的工作。

②计划一定要细分责任人，要确定哪些工作是由顾问做的，哪些工作是由企业管理人员做的，并确保具体执行人清楚地了解计划。

③计划一定要规定截止时间，如规定在某月某日之前准备好某项基础数据。

④制订计划时，要考虑资源（人力、时间）制约。例如，财务部每月月底要准备财务结算，不能抽出过多时间参与计划工作等。

⑤制订计划一定要留有余地。在上线阶段通常会遇到各种事先没有预计到的问题，所以过于紧凑的计划往往不能按期完成。

（2）准备和校验基础数据。一方面要加紧准备基础数据，另一方面要对基础数据完成必要的校验工作，特别要注意基础数据是否完备，格式是否符合软件系统的要求，数据是否准确等。

（3）培训最终用户。上线过程中有很多数据要被输入管理信息系统，而且一旦上线后，最终用户就需要天天和系统打交道。为保证每个用户都能够熟练地使用管理信息系统，培训就显得很重要。

（4）配置系统参数。配置系统参数是指把通用的企业管理信息系统转变成适合企业需要的系统。例如，如果总账模块上线，以下工作就需要设置：按企业需要设置会计科目结构、币种、会计日历，最终形成企业的会计账套；按企业需要设置凭证的分类和编号规则；按企业需要设置凭证的审批方法。配置系统参数前，需要准备一份配置文档。配置文档的主要内容是配置的详细步骤，它是企业管理信息系统实施中的关键文档，其作用如下。

①确保设置正确。如果没有一份书面文档，边想边设置容易出错。

②更正有依据。设置完成后，一旦出现问题（系统出错，或有人更改了设置），就可以查看设置文档，及时进行修改。

③对企业来说，文档是知识的积累和转移。例如，某集团公司有许多结构类似的下属企业，在企业管理信息系统实施中，一般的模式是先以 1~2 家下属企业做试点，试点成功后再全面推广。有了设置文档，就可以节约很多推广的时间。

（5）业务数据转换。一旦系统配置完成，基础数据准备好后，基础数据就可以被导入企业管理信息系统。业务数据转换需要事先制定转换策略，确定是手工输入还是用程序进行转换。一般原则是，如果数据量不大可以采用手工输入的方法，否则需要考虑用程序进行转换。

基础数据被导入企业管理信息系统之后，需要核对数据。核对方法是将企业管理信息系统中的数据以各种方式输出，和输入的数据进行核对。

（6）确认新系统正常运作。上述工作完成后，企业管理信息系统就可试运行了。试运行的主要确认工作是验证系统设置是否正确。比如总账模块，各种基础数据被输入后，经检查均正确无误，若系统生成的财务报表不正确，就需要检查是否存在设置问题。

5.2.6 系统切换运行

由于企业在管理信息系统正式运行之前的管理工作不是在现行旧系统上运作，就是在传统手工管理的模式下进行的。不论处于什么状态，当新系统开始使用时，都存在新旧系统交替的问题。这种交替若处理不当将会影响企业管理系统的正常运作。由于系统的工作存在差异，管理人员要有一定的适应时间，若未能处理好管理工作的衔接问题，将会出现“真空地段”，使企业蒙受不必要的损失。因此，企业在实施新系统前要处理好新旧系统交替工作。根据企业的条件决定采取的步骤，可以各模块平行一次性实施，也可以先实施一两个模块。在这个阶段，所有最终用户都必须在自己的工作岗位上使用终端或客户机操作，处于真正应用状态，而不是集中于机房。

如果手工管理与新系统运行还需要有短时的并行运行期，如在财务管理工作中要求新系统运行时，手工操作与财务管理信息系统同时运行 3 个月左右，企业中各部门并行运行的时间各不相同，为确保新系统处理数据的准确性和可靠性，可将其作为应用模拟过程看待，但时间不宜过长，应尽快完成转换工作。项目管理委员会应制定一个并行运行的总体时间表，该时间表不仅要体现整个系统转换的时间要求，还能兼顾各管理部门的实际工作需要，要很好地处理企业各管理部门和各职能部门之间新旧系统交替对正常工作的影响。

5.3 企业管理信息系统的更新

人类社会的发展、企业的发展壮大及市场变化等可能导致企业原来建设的管理信息系统不能适应新的信息需求，这时企业往往会提出对旧系统进行改造升级的要求。

当企业提出对旧的管理信息系统进行更新时，企业负责人和信息管理的主要人员应及时组建管理信息系统建设项目管理委员会，并委任项目经理，系统更新项目的实施将在项目经理的直接领导下完成。

新系统建设项目所面临的主要工作包括对原系统进行彻底调查研究、提出系统的修改意见或重建意见、经企业信息负责人批准后实施。

5.3.1 对现行系统的调查

企业提出对现行系统加以改进或建设一个新系统后，项目经理应完成的首要工作是组织对原系统的调查和分析研究，找出系统不能满足管理人员对信息需求的原因是什么。只有寻找到系统存在的主要问题，才能制订相应的解决方案。

对现行系统的调查工作主要有初步调查、可行性研究和详细调查，以便为解决方案的提出和实施提供依据。

1. 现行系统的初步调查

当提出系统的更新问题后，确定是否有必要对现行系统进行更新是项目经理需要解决的第一个问题。因此，需要对现行的信息系统进行调查研究。调查工作对现行系统进行初步调查，如认为有必要进行详细调查时，再开展详细调查。

初步调查的主要目标是从管理人员和系统分析人员的角度，评价系统是否有必要进行更新。

1）初步调查。

（1）调查的内容。项目组人员要深入企业调查企业的整体信息、相关人员的信息以及工作信息，同时要调查现行系统的主要输入、主要输出、主要处理功能以及系统与其他系统（包括与外界环境）的关系。在调查过程中，要注意了解现行企业管理信息系统在功能上的缺陷，企业信息需求的变化与现行系统的矛盾所在。

调查工作的方式有向企业管理人员了解他们在管理工作中对信息需求的变化，现行系统的应用情况及系统的基本缺陷等；调阅现行系统的相关资料，进一步了解现行系统的功能结构和系统特点等；现场调查现行系统的运行情况等。

（2）分析内容。在初步调查了解的基础上，根据管理人员的信息需求和系统满足程度、对系统基本功能的了解和现场调查的结果，进行如下问题的分析研究。

①企业目前有什么。通过以上调查结果分析企业有什么，也就是说，现行系统能解决企业管理工作中的什么问题，现行系统的硬件设施及基本软件是否能在企业管理工作中发挥作用等。

②企业需要什么。通过对企业管理工作的调查了解，对企业管理人员的信息需求进行分析研究，明确目前和今后一段时间内企业管理工作对信息的需求及需求变化。通过明确企业的信息需求及需求变化，确定企业需要什么样的管理信息系统。

③现行系统能提供什么。通过对企业信息需求的分析和了解，并对现行系统进行功能分析，了解现有系统能为企业管理提供什么样的管理信息，能满足哪些信息需求。

通过对以上问题的分析研究，初步认定对系统进行更新是否有必要，是否进行更进一步的调查工作和新系统的建设工作。

2）调查结论。通过对企业管理工作和现有信息系统的初步调查和基本分析研究，应得到以下结论。

（1）系统更新项目有必要也有可能进行开发建设。

（2）不必进行系统更新项目，只需对现行系统进行适当调整修改即可。

（3）现行系统的作用并未得到真正发挥。

（4）目前没有必要进行系统更新项目的开发建设。

（5）目前不具备系统更新项目的建设开发条件。

若得出的结论是（1），系统分析人员就要在初步调查研究的基础上，完成并提交一份“企业管理信息系统建设项目建议书”给项目经理和企业信息负责人。其建议书的内容应包括项目名称、项目目标、项目开发建设的必要性、项目内容、项目开发建设初步方案。

若得出的结论是（2）~（5），系统分析人员就要写出相应的报告，在该报告中说明为什么不能进行系统更新工作，并要详细说明改进措施，以便企业通过改进工作提高系统的使用效益和满足企业管理的信息需求。

若企业通过初步调查认为有必要对系统进行更新，就要完成可行性分析研究的时间及基本步骤等工作安排，主要包括对项目的规模、目标和企业投资的粗略估计，人员配备要求，进度计划等内容。

2. 现行系统的可行性研究

通过初步调查分析，企业基本认定需要对管理信息系统进行更新后，在项目经理的领导下对现行系统进行可行性研究。

（1）可行性研究目标与工作内容。可行性研究的主要目标是进一步明确系统的目标、规模与功能，对系统开发建设的背景、必要性和意义进行调查分析，并根据需要和可能性提出拟开发建设系统的初步方案与计划。

对系统开发建设的可行性研究是指对系统进行全面的概要的分析研究，需要对初步调查工作阶段提交的“企业管理信息系统建设项目建议书”进行审查，明确系统存在的问题，对建议书中所提系统的大致规模和目标及相关约束条件进行论证，提出新系统的逻辑结构模型和各种可能的解决方案，并对方案进行可行性分析研究。

可行性分析研究主要应从以下几个方面进行。

①技术可行性，是指对现行技术进行评价，分析系统是否可以用现行技术实施以及技术发展对系统建设有何影响。

②经济可行性，是指对企业的经济状况和投资能力进行分析，对新系统的建设、运行和维护费用进行估算，对系统建成后可能取得的效益进行预测。

③营运可行性，是指关于系统对企业机构的影响，现行人员的结构、设施、环境等对系统的适应性以及人员培训补充计划的可行性分析研究。

（2）可行性研究的基本步骤。

①通过复审初步调查结果确定新系统的规模与目标，主要分析系统开发建设的出发点是否正确，以及所制定目标的正确性。

②明确企业管理人员的主要信息需求，明确现行系统是否能满足其需求，若不能则问题出在哪里，可以通过对现行系统的调查研究得到该结论。

③提出拟建设新系统的初步方案。

④审查新系统方案制定的目标、功能与规模。将新系统建设方案提交企业管理人员，让企业管理人员提出修改意见，对方案进行反复修改，以使新系统的建设能满足人员对管理信息的需求。

⑤提出并评价可能的替代方案，并对替代方案进行可行性分析研究。

⑥根据初步调查的结果和可行性分析研究结果，确定该项目是否进行，同时确定实施方案。

⑦制订新系统建设项目开发计划，主要包括人、财、物的计划和安排。

⑧撰写可行性分析研究报告。

⑨向项目管理委员会、项目经理和企业负责人提交项目可行性分析研究报告。

（3）可行性分析研究的结果。可行性分析的结果主要以可行性分析研究报告的方式体现，其报告内容主要包括以下几项。

①现行系统的基本状况，主要包括现行系统的开发建设时间、应用状况，企业的基本组织结构、主要工作任务和业务流程、人员、设备和费用等。

②现行系统存在的主要问题和企业管理工作的主要信息需求。

③拟建设新系统的方案，主要包括新系统的主要目标、规模、初步结构、实施计划与投资方案、人员补充和培训计划方案等。

④系统的经济可行性分析，主要包括系统的建设费用、运行费用、经济效益和社会效益等。

⑤系统的技术可行性分析，主要包括现行技术的基本评估、使用现行技术开发建设系统的可行性、技术的发展对系统可能产生的影响等。

⑥系统的营运可行性分析，主要包括新系统与企业目标、运行机制的匹配关系，企业各部门的工作与系统运行的适应性、人员的适应性，人员培训计划的可行性以及环境条件的可行性等。

⑦结论，主要针对可行性分析研究结果进行简要说明。

3. 现行系统的详细调查

（1）详细调查的目标。对现行系统进行详细调查的目标是在初步调查和可行性分析研究的基础上，进一步对现行系统进行全面、深入的调查分析，弄清楚现行系统的运行状况，发现其薄弱环节，寻找出需要解决问题的实质，确保新系统比现行系统更加有效。

（2）详细调查的内容。详细调查现行系统就是要对其目标、主要功能、企业管理结构、企业业务流程、数据流程等进行详细的调查和分析。管理信息系统涉及整个企业管理部门和生产部门，因此详细调查人员要深入企业各部门，并从企业的实际情况出发逐步抽象，最终获得企业信息管理的全貌。

详细调查的主要内容有以下几方面。

①企业机构的调查。企业机构调查就是要对整个组织结构进行调查，即完成对企业各部门的划分及其相互关系、人员配备、业务分工、物流和信息流的关系等的调查。企业机构状况可通过组织结构图反映，同时要标明它们的行政隶属关系、信息流动关系等。

②业务处理状况的调查。业务处理状况调查是对企业各部门各类业务的处理状况进行详细调查。为了弄清楚各部门的信息处理工作中哪些与系统建设有关，就必须了解企业的业务流程。系统详细调查人员应按照企业业务活动中信息流动的过程，逐个调查所有环节中处理业务、处理内容、处理顺序和对处理时间的要求等。

③现行系统的目标和企业信息需求的调查。一个新系统要成功建设，并确保新系统能解决现行系统不能解决的问题，就需要充分了解现行系统的目标及企业对信息的需求，这需要通过详细调查才能发现问题所在，寻找解决问题的途径。

④对现行系统的主要功能进行必要的分析，是指根据企业对信息的需求，对现行系统的主要功能进行分析研究，发现其问题所在，并进一步分析新系统的主要功能。

⑤系统营运环境分析。企业管理信息系统能否正常运行的决定因素有很多，据统计资料表明，我国许多企业的管理信息系统处于停滞状态的主要原因是系统对外界环境的适应性不强，而非技术问题。因此，在开发建设新的信息系统之前，要对系统的应用环境进行认真的调查和分析研究，充分考虑各种可能发生的变化，以提高系统开发建设的应用效益。

（3）详细调查的方法和特点。详细调查工作对新系统建设的作用是至关重要的，为保证工作的顺利开展，详细调查人员要注意调查方法和工作手段的运用，与企业各层管理人员建立起良好的关系，让企业相关人员积极主动地参与调查工作。

详细调查的常用方法有直接面谈或专门访问、发放调查表、召开讨论会、阅读资料文献和参加业务实践等。系统调查人员可根据具体情况采用合适的调查方法开展调查工作，而参加业务实践、与企业业务人员一起完成基本的工作程序是其中最有效的方法。

（4）详细调查与初步调查的区别。

①目的不同。初步调查的目的是明确旧系统存在的问题和系统开发建设要解决的主要问题和目标，论证系统开发建设的必要性和可行性。而详细调查的目的是了解现行系统的基本功能、业务和信息流程，为建设新系统的逻辑结构模型提供基础。

②内容不同。初步调查的重点是了解现行系统的概要及与外部的关系，包括资源情况等，而详细调查的重点在于对系统的内部情况进行更详细和具体的了解，从而提供在新系统建设中需要改进和更新的内容。详细调查的主要任务是理解现有系统的问题和企业对信息的需求，因为新系统的建设是要以现行系统为基础的，只有了解现行系统哪些是合理的、必要的，哪些是不合理的、需要改进和需要增加的，才能建设解决企业问题和满足企业需求的新系统。

（5）详细调查的结果。详细调查的结果要以“系统详细调查报告”表示，其主要内容包括：①项目主要工作内容概述；②系统需求分析；③现行系统的主要目标和功能；④企业组织结构图；⑤企业主要业务流程分析；⑥企业的主要数据信息流程分析；⑦现行系统存在的问题。

5.3.2 解决方案的提出和实施

企业对现行系统进行调查分析研究后，需要提出进一步的解决方案。这些方案可以分为以下几类：建设新系统的建议方案、现行系统改造和完善的建议方案、现行系统可充分发挥作用的建议方案等。

项目经理首先要对所提交的方案进行认真研究并签署意见，然后提交企业负责人和管理人员征求意见；企业管理人员和决策人员针对以上建议方案要认真分析研究，针对自己岗位的具体要求，结合企业的实际情况对新方案提出意见；最终由企业负责人和项目经理共同对所提交的方案做出决定。

针对建设新系统的建议方案，若企业负责人已同意建设新的信息系统，就要从信息系统规划阶段开始工作。从新的管理信息系统的生命周期开始阶段，逐步完成系统的建设和开发工作。

针对现行系统改造和完善的建议方案，如果现行系统经过一定的功能扩充或软硬件的适当升级就能解决企业对信息的需求，那么企业可根据实际情况由信息管理部门完成，工作量或投资较大时，应采取项目管理的方式完成系统更新工作。

现行系统可充分发挥作用的建议方案所针对的主要问题可能是企业应用信息系统不当，如功能并未充分得到应用、由于管理不善影响许多功能发挥、操作人员的素质过低造成基础数据的准确性低下、系统提供的信息不准确等。这时，企业信息管理部门要积极与各职能部门联系，提出解决问题的方法。例如，挖掘系统的功能、加强管理、加强人员培训等，以提高企业管理信息系统的应用效益。

总之，不论调查的结果及调查小组提出的解决方案如何，作为项目经理和企业负责人都要认真对待，并采取有效措施予以改善，对于企业管理中出现的问题要加以改进，以提高整个系统的使用效益。不论最终的建议方案是什么，参与调查的人员都要撰写出解决问题的详细报告备案。由于调查报告是最终建议方案提出的基础，因此在调查工作中，一方面，要做到严肃认真、工作细致，注意调查方法的科学性和规范性，调查时不能带有个人的主观愿望，要认真倾听企业管理人员的意见和建议；另一方面，要认真撰写调查报告，对现行系统的评价要客观和公正，解决问题的方案要确实可行，切不可好大喜功，盲目求大、求全而不切实际等。

思政案例

北京大兴机场无感通关系统

北京大兴国际机场简化进出境手续，使流程更简便。出境时采用“海关+安检，一次过检”的工作模式，使出境旅客只需提交一次行李、接受一次检查。而且，柜台后方的新型X光机体积更小，海关关员可以远程对过检行李进行检查。

在入境环节，海关设置了 30 多台国内一流的智能检疫查验设备，该设备具有红外测温、放射性物质定位检测、人脸识别、入境人员信息采集等多项功能。无须人体接触即可在几秒内实现采集旅客体表温度、判定放射性物质携带情况等多项信息。

当然，如遇需要隔离的旅客，还可通过海关卫生检疫专用电梯，将其转移至国内较先进的“双负压”隔离室，有效防止疫情疫病传入我国境内。

大兴国际机场海关是全国首个在行李检查区全面配备新型高速CT检查设备的海关，这种设备的检查速度远高于普通CT，除少数重点旅客及行李需进入重点查验区接受海关查验外，绝大多数旅客入境时均可实现“无感通关”：机场行李检查区配备了高速CT，它取代了 100%现场过机的传统模式，实现了现场旅客免排队、免搬箱、免过机、零等待。这个高速CT的传递速度可以达到 0.5 米 / 秒，远远高于普通CT0.28 米 / 秒的速度，可使旅客取行李的时间缩短一半。这样就提高了旅客的通关速度。

（资料来源：央视网）

昆明智慧旅检无感通关系统

为提高旅客入境通关的速度，昆明海关在长水机场口岸行李查验区全面部署智慧旅检无感通关系统，除少数重点旅客及行李需进入重点查验区接受海关查验外，绝大多数旅客入境时均可实现“无感通关”。系统启用后，海关旅检机检程序被前移，每件托运行李被放上传送带时，海关监管同步进行；当行李被输送到旅客面前时，海关关员已完成对行李的预检。预检未发现异常的行李，旅客可以径直提取行李通关；预检发现异常的，当旅客提取该行李通过海关闸口时，系统会提示报警。

据了解，无感通关模式，实现了对旅客所携带全部行李物品 100%的闭环监管，建立了海关旅检通关现场非侵入、顺势监管的作业机制，使单个航班旅客通关入境时间减少了 55%以上，旅客在通关环节的体验感、获得感得到较大提升。

近年来，昆明海关大力推进智慧海关建设，全面运用大数据、人工智能、云计算、物联网、5G等新技术，实现了口岸监管业务运行监控指挥中心实体化运作，智慧监管体系已经基本形成。一批国家重点检测实验室在应对新冠肺炎疫情、中东呼吸综合征疫情、非洲猪瘟疫病的防控中发挥了重要作用，筑牢了口岸检疫防线。通过科技创新与应用，在切实提升海关监管能力的同时，昆明海关进一步提高了口岸通关便利化水平。

（资料来源：昆明海关网）

思考题

作为当代大学生，你对我国信息化建设在短时间内取得的成就有何感想？

练习题

1. 在企业信息化工作中，你认为项目管理的意义是什么？若你是项目经理，你认为自己应该具有哪些素质，在企业信息管理中应该如何做？

2.你认为一个合格的信息系统规划人员应具备哪些条件？若你是系统规划人员，你会怎么做？

3.你认为现代企业管理人员应具备哪些素质？

4.企业实施信息化过程中的软件开发模型有哪些？你认为最好的是什么模型？为什么？

5.案例分析：某医院在一般情况下，患者看病的流程如下。

①患者到挂号处挂号。

②患者到分诊处分诊。

③患者到相应科室就诊。在就诊时，如果需要化验，患者需对所需化验进行划价、交费、化验，待化验结果出来后继续就诊。

④就诊结束后，患者划价、交费、取药（或治疗）。

经过分析，发现这些流程中的挂号、分诊、交费、取药，均需要排队等候，患者真正享受医疗服务的时间只有就诊、化验和治疗等环节。由于存在大量的等待时间，使得患者在医院停留时间过长，空间有限的医院无法同时容纳更多的患者就诊。

为了提高服务质量，改善服务环境，减少患者排队时间，经过向成功应用信息系统的医院学习，并咨询相应专家，该医院决定借助信息系统改善这一现状。针对患者需要多次划价、交费的情况，准备采用智能交费卡解决这些问题。新的看病流程如下。

①患者到挂号处挂号，同时办理交费IC卡。

②患者到分诊处分诊。

③患者到相应科室就诊。在就诊时，如果需要化验，患者可以直接去化验处化验，化验所需费用直接从交费卡上扣除，化验结果出来后继续就诊，依据医嘱、药方等取药、治疗。需要缴费时，患者可通过IC卡进行。

④就诊结束后，在离院时，患者看病所需费用一次结清。

由于IC卡属于借记式（先存钱才可消费，不准透支），使得患者或家属在就诊过程中不用多次划价、交费、找零，只需在挂号时根据情况存入一定量的现金，在最后离院时一次结清、找零即可。若IC卡中的额度在就诊过程中出现不足，可在各个楼层相关窗口办理续费手续。新系统经过一段时间的适应性试运行后，医院里滞留的患者和家属数量大大减少，既节省了患者时间，也提升了医院的运行效率。

根据上述材料，请回答以下问题。

（1）患者看病流程的创新主要依赖了IC卡的应用，据此分析信息技术的应用对管理方法、业务模式变革起到的关键作用。

（2）原有流程的薄弱环节是什么？在新流程中是如何改进的？

第 6 章

管理信息系统安全与道德

知识目标

了解信息系统常见的安全问题和一般控制措施，了解信息系统安全策略的设计原则与安全管理的内容，理解与管理信息系统相关的道德问题。

能力目标

培养学生的信息系统安全管理能力、风险控制能力和道德自律能力。

素质目标

结合课程思政，进一步培养学生的信息安全意识和责任意识，提升学生的信息道德意识和法治意识，提高学生的综合信息素养。

信息系统存在来自人文环境、技术环境和物理自然环境的安全风险，安全威胁无时无处不在。对于企业信息系统安全问题，必须考虑人员、技术、管理和制度等方面的因素，全方位、综合地建立信息系统安全保障体系。

本章首先对信息系统安全问题的来源、类型、安全措施等进行介绍，其次介绍信息系统安全策略设计的原则、安全管理的内容与方法，最后简要介绍信息系统的道德问题。

6.1 信息系统的安全问题

1.信息系统安全问题的来源

信息系统的安全问题是指信息系统应用中被意外或人为破坏，或被非法使用信息资源，给企业的合法权益带来伤害。因而需要对信息系统的运行采取一系列保护性措施。

安全问题的来源：①人为错误和失误；②恶意的人为活动；③自然事件和灾害。

2.信息系统安全问题的类型

（1）基础设施损失。自然灾害是造成基础设施损失的最大原因，人为突发事件、盗窃和恐怖事件等也会造成基础设施的损失。

（2）未经授权的数据披露。未经授权的数据披露是指由于人为地无意识地违反数据政策而引发的数据泄漏。

（3）不正确的数据修改。不正确的数据修改一般是由于员工执行错误的程序、程序设计错误和系统错误，以及一些恶意的计算机犯罪行为造成的。自然灾害之后错误的数据恢复行为也可能导致数据被不正确地修改。

（4）错误服务。错误服务除包括错误地操作系统产生的问题和不正确的数据修改外，还包括系统运行错误。

（5）拒绝服务。执行程序中的人为错误或程序的缺失都可能会导致系统拒绝服务。拒绝服务也可能是恶意攻击引起的。

3.信息系统的安全措施

（1）信息系统的政策安全措施。信息系统的高级管理层有两个重要的安全任务，即制定信息系统安全政策和风险管理决策。

（2）信息系统基础设施的安全管理措施。这一安全管理措施主要包括场地环境、设备设施、供电、电磁屏蔽和信息介质管理，以及安全备份管理、运行环境的温度与湿度管理等。

（3）信息系统的技术性安全措施。技术性安全措施主要包括识别、验证、加密、防火墙、恶意软件防护和设计安全应用程序等。

（4）数据保障措施。数据保障措施是指用来保护数据库和其他企业数据的措施。

6.2 信息系统的安全管理

1.信息系统安全策略设计的原则

信息系统安全管理的目标是控制安全风险。安全管理贯穿信息系统生命周期全过程（阶段）。信息系统生命周期的每一个过程都存在安全风险，需要定期对系统进行风险评估，并采取相应的安全管理办法，才能改进系统的安全状况，保证将安全风险控制在合理程度或允许的范围内。

信息系统安全策略是指针对本企业信息系统的安全风险（安全威胁）进行有效的识别和评估后所采取的各种措施、手段，以及建立的各种管理规章制度等。安全策略的核心内容是“七定”，即定方案、定岗、定位、定员、定目标、定制度、定工作流程。确定了安全管理岗位，就要有责、权、利和相应的工作制度、工作流程，并由此形成安全策略。“七定”的结果就是确定该企业组织的信息系统安全如何具体地实现和保证。

根据我国信息化建设总结的相关经验，信息系统安全策略设计有7个总原则和10个特殊原则需要遵循。其中，7个总原则如下。

（1）主要负责人负责原则。系统安全保护工作事关组织机构的全局，主要负责人必须将其列为最关注的问题之一，有效组织管理人员队伍提高认识，调动必要的资源和经费，协调好安全管理工作与各部门的工作，使之有效落实。

（2）规范定级原则。无论是企业还是组织机构，都应当根据其信息系统所需处理信息的重要程度、敏感程度及自身资源条件，根据国家有关标准，如《计算机信息系统安全保护等级划分标准》（GB 17859—1999），确定其信息系统的安全保护等级，制定相应的安全策略，并认真实施。

（3）依法行政原则。信息安全管理工作主要体现为行政行为，因此必须保证信息系统安全行政主体、行政行为、行政内容、行政程序的合法。

（4）以人为本原则。把安全管理落到实处，技术是关键、管理是核心。因此，应加强对信息管理人员的教育、培训和管理，加强他们的安全意识和法制观念，提高他们的技术素养和道德水平。

（5）注重效费比原则。根据适度安全的观点，基于风险评估的方法，在安全风险和安全保护代价之间找到平衡点，既保证有效控制安全风险，又使安全保护的代价可以接受。

（6）全面防范、突出重点原则。既要有系统安全的综合保障措施，又要从实际出发，突出企业和组织机构的信息安全管理重点。

（7）系统、动态原则。安全问题需要考虑信息系统建设的各方面和各阶段（包括以后的升级、换代和功能扩展），结合“木桶效应”做好相互协调；同时，也要根据环境变化和技术进步，不断提高系统的保护能力。

在具体制定和实施安全策略和技术措施时，必须遵循信息系统安全管理的10个特殊原则。

（1）分权制衡原则。安全管理要避免操作权限过分集中，否则一旦出现问题就可能全线崩溃。

（2）最小特权原则。在访问信息、信息系统时，任何实体（用户、管理员、进程、应用等）都只能享有完成指定任务所必需的特权，而不能享有任何多余的特权。

（3）标准化原则。所使用的安全技术和设备需要经过国家有关部门批准，符合国家有关等级标准。

（4）使用成熟的先进技术原则。成熟的技术能够提供可靠性、稳定性保证，在采用新技术时要重视其成熟度，应避免或减少可能出现的损失。

（5）失效保护原则。在系统运行错误或出现故障时，应阻断非授权人员进入内部系统的途径，必要时可以牺牲使用确保系统安全。

（6）普遍参与原则。要求信息系统所涉及人员必须增强安全意识，普遍参与，共同保障系统安全。

（7）职责分离原则。对特定职责或责任领域的管理和执行实施分离措施，可以减少未经授权的修改以及滥用信息和服务的机会。

（8）控制社会影响原则。非涉密信息的完整性、可用性也可能给社会造成相当大的影响，需要针对其风险程度加以保护。

（9）独立审计原则。信息系统安全审计过程中，只有负责审计的人员与信息系统使用主体相互独立，才能保证审计结果客观公正。

（10）保护资源和效率原则。只要将信息系统安全风险控制在合理的程度或允许的范围内，使安全的保护代价可以接受，才能最大限度地保护系统资源，保证系统高效、正常地运行。

2.信息系统安全管理的内容

信息系统安全管理的对象主要是硬件设备、相关软件以及文档、信息与数据等，因此信息系统安全管理的内容主要包括以下几个方面。

（1）硬件设施设备的安全管理。在信息系统中，相关硬件设施设备主要包括计算机系统设备、通信与网络设备、存储介质、场地设施和保密设备等。为了保证硬件设施设备的安全，应建立并严格执行相关制度，如设备使用管理制度、设备保养维修制度。要防止人为破坏，定期、定时检查各种设备的运行状态，保证足够的备用设备，并及时排除各种故障苗头。各种场地设施需要满足防水、防火、防静电、防雷击、防辐射、防盗窃的国家标准等。

（2）软件及文档的安全管理。信息系统中的软件主要包括操作系统、数据库系统、应用软件、网络管理软件以及网络通信协议等。系统的工作是靠软件实现的，因此保证软件的安全十分重要。比如，在信息系统开发过程中，要确保应用软件达到一定的安全标准，保证无安全隐患；在信息系统运行和维护过程中，必须加强对原版应用软件的管理，重要程序和软件资料应该备份，以备日后复制；对于数据库系统，需要对敏感数据进行加密，以加强数据库的安全性；由于所用的操作系统、网络协议、网络管理软件都存在一定的安全风险，通常需要使用额外的安全措施。另外，各种文档资料是进行系统日常运行管理与维护、保证系统正常有序工作的重要依据，应建立备份并妥善保管，还应建立文档资料使用制度并严格执行。

（3）信息与数据的安全管理。作为信息系统中被采集、传输、处理和存储的对象，信息与数据安全也十分重要。信息与数据安全管理的重点是数据库中的数据或数据文件，除采用存取控制、数据加密、用户识别等技术外，对于重要的信息与数据还需要采取建立备份、异地存储、妥善保管等措施。另外，作为安全管理手段的密钥和口令等信息，也需要进行有效的保密管理和控制。

（4）计算机病毒与计算机犯罪的防治。对于计算机病毒，除了采用软件和硬件技术进行预防外，还需要加强管理。信息组织可以制定预防计算机病毒的相应策略，并在信息系统用户内部实施相应的管理制度，一方面可以控制病毒的产生，另一方面可以有效地切断病毒的传播途径。

对于计算机犯罪必须采取综合措施，打击和防范并举。除了通过防火墙、安全检查、加密、数字签名、内容检查等技术措施提高防范能力外，还需建立健全信息系统安全管理制度，如程序和数据资料进出机房时登记，落实相关责任制度，定期对信息系统进行安全检查，对系统安全控制措施进行评估。

（5）信息系统运行的安全管理。这是指为保证信息系统安全运行而开展的管理活动。严格来说，它是前面几个安全管理内容的集合，但是在信息系统日常运行中，安全管理还包含安全审计、安全恢复等管理问题。

信息系统运行过程中的安全状态也是安全管理需要考虑的问题，目前安全审计和安全恢复备受企业关注。其中，安全审计是对系统运行日志中记录的安全隐患或安全故障进行分析，并采取相应措施的管理活动；安全恢复主要包括恢复策略的确立、恢复计划的制订、恢复计划的测试和修订、恢复计划的执行。

3.信息系统安全管理的方法

信息系统安全管理的方法包括法律、行政、经济和宣传教育等方法，四者相结合，形成完整的安全管理方法体系。

（1）法律方法是指通过国家制定和实施的相关法律法规进行管理的方法。这里的法律法规包括国家、地方各级机关以及各个管理系统制定的法令、条例、规定等各种具有法律效力的规范。

（2）行政方法是指组织机构和负责人运用权力，通过强制性的行政命令、规定、指示等手段，按照行政系统和层次直接指挥工作以实施管理的方法。

（3）经济方法是指根据客观经济规律，运用各种经济手段调节各方经济利益关系，以获取较高的社会效益与经济效益的管理方法。

（4）宣传教育方法是指通过多种形式的教育与培训，提高人员的安全素质。事实证明，很多信息系统安全事故的发生都和人的思想因素有关。为此，可根据人员的工作性质，分层次、有重点、有计划、有步骤地普及信息技术和信息系统安全知识与技能。

6.3 信息系统的道德问题

1.信息道德的内容

信息道德是指在信息活动中，参与信息的产生、加工、发布、传递和使用的人员之间信息关系的道德意识、道德规范和行为规范的总和。

信息道德应该包括以下内容。

（1）遵守法律和法规。

（2）尊重他人知识产权和信息隐私。

（3）保守商业秘密，维护信息安全。

（4）不制作、不传播和不使用不良信息或病毒。

（5）不盗窃或盗用他人信息。

（6）不窥视他人信息系统或信息。

（7）不利用信息技术和能力实施计算机犯罪。

2.信息道德的分类

（1）商业道德。商业道德是指管理人员在日常企业决策中必须面对的道德问题。社会约束理论认为企业对整个社会负有道德责任，社会约束是企业存在的基础：一是要求企业提高消费者和员工的满意度，二是要求企业避免欺诈行为，尊重自己的员工，对社会任何群体的地位不会造成系统性损害。

（2）技术道德。技术道德是指与任何形式的技术应用相关的道德问题。技术道德有四个原则，即均衡性原则、知情和同意原则、公正性原则和风险最小化原则。

3.建立企业的道德文化

建立企业道德文化的一般过程如图 6-1 所示。

图 6-1　建立企业道德文化的过程

企业信条是指企业希望提倡的反映企业价值观的简明语言。其目的是向企业内外部人员和组织传播企业的价值观。它反映在各个方面，如对顾客的承诺、对股东的承诺、对社会的承诺等。

企业道德活动程序是由一些活动组成的，主要用来进行道德和精神文明教育，如新员工培训等。另外，还有道德审计，审核各部门如何落实企业信条等。

企业道德规范是指在企业制度中专门用来规定道德标准的内容。

思政案例

身处大数据时代，每个角落都布满数据的触手

身处大数据时代，不论是个人生活、企业发展还是国家发展，都离不开信息和数据。然而，信息泄露、信息污染、信息侵权、信息破坏等信息安全问题不断突显，对个人、企业和国家都造成了巨大损失和极大的影响。于个人而言，信息泄漏威胁着个人信息安全和隐私安全。中国互联网络信息中心（CNNIC）发布的第 49 次《中国互联网络发展状况统计报告》显示，截至 2021 年 12 月，仅有 62.0%的网民表示过去半年在上网过程中未遭遇过网络安全问题，与 2020 年 12 月基本保持一致。而在遭遇过同样安全问题的网民中，遭遇个人信息泄露的网民所占比例最高，为 22.1%；遭遇网络诈骗的网民比例为 16.6%；遭遇设备中病毒或木马的网民比例为 9.1%；遭遇账号或密码被盗的网民比例为 6.6%，如图 6-2 所示。

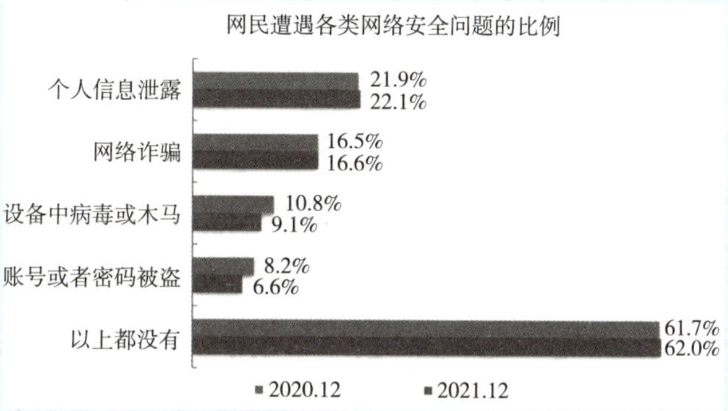

图 6-2 2020 年、2021 年网民遭遇各种网络安全问题的比例

通过对遭遇网络诈骗网民的进一步调查发现，除网络购物诈骗外，网民遭遇其他网络诈骗的比例均有所下降。其中，虚拟中奖信息诈骗仍是网民最常遭遇的网络诈骗类型，占比为 40.7%；遭遇网络购物诈骗的比例为 35.3%；遭遇网络兼职诈骗的比例为 28.6%；遭遇冒充好友诈骗的比例为 25.0%；遭遇钓鱼网站诈骗的比例为 23.8%；遭遇利用虚假招工信息诈骗的比例为 19.8%。手机 APP、恶意 SDK、可联网设备已成为个人隐私泄漏的主要渠道。通过"默认勾选"霸王条款或未经授权进行个人信息的"套取""强取""夺取"乱象突出，基于个人信息发展的数据黑灰产业链条逐步形成规模。

于企业而言，信息不仅是生产要素，更是企业的无形资产。Solms 指出保护企业的信息安全是在保护企业的信息资产，认为信息安全应被称为商业安全。根据 Verizon 发布的数据泄露调查报告显示，数据泄露事件覆盖了几乎全球各行各业的大中小型企业。从 2019 年到 2020 年，仅一年时间，已确认的数据泄露事件就从 2013 年起骤增至 3 950 起，增长超 96%。网络犯罪将会是未来 10 年全球最引人注目的风险之一。

信息安全是全球性挑战，互联网、云计算、大数据等技术应用虽发展迅速，但同时网络信息安全问题突显。像汽车驾驶技能一样，网络安全技能从专业技能转变为人人都能掌

握的生活技能，网络信息安全意识也会成为人人都需要掌握的常识，对网络信息安全人才的培养也成为时代命题。

（资料来源：澎湃新闻）

思考题

大数据、智能化给人们带来便利的同时，也存在着危害与隐患，试分析该如何应对。

练习题

1. 为什么信息系统容易出现系统毁坏出错和滥用现象？
2. 查阅相关资料，简要分析信息系统安全与控制的商业价值。
3. 为什么说现在信息技术和互联网给个人隐私与知识产权保护带来了挑战？
4. 简述信息系统产生了哪些商业伦理、社会和政治问题。
5. 简述信息系统安全管理的主要内容。

参考文献

[1] 薛华成. 管理信息系统：第 5 版 [M]. 北京：清华大学出版社，2007.

[2] 黄梯云. 管理信息系统 [M]. 北京：电子工业出版社，1995.

[3] 朴顺玉，陈禹. 管理信息系统 [M]. 北京：中国人民大学出版社，1995.

[4] 王万宗，岳剑波. 信息管理概论 [M]. 北京：北京图书馆出版社，1996.

[5] 姜旭平. 信息系统的开发方法 [M]. 北京：清华大学出版社，1997.

[6] 郑人杰. 软件工程概论 [M]. 北京：清华大学出版社，1998.

[7] 斯泰尔，雷诺兹. 信息系统原理 [M]. 张靖，刘鹏，陈之侃，译. 北京：机械工业出版社，2000.

[8] 赖茂生. 企业信息化知识手册 [M]. 北京：北京出版社，1999.

[9] 简德三. 项目管理 [M]. 上海：上海财经大学出版社，2001.

[10] 荫蒙. 数据仓库 [M]. 王志海，译. 北京：机械工业出版社，2004.

[11] 韩家炜，坎伯. 数据挖掘概念与技术 [M]. 范明，孟小峰，译. 北京：机械工业出版社，2007.

[12] 汪星明，等. 企业管理信息系统 [M]. 北京：中国人民大学出版社，1993.

[13] 李东. 管理信息系统的理论与应用 [M]. 北京：北京大学出版社，1998.

[14] 葛树荣，徐培新. 现代企业管理学 [M]. 青岛：青岛出版社，1996.

[15] 朱福东. 管理系统设计 [M]. 北京：中国人民大学出版社，1995.

[16] 汪星民. 企业管理信息系统：开发、运行、发展 [M]. 北京：中国人民大学出版社，1993.

[17] 施瓦尔贝. IT 项目管理 [M]. 王金玉，译. 北京：机械工业出版社，2002.

[18] 瑞纳斯. CMM 软件过程改进指南 [M]. 邱仲潘，译. 北京：电子工业出版社，2002.

[19] 马永涛. 现代办公自动化 [M]. 北京：机械工业出版社，2016.

[20] 马永涛. 管理信息系统 [M]. 北京：机械工业出版社，2013.

[21] 左美云. 信息系统项目管理：第 2 版 [M]. 北京：电子工业出版社，2014.

[22] 谭志彬，柳纯录，周立新，等. 信息系统项目管理师教程 [M]. 北京：清华大学出版社，2017.

[23] 王悦. 企业信息管理：第 2 版 [M]. 北京：中国人民大学出版社，2017.

[24] 李娟. 浅谈企业知识管理系统建设 [J]. 图书馆学研究，2005(8).

[25] 徐建钢，等. 企业管理信息化知识讲座 [J]. 软件世界，1998(12).

[26] 乌家培. 企业信息化十大要点[J]. 中国计算机报，1998(12).
[27] 侯炳辉. "有所为，有所不为"[J]. 电子与信息化，1999(6).
[28] 张后启. 谈我看ERP：推进ERP众人[J]. 经贸导刊，2002(4).
[29] 王亚飞. BPR对于成功实施ERP的必要性[J]. 中小企业管理与科技(上旬刊)，2010(10).
[30] 王冬雪，张全. 软件质量评价信息的规范化方法研究[J]. 电脑知识与技术，2021，17(11).
[31] 孙亚男. 软件项目管理在系统开发中的实践[J]. 电子技术与软件工程，2015(10).
[32] 隽振宁. MIS系统开发有关项目管理的几点建议[J]. 计算机光盘软件与应用，2014(18).
[33] 刘海波. MIS建设中的问题与对策. [J]. 企业改革与管理，2010(10).
[34] 刘思阳. 大数据在管理信息系统中的应用[J]. 数据，2021(11).
[35] 陈鹏. 深化软件管理 提升系统软件质量[J]. 计算机光盘软件与应用，2012(17).
[36] 范晔. 打造个性化软件管理环境[J]. 电脑爱好者，2016(19).
[37] 王晓. 软件测试过程质量控制管理研究[J]. 软件，2022(01).
[38] 高铭言. 计算机软件工程的维护措施和方法[J]. 网络安全技术与应用，2018(7).